과학교육에서

비유와 은유 그리고 창의성

과학교육에서

비유와 은유 그리고 창의성

김영민 저

북스힐

머리말

10여 년 동안의 연구를 거쳐 2001년 '비유론과 과학교육'을 집필한 지 다시 10여 년이 지났다. 그 동안 비유에 대해 좀 더 깊이 있게 연구하고, 다른 한편으로는 과학사에서의 유비에 대한 공부를 하면서 비유와 유비를 다른 각도에서 취급하는 것이 좋겠다는 것을 깨달았으며, 내가 지금까지 비유로 생각했던 많은 부분들이 유비라는 영역에 포함되어야 한다는 것도 깨달았다. 다른 한 편으로는 은유가 비유에 속해 있긴 하지만 과학 및 과학교육에서의 독특한 측면이 있어 별도로 연구하고 교육에 적용해야 한다는 것도 깨달았다.

지난 번 저술에서는 비유에 관해 기초적인 내용들을 소개하였다. 그 후 10여 년 동안 비유에 관해 계속 연구하면서 영어의 "analogy"에 대해 단순히 비유라고 번역하기 보다는 유비라고 번역하는 것도 고려해야 하고, 그것이 가지는 좀 더 폭넓은 의미를 소개해야겠다는 생각을 가졌다. 비유와 유비에 대해 좀 더 깊은 연구 결과들을 소개할 필요도 생겼다.

또한 과학에서 은유가 비유의 작은 영역으로 취급되기보다는 별도로 취급할 필요도 있어서 제목에서 '과학교육에서 비유와 은유'라고 명명하였으며, 비유와 은유가 창의성과도 깊은 관련이 있기 때문에 창의성과의 관련성에 대해서도 서술하였다.

서론에서는 비유와 은유에 대한 일반적인 이해를 위해 과학뿐만 아니라 문학이나 일상생활에서의 비유와 은유에 대해 소개하였다.

제1장에서는 서론에서의 일반적 이해를 바탕으로 그 범위를 과학에 한정하여 비유의 의미와 유비와의 관련, 그리고 유비의 예들을 제시하였다. 그리고 이러한 비유 또는 유비들이 창의성과 어떤 관련이 있는지를 서술하였다.

제2장에서는 창의적인 과학자들이 과학을 발달시켜가는 데 있어서 어떻게 유비를 사용하였는지에 대한 예들을 제시하였다.

제3장에서는 과학에서의 유비와 은유가 과학 창의성과 어떻게 관련되는지에 대해 서술하였다.

제4장에서는 과학에서 유비와 귀추는 분명히 구분되어야 하지만, 가끔 혼용하여 사용되는데, 여기에서는 그 유사성과 차이점에 대해 기술하였다.

제5장에서는 과학수업에서 그리고 과학학습에서 비유가 어떤 역할을 하는지, 그리고 그 속성은 무엇인지에 대해 서술하였다. 그리고 자발적 비유의 생성과 창의성에 대해 기술하였다.

제6장에서는 중등학교와 대학의 과학 교과서 속에서 어떤 유형의 비유가 사용되고 있는지, 그리고 그 경향은 어떠한지에 대해 서술하였다.

제7장에서는 실제로 비유가 사용되었을 때 학생들은 이 비유를 어떻게 이해하는지 그리고 그 한계는 무엇인지에 대해 서술하였다.

제8장에서는 과학학습과 수업에서는 비유와 은유가 많이 사용되는데, 이들을 잘 사용하면 개념 이해에 크게 도움이 되지만 잘 못 사용하면 오히려 오개념을 유발하는 등의 해를 줄 수도 있다. 이 장에서는 과학교육에서 비유를 이용한 수업 모형에는 어떤 것들이 있는지, 그리고 그 전략은 어떤 것들이 있는지에 대해 기술하였으며, 은유가 과학교육에서 차지

하는 위치 및 은유를 사용하는 수업 전략에 대해 설명하였다.

제9장에서는 학습의 과정과 비유는 유사한 점이 많은데 그 유사점들은 무엇인지, 이러한 유사성을 학습에 어떻게 활용할 수 있는지에 대해 설명하였다.

제10장에서는 비유와 모형의 관계에 대해 기술하였다. 이를 위해 모형에 관련된 기본적인 내용들을 서술하였다.

제11장에서는 비유 및 은유가 과학 창의성과 어떻게 관련되는지를 설명하고, 이들을 과학 창의성 교육에서 어떻게 활용할 수 있는지를 서술하였다.

끝으로 이 책이 나오기까지 번역과 교정 등으로 도움을 주신 많은 분들에게 감사하며, 특히 이 책의 출판을 흔쾌히 허락해 주시고 멋진 책이 되도록 단장해 주신 북스힐 관계자 여러분께 감사드린다.

2012년 8월 금정산 기슭에서 김영민

차 례

서론 비유와 은유에 대한 일반적 이해

서론은 비유와 유비에 대한 일반적 이해로부터 과학적 이해로의 연결을 위해 서술하였다. 유비는 과학에서의 연구에, 그리고 비유는 과학 교수와 학습에서 중요한 도구로 자주 사용된다. 비유와 유비는 설명력을 가졌을 뿐만 아니라 발견법(heuristics)으로서도 가치가 있다. 그리고 비유와 유비는 우리의 과학적 사고에 깊이 관련되어 있다.

필자는 우리의 일상생활에서 비유가 은연중에 얼마나 많이 사용되고 있는가를 알아보기 위해 2012년 2월의 어느 하루를 정하여 오후에 2시간 동안 텔레비전을 주의 깊게 시청해 보았다. 뉴스 프로그램에서는 어느 한 공무원이 인터뷰 도중 다음과 같이 비유를 사용하였다.

"일을 하다보면 그릇을 깰 수 있듯이 우리가 일을 하다 보면 실수를 할 수도 있는 것 아닌가?"

이 비유는 굳이 설명하지 않아도 그 의미를 이해할 수 있다. 한편, 사람 사는 이야기를 그린 인간극장이라는 프로그램에서는 한 고등학생이 자기 어머니에게 비유를 사용하여 자신의 상황을 표현했다.

"연극 시험을 보는데 하얀 모래사장 위에 검은색 돌처럼 잘 하는 애들은 그렇게 눈에 띄더라.”

이 학생의 이야기를 듣고 있으면 연극 시험을 보고 있는 당시의 상황이 잘 그려지지 않는가? 한 방송국 드라마 프로그램에서는 한 주인공이 다음과 같은 비유를 써서 인간의 삶을 표현하였다.

“눈사람이 녹아서 강물로 흘러가듯이 신혼의 뜨겁던 사랑도 자식들에게로 또 다른 곳으로 흘러가 버리는 거야.”

텔레비전 방송뿐만 아니라, 비슷한 시기에 한 일간지에는 과학과 관련한 다음과 같은 기사가 실렸다. 제목은 ‘지구 2도 더워지면 망가진 용수철처럼 회복 불가능’이라고 붙여져 있었고 그 세부 내용은, “국립기상연구소 000과장은 지구 기온이 2도 이상 상승한다면 지구 기후 · 생태계도 회복이 불가능해진다. 용수철이 너무 늘어나면 제자리로 돌아갈 수 없는 것과 마찬가지 원리이다.”라고 말했다는 것이다. 이렇듯 우리는 일상생활 속에서 알게 모르게 비유를 많이 사용하고 있다.

과학 교육에서는 보이지 않는 과학 현상들이나 추상적 과학 개념을 이해시키기 위해 유사한 구체적 현상 또는 친숙하고 쉬운 개념으로 비유하여 설명하기도 한다. 그리고 많은 과학 용어들은 친숙한 용어들의 은유적 암시 때문에 채택되었다고 볼 수 있다. 예를 들면, 전기마당(electric field), 고삐풀린 전자(runaway electron), 퍼텐셜 우물(potential well) 등은 실제 현상에 대한 은유적 표현이라고 볼 수 있으며, 힘이라는 용어도 그것이 일상적인 사태에서 친숙한 것을, 즉 일상생활에서 밀고 당기고 근육을 이완시키는 것을 암시하기 때문에 그 지시 개념에 대한 명칭으로 선택되었을 것으로 보인다. 이러한 비유는 은유적 비유에 해당한다고 볼 수 있다.

문학을 비롯하여, 사회, 정치, 경제, 과학 등 비유가 사용되지 않는 분야는 거의 없다고 볼 수 있다. 그러면서도 그 의미와 역할은 조금씩 다르다. 비유에 대해 좀 더 살펴보자.

문학에서의 비유

문학적으로 보면 비유는 수사법의 한 형태로 분류되고 세부적으로는 직유(simile), 은유(metaphor), 풍유(allegory) 등 여러 가지가 있다. 김봉군(2002)은 비유법을 '사물의 두드러진 표현 효과를 꾀하기 위하여 다른 사상을 끌어다가 그 성격 · 형태 · 의미 등을 쉽고 분명하고 재미있게 나타내는 기법'으로 정의하고 있다.

강나루 건너서 밀밭 길을
구름에 달 가듯이 가는 나그네

이것은 박목월의 시 '나그네'의 일부이다. 이 시를 읽어 보면 나그네가 밀밭 길을 따라 길을 가는 것을, 구름 사이로 달이 가는 것으로 비유하고 있음을 알 수 있다. 이 시 뿐만 아니라 많은 시들이 비유를 사용하여 느낌을 표현하고 있다.

비유 중에서 과학과 직접적으로 관련되는 직유와 은유에 대해 간단히 설명하면 다음과 같다.

직유는 Hulme의 '가을'이나 이해인의 '봄까치꽃'이라는 시에서와 같이 '~ 마냥' 또는 '~ 처럼'의 형식으로 표현된다.

나는 밖을 거닐면서

불그레한 달이 붉은 얼굴을 한 농부마냥
생울타리 너머로 몸을 기울임을 보았다

(Hulme, '가을' 중 일부)

노래처럼 다시 불러보는
너, 봄까치꽃
잊혀져도 변함없이
제자리를 지키며
나도 너처럼
그렇게 살면 좋겠네

(이해인, '봄까치꽃' 중 일부)

일반적으로, 직유는 '~ 같은'이나 '~ 처럼'과 같은 구조 때문에 은유보다는 더욱 그 요소들 사이의 시각적인 경향을 띤 관계를 묘사한다.

그런가하면 은유는 "은유법의 준말로, 수사법의 한가지이다. '……와 같다.'는 표현법을 쓰지 않고, '갑은 을이다.'와 같은 형식으로 그것의 특징을 직접 다른 것으로 나타내는 표현 방법"(교학사, 2004)으로 설명되고 있다. 교육을 "양몰이"로 또 교사를 "목자"로 부를 때, 우리는 이것을 은유라고 한다. 은유는 비교의 근거를 드러내지 않고 비교한다.

비교의 근거(base)들이 숨겨졌다는 것이 바로 은유의 본질이다. 이런 뜻으로 볼 때, 은유는 그 은유를 듣는 사람에 의해 비교의 근거들이 드러내지거나 심지어 창조되어져야 하는 비교를 말한다. 윤동주의 시 '십자가'나 엘리엇(Eliot)의 "J. 앨프레드 프루프록의 연가"에서와 같이 많은 시에서 그러한 비교를 볼 수 있다.

쫓아오던 햇빛인데,
지금 교회당 꼭대기
십자가에 걸리었습니다

첨탑이 저렇게도 높은데
어떻게 올라갈 수 있을까요

(윤동주, '십자가'의 일부)

등을 유리창에 문지르는 노란 안개가
주둥이를 유리창에 문지르는 노란 안개가
저녁의 구석구석을 혀로 핥고서……

(Eliot, "J. 앨프레드 프루프록의 연가" 중 일부)

은유는 전통적으로 비유 언어의 가장 기본적인 형태라고 여겨지고 있는데, 비유 언어란 그 언어가 서술하는 바를 의미하지 않는 언어이다. 윤동주의 시 '십자가'에서 햇빛을 마치 움직이는 물체처럼 '쫓아온다'고 표현하고, 첨탑까지 올라갔다고 표현하는 것은 시이기 때문에 가능한 일이고 어느 누구도 실제 과학적으로 가능한 일이라고 생각하지는 않는다. 엘리엇의 시에서도 안개는 동물이 아니지만 '등'이 있고 '주둥이'가 있는 것으로 표현하고, 저녁은 건물이 아닌데도 '구석'이 있는 것으로 표현된다. 이렇게 비유 언어는 고의적으로 문자상의 용법체계를 무시한다. 이는 한 사물에 문자 상으로 관련된 용어들이 다른 사물로 전이될 수 있다는 비유 언어의 가정에 의해서이다. 불가불 비유 언어는 대개 서술적이며, 이에 관련된 전이는 심상이나 이미지로 귀착된다. 위의 은유가 확실히 보여주는 바와 같이, 비유 언어의 호소는 시각을 포함할 수도 있으나, 그것의 근본적인 양상은 언어적이며 결과적으로 그 호소는 훨씬 더 파급 효과가 크다.

과학에서의 비유

흔히 접하는 음악, 시, 속담뿐만 아니라 이해하기 어려운 과학개념을 쉽게 이해시키기 위해 과학에서도 비유가 많이 사용된다. 한 예를 든다면 열린 우주를 설명하기 위해 "우주가 말안장처럼 휘었다"라고 설명한 것이라든가, 과학 교과서에서 원자의 구조를 태양계에 비유하여 설명하는 것 등이 그것이다.

그러나 이렇게 과학에서 비유가 사용될 때에는 시나 속담에서 사용되는 것과는 다르다. 시와 속담에 비유가 사용되는 것은 주로 그 의미를 강조하려고 하거나 다른 방식으로 표현하려고 할 때 사용한다. 그러나 과학에서 비유를 사용할 때에는 과학의 개념 중에 매우 추상적이거나 어려워서 그 개념을 이해하는데 도움을 줄 수 있는 경우에 사용한다. 예를 들어, 초등학교와 중등학교 과학 교과서에서 빛의 굴절 현상을 쉽게 설명하기 위해 포장도로에서 비포장도로로 자동차가 비스듬히 진입할 때 자동차 앞바퀴 두 개가 경계면에 동시에 닿지 않기 때문에 자동차의 방향이 바뀌듯이 빛도 경계면에서 속도가 바뀌기 때문에 굴절이 일어난다고 설명한다. 이러한 경우에 이 설명은 비유이지만 이 설명을 이해하기 위해서는 유추적 사고과정이 필요하다.

젠트너(Gentner, 1983)는 구조들에 대한 두 영역 사이의 비교로 비유를 정의하고 있다. 그러므로 과학에서의 비유는 설명하고자 하는 영역과 설명을 위해 비교하고자 하는 영역 이렇게 두 영역 사이의 유사성을 찾아냄으로써 이끌어진다. 즉, 어떤 과학 개념을 비교를 통해 설명하고자 한다면 비교를 위한 대상물이 있게 된다. 여기서 설명하고자 하는 어떤 개념은 설명되거나 학습되는 영역이고, 비교를 위해 가져오는 영역은 기저나 근원에 해당된다. 일반적으로는 친숙한 영역에서 친숙하지 않은 영역으로 생각이 전이될 수 있다. 이 경우에 친숙한 영역을 비유물(analogue, analog), 친숙하지 않은 영역을 목표물(target)이라고 부른다. 비유물은 기저(base), 근원(source)이라는 용어를 사용하기도 한다. 비유물과 목표물은 둘 다 각각의 속성을 가진다. 비유물과 목표물이 공통의 또는 유사한 속성을 공유한다면, 이 둘 사이에서 비유가 이끌어질 수 있다. 여기서 비유물(analogue)과 목표물(target)은 어떤 종류의 논리적 위계를 가리키지는 않으며, 단지 비유 사용의 구조를 가리키는 용어들이다.

듀잇(Duit, 1991)은 비유물과 목표물의 관계를 [그림 1]과 같이 나타내었다. [그림 1]에서 모든 상자는 표상을 의미하며, R_1과 R_2의 구조에는 유사한 관계 또는 속성이 있을 수 있다. [그림 1]에서 상자 안의 별, 네모, 동그라미 등은 속성을 나타내며, 점선으로 연결한 것은 관계 또는 구조를 나타낸다. [그림 1]에서 보는 바와 같이 비유물과 목표물은 완전히 일치

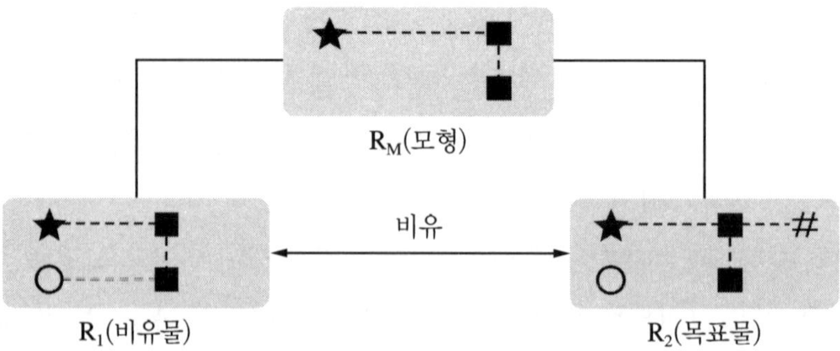

[그림 1] 비유물과 목표물의 유사성을 나타내는 모형

할 수는 없다. 그러므로 비유에 있어서는 비유물을 가지고 목표물을 설명할 수 있는 모형(R_M)을 설정하고 비유물과 목표물 중에서 설명 요소들을 일대일 대응관계를 만들어 비유 추론적으로 설명하게 된다. 그림에 표시되어 있는 것처럼 R_1과 R_2의 구조들의 일부에 유사체들이 있으며, R_M은 이러한 구조적 관계의 유사성을 나타낸다. 여기서 R_M은 구조적으로 유사한 관계와 속성을 나타내며, 이것을 모형이라고 한다. 이때, R_1과 R_2는 R_M에 나타난 구조에 대하여 비유적 관계가 있다.

비유적 관계는 다양한 수준이 있을 수 있다. R_1과 R_2가 실제 세계의 두 영역을 나타낸다고 하면, [그림 1]에 묘사된 비유 관계는 1차 수준의 비유라 할 수 있다. 모형을 달리 설정한 비유적 관계도 고려할 수 있다. 비유는 두 영역의 구조 부분 사이의 관계이다. 따라서 비유는 두 영역의 구조 사이의 유사성에 근거하여 비교 진술한 것으로 볼 수 있다. 흔히, 표면상의 유사점만 지적한 단순한 비교 진술은 비유로 보지 않는 경향도 있으나, 실제로는 단순 비교 진술이 비유로 많이 개발되고 있다.(Duit, 1991)

과학에서의 비유에는 설명적 비유와 발견적 비유가 있다. 일반적으로 초등학교와 중등학교에서 사용되는 비유는 대개 설명적 비유이다. 설명적 비유는 주로 어떤 추상적이거나 난해한 과학 개념을 이해하기 쉽게 설명하기 위해 사용한다.

설명적 비유의 예를 들면 다음과 같다.

휴이트(Hewitt, 1997)는 원자 내부가 거의 빈 공간임을 설명하기 위해, "태양계와 같이 원자는 거의 대부분이 빈 공간이다."라고 부연 설명없이 비유적으로 설명하였으며, 서웨이(Serway, 1998)는 내부에너지를 설명하기 위해 다음과 같이 부연 설명을 붙여 비유하였다. "계의 내부에너지와 중력의 영향 아래 마찰없이 움직이는 물체의 위치에너지는 서로 유사하다.

물체의 위치에너지는 그 경로에 무관하고 오직 그 변화만이 관심사이다. 마찬가지로 열역학계의 내부에너지의 변화는 그 차이만이 정의된다. 절대값이 정의되지 않으므로 어떤 기준 상태가 내부에너지의 기준으로 정의될 수 있다." 이렇게 과학에서 설명적 비유는 단순하게 비유물과 목표물을 관련짓기도 하고, 부연 설명을 덧붙여 비유물과 목표물의 관계를 설명하기도 한다.

발견적 비유는 주로 과학적 발견이나 새로운 과학적 발견을 정교화하기 위해 사용된다. 과학사적으로도 새로운 과학 개념이나 원리의 발견 또는 발견된 새로운 과학 개념이나 원리를 정교화하기 위해 비유가 많이 사용되어 왔기 때문에 이에 관련한 사례가 많이 제시되어 있으며, 과학사에서는 이를 '유비'라고 주로 번역하여 쓰고 있다.

과학에서의 유비(발견적 비유)와 유비추리

설명적 비유와 구분하기 위해 과학사적으로 발견적 비유에 해당하는 것을 유비라 한다. 유비는 과거의 경험으로부터 현재 또는 미래의 일을 추리하는 대부분의 일상적 추리의 기초가 된다. 그러므로 두 개의 사례가 여러 점에서 유사한 것으로부터 미루어 추측하여 한 쪽의 사례에서만 경험된 것이 또 다른 사례에서도 그 경험과 유사할 것이라고 추리하는 것이 유비(analogy)이다. 대부분의 경우에는 유비 자체가 사고의 과정을 내포하고 있지만, 특별히 사고의 과정을 강조하여 표현하면 유비추리(유추)가 된다.

둘 또는 그 이상의 현상들이 어떤 속성이나 관계 또는 구조나 기능에서 일치하거나 유사하다는 것으로부터 그것들이 다른 속성, 관계, 구조 또는 기능에서도 일치하거나 유사하다고 추리하는 유비추리는 대상에 대한 설명이나 해명, 가설의 제안, 논증의 수행 등에 사용된다.

유비추리의 형식은 다음과 같다.

X는 성질 a, b, c를 가진다.
Y는 성질 a′, b′, c′를 가진다.

X는 d를 가진다.

∴ Y는 d′를 가진다.

여기서 X와 Y는 서로 다른 두 대상을 나타내며, a, b, c, d와 a′, b′, c′, d′는 그 대상들이 가지는 성질을 나타낸다. 대응되는 각 요소는 같거나 유사한 속성을 의미한다. 첫 번째 전제와 두 번째 전제에서 X와 Y는 a, b, c와 a′, b′, c′라는 공통된(유사한) 성질을 지닌다. 세 번째 전제는 X가 공통된 성질 이외에 다른 성질 d를 가진다는 것을 말한다.

결론은 다른 대상 Y도 그 다른 성질 d 또는 유사한 성질 d′를 공유할 것이라고 말한다. 예를 들면, 우리는 지구가 태양으로부터 빛과 열을 받고 대기와 물을 가지고 있으며 유기적 생명체를 가지고 있다는 것으로부터 우주 속에는 지구와 비슷한 행성, 즉 자기의 태양으로부터 빛과 열을 받고 대기와 물을 가지고 있는 행성에는 유기적 생명체가 있을 것이라는 가설을 세우는 것이다.

유비추리(유비추론) 또는 유추(類推)는 추론이면서 지식을 동반한 인지작용일 뿐 아니라 유사한 상황에 비유하여 자기주장을 정당화하는 일종의 논증이다. 그리스어로 '비율에 따라(ana logon)'에서 유래했고 비례적 관계의 상동성을 의미한다. 예를 들어 1 : 2 = 4 : (X)에서 X는 8, 손 : 손바닥 = 발 : (Y)에서 Y는 발바닥이 되는 것이다. 일찍이 플라톤은 그의 저서 [대화]에서 유비추론의 방법으로 철학적 논증을 했으며 아리스토텔레스는 'A의 B에 대한 관계는 C의 D에 대한 관계와 같다.'처럼 비례하는 관계뿐만 아니라 'A가 B 속에 있듯이 C는 D 속에 있다.'라고 비유하여 추론하는 방법을 제시했다.(김익성, 2005)

과학에서 예를 들면, 어떤 의학 연구가가 어떤 화학물질이 인체에 미치는 영향을 알아보기 위해 쥐를 가지고 실험한 결과 그 화학물질이 투여된 쥐가 암을 일으키는 것을 발견했다고 하자. 그렇다면 그는 유비에 의해 만일 인간이 해당 화학물질을 섭취하게 되면, 인간 역시 암을 일으킬지 모른다는 추론을 할 수 있다. 이런 예는 일상생활이나 과학에서 많이 찾아볼 수 있다.

유비추론은 비유물과 목표물의 관계를 연결하는 추론이며 전제나 결론 중 최소한 하나가 일반적인 경우에 해당하는 연역추론이나 귀납추론과 달리 특수한 것으로부터 또 다른 특수한 것을 추론하는 방법이다. 유추를 할 때는 비유물과 목표물의 관계가 어떻게 유사한가를 추론하는 관계유사성(relational similarity)이 중요하다. 유비추론에서 비교하고 있는 대상들은 동일한 것 뿐만 아니고 어떤 상이한 성질을 갖고 있는 경우도 많다. 이에 따라 유비추론에서 그 결론이 반드시 참이어야 한다고 단정 지을 수 있는 아무런 논리적 필연성은 없다. 단지 다른 대상의 비교를 통해서 어느 정도의 개연성이나 확률로써만 결론을 내릴 수 있을 뿐이다. 그러므로 유사한 속성이 있다고 해서 기계적으로 대입하거나 논리적으로 비약하거나 상상을 하면 안 된다.

너세시안(Nersessian, 2003)에 의하면 유비란 추론의 길잡이일 뿐만 아니라 추론의 산출에도 기여한다. 전기 현상에 대한 문제풀이에서 보통 우리는 흐르는 물과 같은 유비를 쓰고, 기체 현상을 다루면서 우리는 당구공과의 유비를 도입하여 문제 상황을 모형화 한다[1]. 개념적 혁신은 이러한 유비과정에서 잘 드러난다. 동떨어진 두 영역의 '잠재적 유사성'을 인식하는 것은 종종 새로운 개념과 산출에 핵심적인 역할을 하곤 한다. 뉴턴의 혁신에 대해서도 그것은 천상계의 행성과 지상계 투사체의 '잠재적 유사성'을 인식하여 새로운 모형화에 성공했다는 점을 여러 문헌(Polya, 1954; Nersessian, 2003)에서 언급하고 있다.

유비추론은 문제해결, 의사결정, 윤리, 재판, 수학, 과학, 공학, 의학, 지각, 감정, 창의성 등 거의 모든 분야에서 사용되고 있고 일상생활에서도 자주 쓰이는 중요한 인지능력이다. 과학에서 한 가지 예를 들면, 1924년 프랑스의 귀족이었던 드브로이는, 파동으로 알려졌던 빛이 아인슈타인의 주장대로 입자가 될 수 있다면, 입자로 알려진 전자가 파동일 수 있겠다는 생각에서 출발한 물질파 이론으로 박사학위 논문을 제출했다. 드브로이의 박사학위 심사위원이었던 랑제방은 실험적으로 아무 근거도 없는 이 황당한 논문으로 학위를 주기에 난감하여, 아인슈타인의 도움을 받기로 했다. 일설에 의하면, 드브로이가 귀족이라서 학위 심사 불합격을 통보하기가 곤란했지만, 아인슈타인에게서 부정적인 의견을 들으면 논문 주제를 다른 것으로 바꾸게 되지 않을까 하고 기대했다고 한다. 예상 외로, 아인슈타인은 드브로이의 논문을 적극 추천하면서, '최악의 상황에 처해 있는 물리 수수께끼에 한 줄기 서광이 비치는 것 같다'고 했다. 드브로이의 물질파 이론은 1927년 데이비슨(Davisson), 저머(Germer), 톰슨(Thomson)에 의해 실험적으로 확인되었다. 드브로이는 1929년에, 데

1) 지금은 학교 과학교육에서 물 비유가 전류에 대한 설명적 비유로 쓰이고 있지만 과학사적으로는 처음 전기 현상을 이해하고 설명할 때 전기를 유체에 유비하여 설명하였으므로 이는 발견적 비유, 즉, 유비에 해당한다. 기체에 대한 당구공 유비도 마찬가지이다.

이비슨과 톰슨은 1937년에 물질파 연구로 노벨상을 받았다.(김재완, 2004, p. 7–10)

비유의 속성

비유를 위해서는 목표물이 있고 비유물이 있게 되는데 목표물과 비유물의 어떤 것들이 비유될까?

문학에서 "내 마음은 호수와 같다."고 표현했다면 '내 마음'을 '호수'에 비유한 것이고, "노인은 헐떨어진 옷"이라고 은유적으로 비유했을 때에도 '노인'을 '헐떨어진 옷'으로 은유한 것이다. 이 경우에는 '호수'라든지 '헐떨어진 옷'이 가지는 속성이 다양하기 때문에 '내 마음'이나 '노인'의 모습에 대해 많은 상상을 할 수 있다. 문학 특히 시의 입장에서 보면 비유는 사물 인식의 한 방법이라기보다는 사물을 보다 두드러지게 드러내는 수단으로 보는 것이 더 적절하다. 문학에서의 비유는 반드시 정확성을 최상의 기준으로 보지 않는다. 비유는 사실을 사실대로 드러내기 위한 기법이라기보다는 사실을 사실보다 두드러지게 드러내기 위한 수단이다. 문학에서의 비유는 논리에 근거한 설명이 아니라 감정에 근거한 설득이다. 또한 문학에서의 비유는 이질적인 대상들 사이에서 이루어질 때 더욱 능률적이다. '장미처럼 예쁜 국화'라고 표현했다면 이것은 비유라기보다는 같은 식물계에서의 비교에 가깝다. 그러나 '보름달같이 둥근 얼굴', '굼벵이같이 느린 녀석'이라고 표현했다면 여기에는 과장이 포함되어 있으며, 이 과장이 곧 문학적 비유의 속성임을 알 수 있다.

또 한 가지는 문학에서의 비유는 은폐성을 지향하기도 한다. 이러한 은폐성은 특히 은유의 구조를 통해 실현된다. 직유는 두 대상 즉, 비유물과 목표물 사이에 동일성이 명시된 구조를 가진다. 위의 예에서 '예쁜', '둥근', '느린' 등이 동일성이나 유사성이다. 이처럼 직유에서는 두 대상을 연결하는 공유 특성이 명료하게 표출되는데 비해 은유는 공유 특성이 생략되어 있는 구조를 가진다. 그러므로 직유는 제시된 대응 요소의 공유 특성에 의해 두 대상을 묶는 수동적 사고가 강요되는 형식이지만 은유는 두 대상 사이에 수많은 공유 특성을 추출해 내야만 하는 능동적 사고가 요구되는 형식이다. '내 마음은 호수'라고 은유적으로 표현했을 때 독자는 다양한 공유 특성을 추출해 낼 수 있다. '넓다', '잔잔하다', '깊다', '맑다', '갇혀 있다' 등의 많은 공유 특성이 복합적으로 작용한다. 직유는 단선적인 비유이지만 은유는 복합적이며 숨기는 가운데 보다 많은 것을 말하는 역동적인 구조를 가진다. 보다 많은 공유 특성을 내포하고 있는 것일수록 문학에서는 능률적인 은유가 된다.(Richards, 1936; 김종도, 2004)

과학에서의 비유는 문학에서의 비유와 다르다. 문학에서의 비유는 정확성과 사실성을 최상의 기준으로 보지 않지만 과학에서는 그와 반대로 정확성과 사실성에 바탕을 두어야 한다. 비유물과 목표물 모두 사실적이어야 하고 정확해야 한다. 또한 문학에서의 비유는 논리에 근거한 설명이 아니라 감정에 근거한 설득이 목적이지만 과학에서의 비유는 논리적이어야 한다. 그러하기 때문에 젠트너(Gentner, 1983)의 구조대응이론과 같은 비유 이론이 설득력이 있을 수 있다. 그리고 문학에서의 비유는 이질적인 대상들 사이에서 이루어질 때 더욱 능률적이라고 하지만 과학에서의 비유는 비유물이 구체적이면 이질적 대상이든 동질적 대상이든 상관이 없다.

비유와 유비의 역할

문학에서의 비유의 역할은 무엇인가? 첫째, 비유는 직유법에서와 같이 어떤 사물을 나타내기 위해 직유적으로 표현함으로써 다른 사물의 비슷한 속성을 직접 끌어내어 준다. 그 과정에서 말이나 글을 아름답게 꾸미는 구실을 한다. 때때로 비유는 문장의 의미를 단순화하기도 하지만 여러 가지 의미로 연상되는 비유는 다양한 이미지를 제공해 줄 수 있다. 그리고 문학에서의 비유는 메마르기 쉬운 글이나 말에 부드러운 정감을 더해주기도 한다. '인생의 황혼기', '임 향한 일편단심' 등이 그것이다. 둘째, 문학에서의 비유는 특히 은유법에서 많이 쓰는 것과 같이 직접 드러내놓고 말하지 않고 에둘러서 넌지시 말하는 데 쓰이기도 한다. '화장실'과 같이 말하기 거북스런 내용을 듣기 좋게 말하는 완곡어법이나, '똥간'과 같이 일부러 불쾌하거나 혐오스럽게 말하는 어법이 그 예이다. 여기에서는 어떤 진술을 압축하여 짧게 표현하는 기능을 하기도 한다. 셋째, 문학에서의 비유는 풍유법에서 쓰는 것과 같이 우화나 교훈담을 쓸 때에도 사용된다. '조삼모사', '맹모삼천지교' 등이 그것이다. 넷째, 비유는 이질적인 것에서 유사성을 찾아내어 무질서와 혼돈에 질서와 통일성을 부여해 주는 기능을 한다. 다섯째로, 문학에서의 비유는 이 세계를 바라보는 습관적 방법을 깨뜨려 새롭게 보도록 해주기도 한다. 여섯째로, 비유 특히 은유는 언어 생성에 아주 큰 도움을 주기도 한다. 기존의 말에 새로운 의미를 덧붙이거나 그 의미를 좀 더 뚜렷하게 드러내는 구실을 한다. 더구나 새로운 언어를 만들어내는 기능을 맡기도 한다. 방송에서 어떤 드라마가 인기를 끌면 그 드라마의 제목을 붙인 여러 가지의 은유적 용어들이 만들어지는 것은 그 한 예이다. 일곱째로, 비유는 웃음과 해학을 자아내기도 한다.(김봉군, 2002; 김종도, 2004)

이렇듯 문학에서의 비유의 역할들은 두세 가지 외에는 과학에서의 비유의 역할과 일치하지 않는다. 문학적 비유의 역할과 과학적 비유의 역할에서 공통적인 것은 첫째, 비유는 이질적인 것에서 유사성을 찾아내어 무질서와 혼돈에 질서와 통일성을 부여해 주는 기능을 한다는 것, 둘째, 이 세계를 바라보는 습관적 방법을 깨뜨려 새롭게 보도록 해주기도 한다는 것, 셋째, 언어 생성에 아주 큰 도움을 주기도 한다는 것이다. 이에 대해서는 뒤에서 자세히 설명하게 될 것이다.

과학에서의 은유

은유[2)]는 비유법의 한 종류이지만 직유와 마찬가지로 과학에서 많이 쓰이는 용법이기 때문에 별도로 설명하고자 한다. 시집과 과학 보고서가 매우 다른 것과 같이, 문학에서의 은유와 과학에서의 은유는 매우 다르다. 이런 두드러진 차이는 대개 과학과 시가 별개의 두 집단으로 분리되어 따로 발전해온 문화적, 전문가적 전통의 결과이다. 과학계는 대부분의 조건에서 참이거나 대부분의 시간에 불변하는 것, 그리고 다양한 맥락에 적용할 수 있는 것을 구축하고자 한다. 시인 또는 문학인은 유일하고, 주관적이며 여러 뜻으로 해석되고 쉽게 변하는 것을 구축하고자 한다. 시인은 자신의 시를 읽은 독자가 재현할 수 있거나 할 수 없는 유일하고 개별적인 경험을 음미하기를 희망한다. 과학자는 자신의 연구보고서를 읽은 독자가 그 연구방법을 재현하거나 데이터를 새로운 상황에 적용할 수 있기

2) 비유 중에서 은유는 라틴어의 'metaphora', 그리스어의 'metaphora' 또는 'metaphoro'에서 온 말이다. 라틴어의 metaphora는 나르다(carrying over), 그리스어의 metaphoro는 전이하다(transfer)의 의미를 가진다. 또한 metaphoro에서 'meta'는 ~사이(between)를 나타내며, 'phoro'는 나르다(carrying over)를 뜻한다. (http://en.wikipidia.org)

를 바란다.(Reeves, 2005)

일상 언어에서 은유를 피할 수 없듯이, 과학에서도 은유를 피할 수는 없다. 여러 가지 의미에서 과학도 은유에 의지한다는 점에서 인간의 다른 활동과 다르지 않다. 사실 많은 언어학자와 과학자들이 과학의 사상과 실행에서 은유가 중심적이라고 보는 경향이 늘고 있다. 화학자 브라운은 과학과 은유에 관한 책에서 이렇게 말했다.(Brown, 2003, p. 15) "은유는 우리가 '창조적인 과학'이라고 여기는 것의 핵심에 있다. 즉, 모형, 이론, 관측 사이에서 상호작용하는 이음새로서, 그 가설과 이론을 정식화하고 검증하는 일이 어떤 성격인지 드러내어 준다. 새로운 실험을 위한 과학자의 반짝이는 생각도, 관측 자료에 대한 멋진 발상의 해석도, 그런 생각과 결과물을 다른 사람들과 소통하는 일도, 은유의 사용 없이는 일어나지 않는다."

앞에서 설명한 바와 같이 은유는 '~은 ~이다.'와 같은 형식으로 표현한 것이다. 예를 들면, '전류는 흐르는 물과 같다.'라고 표현하면 전류를 흐르는 물에 비유한 직유적 표현이지만 '전류는 흐르는 물이다.'라고 표현하면 은유적 표현이 된다. 원자핵을 둘러싸고 있는 전자들을 '전자 구름', 또는 '전자 입자'라고 표현하면 핵 속의 전자들의 거동을, 핵을 구름처럼 덮고 있다든지 핵 속에서 입자처럼 행동하는 것을 비유한 은유적 표현에 속한다. 최근에 필자는 마크 뷰캐넌이 집필한 [사회적 원자]라는 책을 읽은 적이 있다[3]. 이 책에서는 사람 하나하나를 하나의 원자로 보고, 물리학적인 방법을 사용하여 인간의 조직 사회가 나타내는 여러 가지 사회적 현상을 설명하고 있다. 이것은 사회적 현상을 일으키는 인간을 물리

---

3) Mark Buchannan이 2007년에 집필한 The Social Atom을 김희봉이 번역한 것. 서울: 사이언스 북스.

적 현상을 일으키는 원자에 은유한 것이다.

과학 개념의 기원뿐만 아니라 과학의 진행 중인 연구들은 은유에 크게 의존한다. '토성 고리', '파동', '구름' 등은 모두 성공적이든 성공적이지 않든 '전자'라고 하는 물질을 은유적으로 표현한 것들이다.

은유는 또한 과학적 아이디어들의 소통에서도 중심에 있다. 과학의 전문 용어는 활동적인 과정을 명사화한 것을 유용하게 사용한다. 'moving(움직이는)', 'refracting(굴절하는)', 'gravitating(끌리는)' 같은 관찰 가능한 과정들을 묘사하는 동사들을, 어떤 독립체들을 창조함으로써 'motion(운동)', 'refraction(굴절)', 'gravity(중력)' 같은 명사로 바꾸어 사용하는 것이 그 예이다. 이런 언어학적 과정들은 '문법적 은유'라고 한다.(Halliday & Martin, 1993) 위의 예 이외에도 과학에서는 많은 은유들이 사용된다.

유전학의 언어, 은유

리브스(Reeves, 2005)는 읽기, 쓰기, 커뮤니케이션 같은 은유적 언어를 빼고 유전학을 얘기하는 것은 불가능하다고 말한다. 문법, 글자, 쓰기, 읽기, 커뮤니케이션을 아우르는 인간 언어는 우리 유전자 내부에서 어떤 일이 일어나는지 설명할 때 중요한 표현 은유의 영역으로서 기능해왔다. 우리 DNA가 복제되는 과정과 우리 몸을 형상화하는 과정 사이에 나타나는 복잡한 상호작용은 언어 또는 커뮤니케이션의 은유들로 포착된다. 읽기와 쓰기, 번역, 전사, 암호화, 해독 같은 사례들을 생각해보라. 예를 들어 유전자의 '메시지'는 '메신저' RNA에 의해 리보솜으로 전달된다. 거기에서 그것은 단백질로 '번역'된다. 사실 DNA자체는 종종 '하나의 문헌, 거대한 역사 텍스트'라는 관념으로 표현된다. "그러나 이 화학적 텍스트의 은유는 시각적 효과 이상을 보여준다. DNA는…… 책의 철자들과…… 기능면에서 유사하다."(Pollack, 1989, 4) 실제로 읽기와 쓰기라는 일반적 주제는 DNA에 관한 논의에 널리 퍼져 있다.

DNA는 각 세포 안에 들어 있는 교본과 같다. 책을 만드는데 쓰인 알파벳은 A, T, G, C로 아주 단순하다. 그러나 그 알파벳이 어떻게 배열해 단백질로 표현되는 문장(유전자)이 될까? 세포는 어떻게 책 전체를 건너뛰며 특정한 때에 특정 단백질을 만들어내는 유전자만을 읽을 수 있을까?(Darian, 2003)

켈러(Keller, 2002)는 언어 또는 읽기/쓰기의 은유는 우리가 유전학을 설명하고 예증하는데 도움을 줄 뿐 아니라 미생물학자와 유전학자들에게서 나타나는 특정한 패턴의 사고방식에 영향을 끼친다고 믿는다. 켈러는 읽기와 쓰기 은유로 인해 과학자는 자신을 인간 유전체(게놈)를 "읽는 사람"과 "다시 쓰는 사람"으로 여기고 있다고 말한다.

미국 국립보건원(NIH)인간게놈프로젝트의 웹사이트에서, 프로젝트 책임자인 프랜시스 콜린스가 쓴 다음의 진술은 인간 게놈 지도의 중요성을 설명할 때 사용된다.(Reeves, 2005)

"이것은 역사서, 즉 우리 종의 시간 여행에 관한 서사이다. 이것은 모든 인간 세포를 만드는 데 필요한, 믿기 힘들 정도로 상세한 청사진을 담은 상점매뉴얼(shop manual)이다. 그리고 이것은 공중보건 제공자들에게는 질병을 다루고 예방하고 치료하는데 엄청나게 새로운 힘을 제공하는, 통찰을 갖춘 변형된 의학서이다."

다른 모든 은유들과 마찬가지로 '생명의 책' 은유에서도 일부의 개념들이 더 강조되고 그 밖의 다른 개념들이 덜 강조된다. 이런 낙관적인 은유 표현에서는 인간 유전체의 책들을 읽을 수 있을 뿐만 아니라 질병을 예방하고 치유할 목적으로 그것을 '다시 쓰기' 할 수 있는 우리의 능력이 강조된다. 우리가 훌륭하게 읽는 사람이 되지 않을 가능성이나 우리의 '다시 쓰기'가 생명의 '책들'을 파괴할 가능성은 이런 매우 낙관적인 선언에서는 바깥으로 밀려난다.

언젠가 우리는 유전학의 '생명의 책' 은유가 기이하게 단순화하는 모습을 볼 수도 있다. 언어의 구조와 개인 간 커뮤니케이션의 체계는 DNA, 유전자, 단백질이 어떻게 상호작용하는지에 관해 사유할 때 여러 도움을 준다. 하지만 언어 은유에도 그 은유가 유전자에게 적용될 때 참이 아닐 수도 있는 일부 전제들이 담겨 있다. 우리는 커뮤니케이션할 때 어떤 메시지가 누구에 의해 누구한테 전송되는지를 인지하는 방법을 안다. 그리고 우리가 알 수 있는 것은 이런 앎을 가능하게 하는 언어를 공유하기 때문이다. 하지만 유전학에서는 전송자에서 수신자로 나아가는 메시지의 운동이 결코 그렇게 단순하지도 않으며 아주 쉽게 발견될 수 있는 것도 아니다.

과학에서 은유를 사용하는 데 있어서는 반드시 주의해야 할 것이 있다. 다음은 어느 물리학 책에 서술된 내용이다. 이 글을 읽으며 얼마나 많은 은유가 물리학이나 화학에 쓰이고 있는지를 생각해 보자. 그리고 은유를 학습에 사용하는 데 있어 어떤 어려움이 있는지 생각해 보자.

"…… 이렇게 제안된, 소립자보다 더 기본적인 입자를 어떤 이름으로 부를지 많지가 않은 형편이 되었다. 기본적이라는 의미의 이름은 이제 다 사용해 버리고 말았다. 겔만은 이 입자를 쿼크라고 불렀고 츠베이크는 이 입자를 에이스라고 불렀는데, 사람들이 쿼크라는 이름을 더 애용하였다. 그래서 지금은 그 기본입자를 쿼크라고 부른다. 쿼크라는 이름은 무슨 특별한 의미를 지니지 않는다. 겔만은 단순히 자기가 늘 즐겨 읊던 제임스 조이스의 시 가운데 한 구절에서 그 이름을 따왔다고 한다.

지금은 여섯 가지 종류의 쿼크가 존재한다고 알려져 왔는데, 겔만과 츠바이크가 처음 제안한 것은 업(up) 쿼크, 다운(down) 쿼크, 스트레인지(strange) 쿼크라고 불리는 세 가지 종류였다. 당시에 알려진 소립자는 이 세 가지 종류로 설명이 충분했던 것이다. 그 이후에 소립자들이 더 많이 발견되면서 필요한 쿼크의 숫자도 늘어났지만 지금 학자들은 여섯 가지가 존재할 수 있는 쿼크의 전부라고 생각하고 있다."(차동우, 2007. p. 496)

이 과학적 은유에 대해 어떻게 생각하는가? 왜 이름에 업, 다운, 스트레인지라는 이름이 붙여졌는지, 이름을 보고 그 입자의 성질을 가늠할 수 있겠는가? 이만큼 은유는 학습자에게 때때로 그 의미를 이해하는 데 어려움을 줄 수도 있다.

사실상 과학에서의 은유는 학습자에게 두 가지 어려움을 준다. 첫째는 은유의 의미를 이해해야 하고 둘째는 그것을 과학에 접목시켜야 한다는 것이다. 은유의 암묵적 사용은 과학적 전문용어를 외국어처럼 보이게 만드는 경향이 있다. 그것이 많은 측면에서 친숙하게 보이기 때문에 더 당황스럽게 만들 수 있다. 또한, 은유는 무언가를 드러나게 하는 만큼이나 무언가를 숨기는 구실도 한다는 점이다. 어떠한 은유적 연결도 절대적 일치를 보여주지는 않는다. 앞에서 보았듯이, 은유는 이런 하나의 관념 영역을 다른 하나의 관념 영역에 포개어, 좋건 나쁘건 간에 어떤 우세한 관념을 창출해낸다. 이것은 다시 과정에 힘을 보태기도 하고 과정을 무력하게 만들기도 한다. 은유의 이런 기능은 과학에서도 마찬가지다.

비유와 유비의 유사성과 차이

영어의 “analogy”에 대한 번역은 플라톤의 빛의 비유, 선분의 비유(analogy of divided line), 동굴의 비유(Plato's Analogy of the Cave)[4] 등과 같이 '비유'로 번역되기도 하고, 과학사 · 철학에서는 '유비(또는 유비추리)'로 번역되기도 한다. 그런가 하면 국어사전에서는 비유를 '어떤 현상이나 사물을 직접 설명하지 아니하고 다른 비슷한 현상이나 사물에 빗대어 설명하는 일'로 정의하고, 유비는 '두 개의 서로 다른 사물들 사이에 어떤 관점에서 보아 서로 합치되는 몇 개의 유사점이 있는 것'으로 정의하고 있고 유비에 의한 추리를 유추 또는 유비추리로 정의하고 있다.

한편 우리말의 비유를 영어로 번역한 것을 보면 analogy 보다는 parable, allegory 등이 많고, 유추를 영어로 번역한 것을 보면 inference, conjecture 등이 많다. 그러므로 영어의 analogy는 우리말로 번역할 때에는 글의 문맥을 보아 비유나 유비 또는 유추로 번역되어야 할 것이다. 본 글에서는 비유가 유비의 의미를 포함할 때도 있으며, 문맥에 따라서는 비유보다는 유비 또는 유추를 사용하기도 하였다.

맥스웰(Maxwell, 1855), 하레(Harre, 1978), 네겔(Nagel, 1979) 등이 서술한 analogy는 이론의 정교화나 발달을 위한 발견의 도구로서의 의미를 내포

---

4) 플라톤의 국가 제 7권에 '동굴의 비유'라는 것이 있다. 소크라테스의 입을 통해 전해지는 그 비유를 요약하자면 다음과 같다. [어렸을 때부터 동굴안의 벽을 향해 손과 발, 목까지 묶여 있어 움직일 수 없이 벽만을 바라보면서 살아온 사람들이 있었다. 그들 뒤쪽으로 동굴 밖에서는 멀리 태양이 비치고 있다. 그리고 그들과 태양사이에는 높은 담이 있는 길이 있다. 이 길로 여러 사람들과 물건들, 동물들이 지나가고 있다. 동굴안의 사람들은 동굴안의 벽에 비치는 사물들, 동물들, 사람들의 그림자를 볼뿐이다. 그리고 그들은 그 그림자가 진짜라고 생각한다. 그런데 어떤 이유에서인지 동굴 안에 묶여 있던 사람 중 한사람이 풀려나서 동굴 밖으로 나갔다. 처음 그는 햇살로 인해 아무것도 보지 못하다가 차차 사물들, 동물들, 사람들을 보기 시작했다. 그리고 빛나는 태양까지 보게 되었다. 그가 다시 동굴로 돌아가 자신의 경험을 말하자, 사람들은 그 말을 믿지 않고 오히려 우스꽝스럽게 여긴다. 오히려 그 밖으로 나가면 눈이 멀게 된다고 생각하여, 아예 나갈 생각조차 하지 않게 된다.]

하고 있다. 그렇기 때문에 과학사, 과학철학에서는 이것을 유비라고 표현한다. 본 글에서는 이것을 유비 또는 발견적 비유라고 표현하였다.

발견의 도구로서의 비유의 가치는 한 이론이 개발되고 일반화되고 확장될 때, 혹은 가설을 확증하기 위해 증거가 필요할 때, 탐구되어야 할 방향이 언제나 확실한 것이 아니므로 비록 정확한 것은 아니지만, 그 상황에서 논리적 의미의 비유나 비유에 의한 논법이 사용되는데 있다고 볼 수 있다. 그것은 비유가 "증거"로 공헌하는 것이 아니고 한 이론의 발전이나 검증에 있어서 따라야 할 경로 중 가장 그럴듯한 것을 제시한다는 것이다. 과학자들은 발견의 도구로서의 비유의 가치를 나타내는 많은 진술을 해왔다. 그들 중에서 유명한 것으로는 맥스웰(Maxwell, 1890)이 자신의 논문인 "패러데이의 역선에 관하여(On the Faraday's Lines of Force)"에서 언급한 물리적 유비(physical analogy)가 있다. 그는 다음과 같이 언급하였다.

"물리적 이론을 취하지 않고 물리적인 아이디어를 얻기 위해서는 우리는 물리적 유비의 존재에 친숙해 져야 한다. 물리적 유비란 한 가지 과학 법칙과 그 법칙이 다른 것을 표현해 줄 수 있는 어떤 것 사이의 유사성을 의미한다. 모든 수리적인 과학들은 물리적 법칙들과 수의 법칙들 사이의 관계에 기초한다."(Simpson, 1998, p. 55)

네겔(Nagel, 1979)은 호이겐스의 파동이론의 발달과 열에 관련된 블랙의 실험적 발견, 그리고 푸리에의 열전도 이론들은 모두 그전에 개발된 다른 이론들과의 유비(발견적 비유)를 통해 이룩되었다는 것을 지적하였다.

비유와 은유의 차이에 대해 구체적으로 예를 들어 설명해 보자. 물 회로와 전기 회로의 유사성 관계를 이용하여 물 회로에서 일어나는 현상으로 전기회로에서 일어나는 현상을 설명하는 경우에는 두 시스템이 이미 잘 설명된 것이지만 물 회로가 전기회로보다 좀 더 구체적이고 시각적이기 때문에 전기회로의 설명자로 이용될 수 있으므로 비유라고 할 수 있다. 그러나 이 경우에는 과학사적으로 물 회로가 전기 회로 현상을 발견하는 데 대한 설명자 역할을 한 것이 아니므로 유비라고 볼 수는 없다. 그런가 하면 카르노가 수력기계 시스템을 이용하여 카르노 열기관을 추론한 경우는 발견적 비유에 해당하는 유비이다. 두 시스템 간에 유사성으로 열기관을 설명하는 것이 가능하기 때문에 로슨 등(Lawson, et al, 1989)은 유비(analogy)라고 표현하였다. 그런가 하면 이 과정은 그 당시 설명되지 않은 현상에 대한 설명 가설을 생성한 것이므로 귀추라고 할 수도 있다.

제 1 부

과학에서 유비(비유)와 창의성

케플러(Kepler)는 유비에 대해, "나는 유비를 어떤 것보다 소중히 여기고 가치 있게 생각한다. 유비는 자연의 비밀을 모두 알고 있다.(Polya, 1954, p.12)"고 말했다. 그런가 하면 폴야니(Polyanyi)는 "과학적 직관의 과정은 초감각적 지각과 함께 일어나는 유비추론(analogical reasoning)의 과정으로 진행된다."(Polanyi, 1964, p.35)고 유비의 중요성을 역설했다. 또한 영(Young)도 "유비가 충분히 밀접하면, 유비는 물리적 추론의 가장 만족스러운 근거가 될 수 있다."(Young, 1804)라고 유비의 중요성을 주장했다. 그만큼 유비 또는 비유는 과학에 있어 필수불가결한 요소이다.

제 1 장 과학에서 유비(비유)의 유형과 역할

오늘날에는 비유나 은유보다는 원문 형태의 과학 강연을 강조하는 과학자들이 많다. 이러한 관점에서는 좋은 과학적 개념이란 과학자 사회에서 폭넓게 그리고 모호하지 않게 공유되는 것이어야 한다는 뜻이다. 이들은 과학 설명이 경험적 데이터와 논리적 과정에 의해서만 지배되도록 허용한다. 그런 반면에, 비유와 은유는 융통성이 있고, 다양한 개인적 해석을 허용하며, 때로는 과도한 상상의 결과물이 되기도 한다. 이들에게 있어 비유는 문학가들의 자연스러운 방법의 일부이지, 과학자들이 주로 쓰는 방법은 아니다. 그러나 좋은 비유와 좋은 과학 사이를 양분하는 것은 과도한 주장이다. 언어학자들은 어느 영역에서든 우리가 얼마나 많은 비유와 상상적 표현 방식을 가지고 있는가 하는 것이 우리의 사고 범위를 상당 수준까지 결정한다는 것을 증명해 주고 있다. 과학사 학자들의 발견으로부터도 그 증거들을 찾을 수 있다. 그들의 연구에 의하면, 주제에 대한 과학자들의 유비적 판단이, 대개는 무의식적으로 만들어지기는 하지만, 많은 경우에 기본적으로 과학자들이 진전시키는 이론의 모양을 그려준다는 것을 보여주었다.(Holton, 1984)

비유의 유형: 실체적 비유와 형식적 비유

네겔(Nagel, 1979)은 과학에서의 비유를 실체적인 것과 형식적인 것의 두 가지 유형으로 구분하고 그에 대해 다음과 같이 설명하였다.

"실체적 비유는 …… 그 체계에 대한 일련의 법칙들을 기술하는 방법과 관련하여, 이미 우리에게 친숙한 어떤 성질들을 가지고 있는 요소들의 체계가, 다른 제2체계의 이론들을 구성하는 모형으로 채택되었을 때 …… 대개 모형으로 사용되는 체계는 시각화될 수 있는 물체들의 집단이다. 과학자들이 한 이론을 위한 모형을 이야기할 때, 이러한 유형의 모형은 대개 그림이나 심상으로 표현될 수 있다. 두 번째 유형인 형식적 비유는, 한 이론을 구성하는데 사용되는 모형의 체계가, 추상화된 관계의 친숙한 구조라는 것이다.…… 대개의 수학자들이 새로운 분야를 개발할 때 이러한 형식적 모형을 사용한다……."

이렇게 구분한 것을 적용해 본다면 전류의 개념을 설명하기 위해, 닫힌 물 회로의 파이프 속을 흐르는 물로 전류를 비유한 것은 실체적 비유에 해당한다고 볼 수 있으며, 축전지의 에너지 공식인 $U_E = \frac{1}{2}\frac{q2}{C}$을 설명하기 위해 이미 학습한 단진동 공식인 $U_p = \frac{1}{2}kx^2$을 비교시킨 것은 형식적 비유에 해당한다고 볼 수 있다. 이 공식의 비유에서는 전하량 q를 거리 x에, 전기용량 C를 용수철 상수 k의 역수 $(\frac{1}{k})$에 대응시켜 설명하였다.

한편, 과학적 은유들도 범주화될 수 있다. 과학적 은유들은 문학적 은유들과는 달리 라코프와 존슨(Lakoff and Johnson, 1980)이 말한, 개념화하는 과정이 필요한, 개념적 은유(conceptual metahpor)에 속한다고 볼 수 있다. 과학적 은유들은 과정에 대한 것들과 구조에 대한 것들로 범주화 될 수도 있고, 생물학적인(biological), 기계적인(mechanistic), 기술적인(technological),

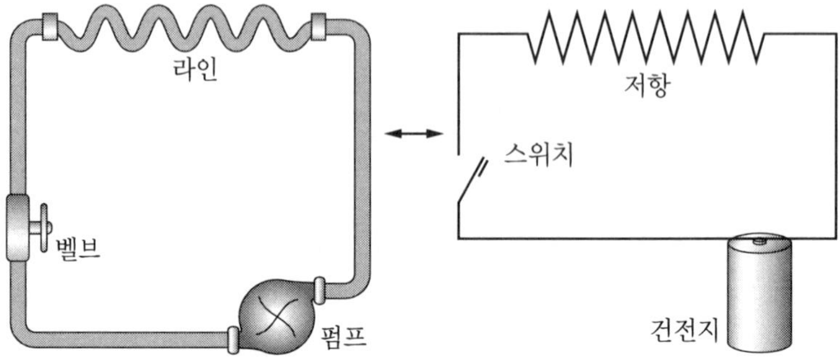

실체적 비유: 전지를 펌프에 비유

$$U_E = \frac{1}{2}\frac{q2}{C} \longleftrightarrow U_p = \frac{1}{2}kx^2$$

형식적 비유: 축전기 에너지를 포텐셜 에너지에 비유

[그림 1-1] 실체적 비유와 형식적 비유

위상기하학적인(topological) 것 등으로 범주화되기도 한다. 그러나 비유의 분류와는 달리 크게 보아 과학적 은유가 개념적 은유에 속한다는 것 외에 몇 가지로 분류되는 것이 큰 의미를 가지지는 않는다.

비유(유비)의 원리

구조 대응의 원리

젠트너(Gentner, 1983)는 비유의 의미를 설명하기 위하여 구조-대응 이론을 제안하였다. 젠트너의 구조-대응 이론(Gentner's structure-mapping theory)의 기본적 아이디어는 비유란 비유물 영역(analogue or base domain)으로부터 목표물 영역(target domain)으로 지식을 매핑하는 것을 의미한다. 즉 비유란 비유물과 목표물이 함께 가지고 있는 관계적 시스템을 비유물 영역으로부터 목표물 영역으로 전이하는 것을 말한다. 이 이론은 친숙한 비유물 영역의 지식이 덜 친숙한 목표(target) 영역을 설명하기 위해 사용되는 상황을 다룬다. 그는 원자의 속성을 이해하기 위하여 태양계의 친숙한 속성을 사용하는 상황을 상정하였다. 구조 대응 이론은 비유의 질이 비유물 영역에서 목표 영역으로 대응될 수 있는 관계의 수에 의존하고, 영역 속성의 중복된 수나 유사성과는 관계없다고 가정한다. 예를 들어, 태양계와 원자 사이에는 속성을 거의 공유하지 않는다. 그러나 '거리', '인력', '

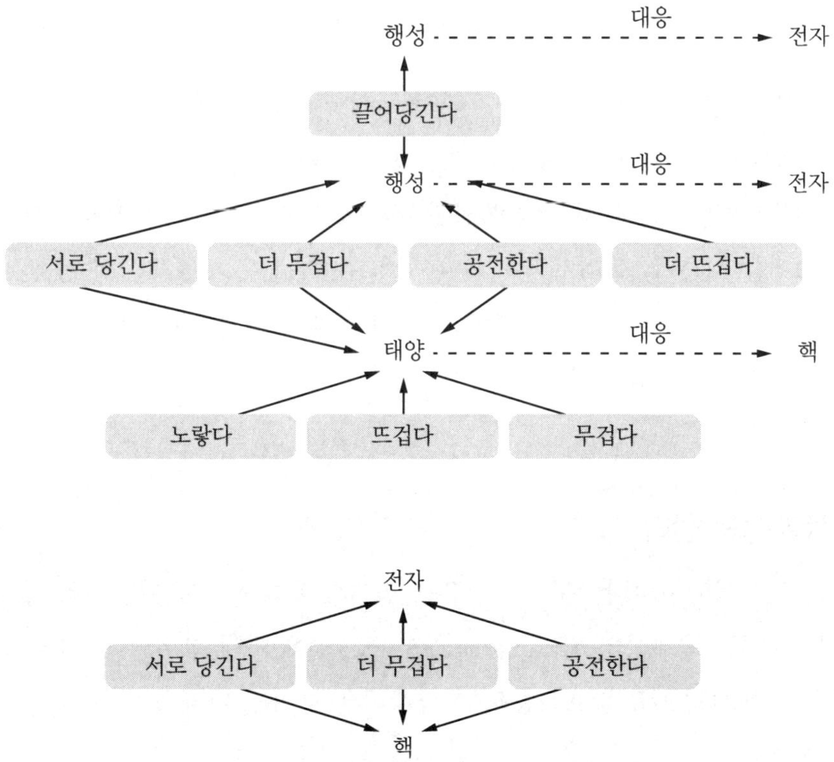

[그림 1-2] 태양계와 원자 모형의 구조 대응

공전', '더 무겁다'를 포함한 여러 가지 관계들이 두 영역 사이에 대응된다 [그림 1–2]. 다른 관계들은 대응되지 않는데, 예를 들면, '더 뜨겁다'는 관계는 태양계에는 적용되지만 원자에는 적용되지 않는다. 좋은 비유는 대응되지 않는 관계에 비하여 대응되는 관계의 비가 높은 것이고, 좋지 않은 비유는 이 비가 낮은 것이다.

이러한 구조 대응 관계를 이용하여 수소 원자를 설명하고자 하는 경우, 첫째, 두 영역 사이의 대응 관계를 세운다. 즉, 다음과 같은 관계를 설명한다.

태양 – 핵
행성 – 전자

둘째, 태양이 노란색이라는 등의 물체의 속성은 버린다. 셋째, 비유물 영역에서 다른 것보다 질량이 큰 것(태양, 행성)을 목표물 영역의 대상 물체에 대응시킨다. 넷째, 체계성을 관찰한다. 즉, 내부적으로 연결되는 관계의 체계를 세운다. 그리고 인과관계 등의 좀 더 높은 차원의 구속성 관계로 연결되도록 한다. 그렇게 함으로써 전체 체계가 비유물 영역으로부터 목표물 영역에 적용될 수 있도록 하는 것이다.

체계성의 원리

목표 영역에서 어떤 관계가 비유물 영역의 관계와 대응되는가를 결정하는 문제는 체계성의 원리(systematicity principle)에 의해 좌우된다. 다른 관계들과 체계적으로 상호작용하는 관계들은 분리된 관계들보다 더 중요하다.

비유를 이해하는데 있어 중심이 되는 것은 연결된 지식들의 체계를 전달하는 것이다. 그러므로 비유물과 목표물은 각기 체계성을 갖출 필요가 있다. 이 체계성 원리는 비유에서의 정합성(coherence)과 연역 능력(deductive power)을 위한 형식화가 필요함을 내포한다. 체계성 원리는 비유에는 관계의 공통적 체계를 찾기 위한 선택 규칙(selection rule)이 내재되어 있음을 말해주고 있다. 즉, 비유물 영역과 목표물 영역 사이의 가능한 공통성 중에서 높은 수준으로 서로 관련된 구조를 찾도록 요구하며, 체계에 속하는 한 속성은 고립된 속성보다는 비유에 포함되기가 더 쉽다.

매핑 과정에서 중심적인 것은 체계성의 원리(the principle of systematicity)이다. 체계성의 원리는 사람들이 높은 수준의 관계를 가지고 있는 속성들(predicates)의 체계를 대응시키기를 선호한다는 것이다. 이 체계성 원리는 비유를 해석하는 데 있어서 정합성과 연역 능력을 잠재적으로 선호한다는 구조적 표현이다. 이 틀에서는 비유 외에도 다른 종류의 유사성들이 구분되어 대응될 수 있다. 이 이론에서의 비유는 대상에 대한 서술(object descriptions)은 버리고 관계적 구조(relational structure)만 대응시킨다. 반면에 표면적 유사성 대응은 대상에 대한 서술은 대응시키고 관계적 구조는 고려하지 않는다. 일반적으로 문학에서의 유사성 대응은 관계적 구조와 대상의 서술 두 가지를 모두 대응시킨다. 학습과 사고의 심리학적 과정에서는 두 가지의 서로 다른 유사성들이 서로 다른 역할을 한다.

구속성의 원리(유비 추론의 규칙)

여기서는 현대 과학자들이 유비추론에서 사용하는 다섯 가지의 내면적 규칙을 설명하고자 한다. 처음 세 개의 규칙은 직접적으로 구조 대응 이론에 기초한 것으로, 내적인 구속성을 기술하고 있고, 나머지 두 규칙은 외적인 구속성을 기술한다.

첫째, 대상물들은 일관성 있게 일 대 일 대응 관계를 가져야 한다는 것이다. 즉, 한 영역에 주어진 목표물이 비유 영역의 대상물과 일 대 이 이상의 대응을 가지는 요소는 없어야 한다는 것이다. 일 대 이 이상의 대응을 가지는 것은 대응의 명확성을 감소시킨다.

둘째, 관계는 유지되는 반면, 가능한 한 속성들은 버려져야 한다는 것이다. 유비의 초점은 비유물과 목표물의 표면적인 속성들에 있는 것이 아니라, 관계들 사이의 대응 체계에 있다. 예를 들면 원자를 태양계에 유비할 때, 한 물체로서 닮은 점에 관심이 있는 것이 아니라 관계의 체계가 같다는 점에 관심을 두어야 한다.

셋째, 체계성 원리를 통해 가장 높은 수준의 공통의 관계망을 선택해야 한다. 그 망 안에 포함되지 않는 낮은 차원의 관계들은 버려진다. 그러므로 러더포드의 유비에서는 낮은 차원의 관계에 속하는, "~보다 뜨거운" [태양, 행성] 속성은 비유의 요소가 되지 못한다. 왜냐하면 비유물 영역에서는 그것도 하나의 체계적 관계 구조 안에 있지만 그 계는 목표물 영역과는 공유되는 관계가 아니기 때문이다.

넷째, 영역 사이 관계들은 비유를 강화시키지 못하고, 단지 공통성들만이 대응을 증진시킨다는 것이다. 두 영역 사이의 낮은 수준의 관계들은 깨끗한 대응관계를 유지하는 데 부적절하다. 예를 들면, 태양계와 원자의 비유에서, 태양계가 원자들로 구성되어 있다고 하는 것이 그 비유를 더 좋은 비유로 만들어주지는 않는다는 것이다.

다섯째, 혼합 비유는 피해야 한다는 것이다. 두세 가지의 비유물 영역으로부터 고립된 관계들을 선택하여 목표물 영역의 관계망을 형성하는 비유는 좋은 것으로 생각되지 않는다. 대응되는 관계망은 전적으로 한 가지의 비유물 영역 안에 포함되도록 하는 것이 좋다. 그러나 혼합 비유(mixed analogies)와 다중 비유(multiple analogies)는 구분될 필요가 있다. 다중 비유의 경우에는 몇 가지의 평행한 수준의 근거 비유물들(parallel base analogs)이 목표물 영역에 관련되는 같은 점을 부각시키기 위해 사용되기도 한다. 여기서는 두세 가지의 비유물들이 같은 설명에 포함되어 있지만, 각각의 대응구조는 독립적으로 존재한다. 또 다른 경우로는 목표물 영역이 몇 개의 부 영역으로 나누어질 수 있고, 각각이 서로 다른 근거 영역 비유물로 비유되는 경우이다. 그 밖에 다중 비유가 허용되는 경우는 비유들이 대안적인 경우로, 각각은 목표 영역의 다른 측면을 설명하는 경우이다. 예를 들면 전류를, 흐르는 물로 또는 움직이는 입자들의 집단으로 비유하는 것이다. 그러나 서로 다른 비유들이 병합되면 종종 명확성을 잃어버리는 경우가 있다. 그것은 여러 종류의 비유물들이 서로 다른 목표에 대응되기 때문이다.

마지막으로, 비유는 한 영역 안에서의 인과 관계가 존재하는 것을 추론하는 데에는 사용되지만, 비유물 영역과 목표물 영역 사이의 인과 관계를 추론하는 데 사용될 수는 없다.

과학에서 유비(비유)의 역할: 설명적 역할과 발견적 역할

비유 또는 유비는 과학 개념 발달에 크게 영향을 미쳤다. 현재의 과학에서는 유비의 역할을 크게 강조하고 있지 않지만 사실상 현재의 과학에서도 유비는 크게 영향을 미치고 있다고 보아야 한다. "유비는 종종 막연하지만 오히려 이런 경우에 유비로 얻어진 개념이 논리적 또는 수학적 개념을 명확하게 하기도 한다."는 폴야(Polya, 1954, p. 28)의 말처럼 유비는 과학 개념이나 법칙을 정교화 해 가는 과정에서 거의 필수적으로 요구된다.

그렇다면 비유 또는 유비를 사용하면 구체적으로 어떤 도움이 되는가? 과학자들이 과학 활동 중에 사용하는 비유를 보면 설명적 비유와 발견적 또는 문제 해결적 비유가 동시에 나타난다. 즉, 과학에 있어서의 비유(analogy)는 설명적 역할도 하지만 발견적 또는 문제해결적 역할을 하는 경우가 많다는 것이다.

먼저 설명적 비유의 예를 들어보자. 다음은 파인만(Feynman, 1965, pp. 129-137)이 확률과 불확실성에 대한 양자역학적 관점을 비유를 써서 설명한 것이다.

"그러면 이제 전자들과 광자들이 전형적인 양자역학적 방식으로 행동하는 것을 기술해 보자. 나는 이것을 비유(analogy)와 대조(contrast)를 혼합해 설명하고자 한다. 비유와 대조에 의해서 먼저 총알을 이용해 입자의 행동을, 그 다음은 물결을 이용해 파동의 행동을 알아보자. 나는 양자역학의 모든 신비로움을 보여주도록 구성된 한 가지 실험에 대해서 설명할 것이다. 나는 두 개의 구멍을 이용한 실험을 말하고자 한다.

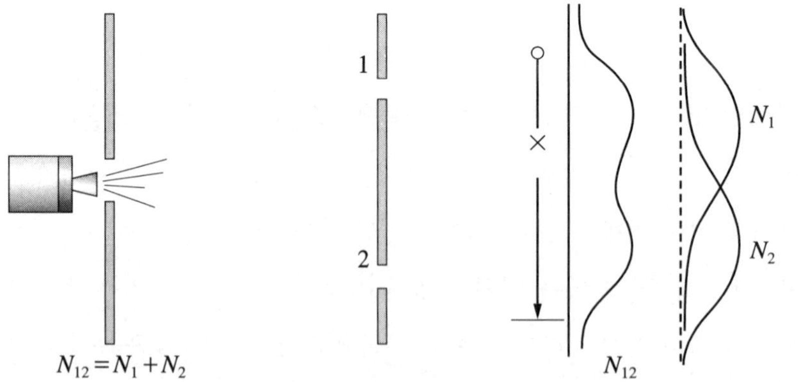

[그림 1-3] 두 개의 구멍을 통과한 총알 실험의 결과

총알을 가지고 실험을 시작해 보자[그림 1-3]. 기관총과 같이 총알의 발사가 가능한 것을 놓고, 그 앞에 총알이 지나갈 수 있도록 구멍이 하나 있는 강판을 준비한다. 또 이것으로 멀리 떨어진 위치에 두 개의 구멍이 있는 두 번째 강판을 준비한다. 이것이 바로 그 유명한 두 개의 구멍 실험이다.(중략)

N_{12}곡선을 분석해 보면 그것이 결국 두 곡선의 합이라는 것을 알 수 있다. 그 중 하나는 2번 구멍을 닫았을 때 1번 구멍을 통과하는 총알의 수를 나타내는 수이며, 다른 하나는 1번 구멍을 닫았을 때 2번 구멍을 통과하는 총알의 수인데, 나는 이들을 각각 N_1, N_2라고 부르겠다. 우리는 여기에서 두 개의 구멍이 열렸을 때 도달하는 총알의 수는 1번 구멍을 통과하는 총알의 수 N_1과 2번 구멍을 통과한 총알의 수 의 합 이라는 중요한 법칙을 얻게 되었다. 여러분이 단순히 이 둘을 더하기만 하면 된다는 이 명제를 나는 '무간섭'이라 부르고자 한다.

$$N_{12} = N_1 + N_2 \text{(간섭이 없을 때)}$$

지금까지는 총알을 이용한 실험이었지만, 이제부터는 물의 파동을 이용하겠다[그림 1-4]. 강판의 역할을 대신하는 것으로 틈이 하나 있는 방파제와 같은 것을 준비한다. 내가 손가락을 물에 담갔다가 빼는 동작을 반복하면 잔물결이 발생될 것이며, 이 물결은 방파제의 틈을 통과할 것이다. 그 뒤에 두 개의 틈이 있는 방파제를 세운다. 그리고 끝으로 검출기를 놓는다.

우리가 이 실험에서 측정하는 것은 물결의 강도, 보다 정확히 말해 물결에 의해 발생되는 어떤 점에서의 에너지이다. 두 틈이 모두 열린 경우인 I_{12}가 그림에 표시되어 있다[그림 1-4]. 흥미롭고 복잡해 보이는 곡선이다. 물결은 1번 틈에서부터 마루와 골을 이루고 퍼져 나가며, 또 2번 틈에서부터 마루와 골을 이루며 퍼져 나간다. 틈에서 같은 거리의 지점에는 두 물결이 동시에 도달

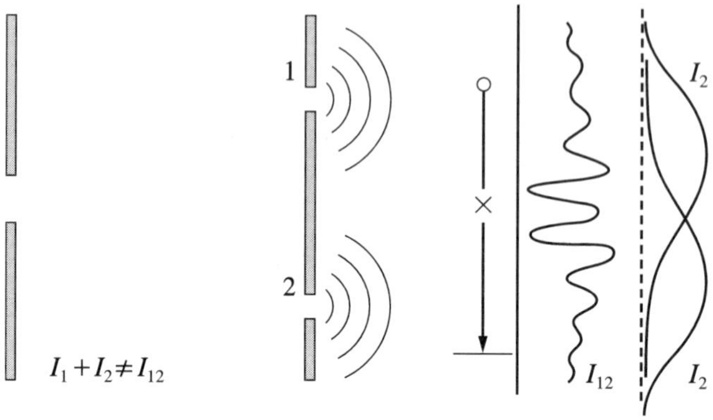

[그림 1-4] 두 개의 틈을 통과한 물결 파동 실험의 결과

하게 되므로, 마루가 서로의 최고점에서 만나게 되어 무척 큰 진동이 있을 것이다. 반면에 1번 틈에서보다 2번 틈으로부터 약간 더 먼 거리의 지점에 검출기를 둔다면, 2번 틈을 통한 물결은 1번 틈을 통한 것보다 도달시간이 더 걸리게 된다. 그래서 1번 틈을 통과한 마루가 도착할 때 2번 틈을 통과한 마루는 아직 도착하지 못하고, 대신에 그 앞의 골이 도착할 것이며, 그러면 물은 이 두 틈으로부터 발생한 물결들이 서로 상쇄될 것이며 결과적으로는 움직임이 전혀 없거나 거의 없게 되는 것이다. 따라서 이런 지점에는 요동이 적을 것이다. 또 좀 더 이동하면 비록 한 파장 뒤의 것이기는 하지만 마루가 서로 일치되도록 시간이 지연되어 다시 큰 마루를 발생시키고, 마루와 골이 어떻게 간섭하는가에 따라 그 다음은 작은 것, 큰 것, 작은 것 등의 식이 될 것이다. 이 간섭이란 용어는 과학에서 꽤 재미있는 방식으로 사용되고 있다. 파동이 서로 간섭할 때 그 강도가 서로 증가하는 경우를 우리는 보강간섭이라 부른다. 중요한 점은 I_{12}가 단순히 I_1과 I_2 합이 아니라는 것이며 보강간섭과 소멸간섭 모두를 포함한다는 사실이다.

우리는 I_1과 I_2가 어떤 것인지를, 1번 틈을 닫음으로써 I_2를, 2번 틈을 닫음으로써 I_1을 각각 알아낼 수 있다. 한 틈이 닫혔을 때의 강도는 다른 틈으로 나오는 간섭 없는 파동의 강도이며 [그림 1-4]에 각각 그 곡선이 표시되어 있다. I_1은 N_1과 I_2는 N_2와 비슷하게 보이나 I_{12}는 N_{12}와 전혀 다르다.

$$I_{12} \neq I_1 + I_2 \text{(간섭 때문에)}$$

이제 [그림 1-5]와 같은 장치를 통해 전자에 관해서 알아보자. 전자는 전자 발생장치로부터 나오게 되고 방파제의 역할을 구멍이 뚫린 텅스텐 판이 대신 하게 된다. 그리고 검출기는 어떠한 에너지를 가진 전자가 도달하더라도 충분히 검출할 수 있는 그런 전기장치를 이용하게 된다. 각각의 경우에 무슨 일이 발생할까? 전자에 의한 현상은 광자에 의한 것과 동일하므로 전자를 이용한 현상에 대해서만 설명하겠다.

전자나 광자는 각각의 덩어리로 행동한다. 그러므로 이러한 현상은 우리가 총알을 이용해서 실행한 실험과 동일한 것이며 또한 도착확률을 계산할 수 있다. 각각의 위치에 검출기를 장치하고 단위시간, 이를테면 한 시간 동안에 도달하는 전자의 수를 측정해 그 평균을 취하는 방식을 이용하면 된다. 도달하는

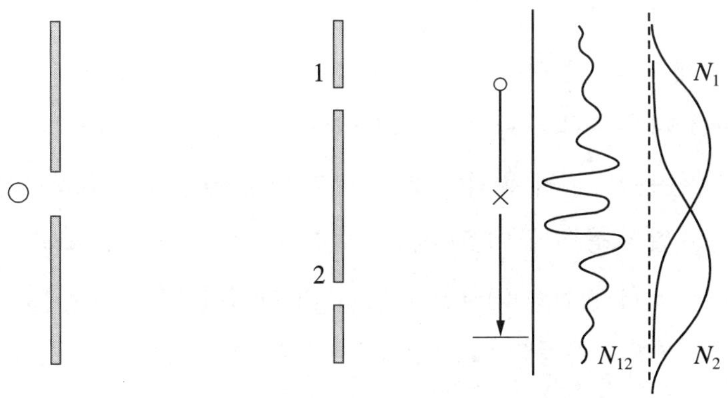

[그림 1-5] 두 개의 구멍을 통과한 전자들이 도달한 모습

전자의 수는 얼마일까? 총알 실험의 N_{12}와 같을까? [그림 1-5]에서 볼 수 있듯이 우리가 볼 수 있는 N_{12}는 파동실험에서 간섭현상의 결과에 의한 곡선과 같은 모양이다. 이것이 실제로 일어나고 있는 자연현상이다. 그러면 이것이 무엇을 의미하는 것일까? 파동의 에너지가 아니라, 덩어리들 중의 하나가 도달하는 확률을 나타내고 있는 것이다.(중략)

요약하면 다음과 같다. '전자는 다른 입자들처럼 덩어리로 행동한다. 그렇지만 이 각각의 덩어리들이 도달할 확률은 파동에서의 강도와 같다.' 이러한 점에서 전자들은 입자의 성질과 파동의 성질을 모두 가지고 있는 것이다. 동시에 서로 다른 두 방식으로 행동한다고나 할까."

이것은 파인만이 청중에게 전자와 광자의 간섭 현상을 설명하기 위해 총알과 물결의 경우를 이용하여 비유적으로 설명한 것이다. 그러므로 이 경우는 과학자가 한 이론을 쉽게 설명하기 위해 비유를 쓴 것이므로 설명적 비유에 해당한다.

그렇다면 다음의 비유는 어떤가?

카르노(Carnot)는 증기기관 속에서 열은 고온 부분인 보일러에서 저온 부분인 응결기로 흘러가는데, 그 과정 중에 기계적인 작업이 실린더와 피스톤을 통해 이루어진다는 사실에 주목했다. 이러한 관점에서 카르노는 증기기관을 다른 동력기관인 수차와 비슷한 것으로 생각하였다. 카르노의 유일한 논문인 '불의 동력에 관한 고찰'에는 열기관을 수력기계에 비유하는 중요한 내용이 들어 있다. 이 수력기계에 관한 것은 그의 아버지 라자르 카르노의 핵심적 연구였으며, 그의 아버지가 쓴 '기계 일반에 대한 논문'과 '평형과 운동의 일반 원리'는 카르노가 '카르노 기관'을 구상하는데 결정적인 영향을 미친 것으로 평가되고 있다.(김학수, 1998) 이렇게 카

〈표 1-1〉 열의 동력과 폭포의 동력 유비(Analogy)

폭포의 동력		열의 동력	
폭포의 높이	높은 수위 낮은 수위	온도 차	높은 온도 낮은 온도
물의 흐름		열소의 흐름*	

* 열의 흐름이지만 당시에는 열소의 흐름으로 설명하였음.

르노는 수력 기계를 열기관의 원리에 도입하는 유비를 통하여 열기관 이론을 수립했다. 그가 언급한 수력기계와 열기관의 비유 관계를 보면 〈표 1-1〉과 같다.(Carnot, 1824)

카르노는 열기관의 필수적인 동작 요소를 첫째, 기관에 열을 공급하는 높은 온도의 열원과 유용한 일을 하고 난 뒤 남은 열이 배출될 수 있는 낮은 온도의 열원이 있어야 한다는 것, 둘째, 기관이라고 하면 피스톤이 움직이면서 동력을 생산하고 난 뒤에 반드시 처음 상태로 돌아오는 순환과정을 갖추어야 한다는 것 등 두 가지로 보았다. 이것은 수력기계의 동작 원리를 빌어 와 열기관의 원리를 고안하고 설명한 발견적 비유에 속한다.(이 내용은 뒤에서 상세히 설명하였다.)

카르노 비유에서와 같이 비유가 발견적 또는 문제해결적 역할을 하는 경우에는 과학철학이나 논리학에서는 이를 유비 또는 유비추론이라고 말한다. 유비추론은 이론 발달에 있어 창의적 통찰력의 원천이 되며 과학적 사고의 중요한 과정으로 생각된다. 유비추론은 과학적인 발견에 쓰일 뿐만 아니라 과학의 보편적인 도구로서의 기능도 담당한다.(Clement, 1987; Gentner & Gentner, 1983)

이렇듯 과학에서의 비유 또는 유비는 대개 개념을 쉽게 설명하는 설명의 도구 또는 이론을 정교화 하거나 발달을 위한 발견의 도구로 사용된다. 또한 많은 과학자들은 비유 또는 유비를 과학의 경계를 확장시키는 수단으로 받아들이고 있다. 한 이론이 개발되고 일반화되고 확장될 때, 혹은 가설을 설명하고자 할 때, 그리고 탐구되어야 할 방향이 확실한 것이 아닐 때 비유적 표현이 많이 사용된다.

이를 좀더 구체적으로 설명하면 다음과 같다.

첫째, 비유 또는 유비는 어렵거나 복잡하거나 새로운 개념이나 이론을 쉽게 설명하는 데 도움을 준다.

바이저(Beiser, 1991)는 콤프턴 효과라고 하는 어려운 물리 개념을 당구공의 충돌로 비유하여 설명하였다. 콤프턴 효과는 X선이나 감마선의 광자가 물질과 반응하여 에너지를 잃고 파장이 증가하는 현상을 나타내는 것을 말하는데, 이와 같은 현상을 설명하기 위하여 콤프턴은 입사한 X-선의 광자가 입자처럼 금속내의 전자와 충돌하여 에너지와 운동량의 일부를 전자에게 잃어버리고 진동수가 작아지고, 파장이 길어진 X-선이 산란된 것이라고 설명하였다. 이것을 쉽게 설명하기 위해 당구공 충돌로 비유하면, X-선이 전자와 충돌하는 것은 당구공을 쳐서 다른 당구공을 맞추는 것과 비슷하다는 것으로부터 출발한다. 두 당구공의 충돌과 마찬가지로 입사된 X-선 광자는 전자와 부딪치면서 에너지를 잃고 (파장이 길어

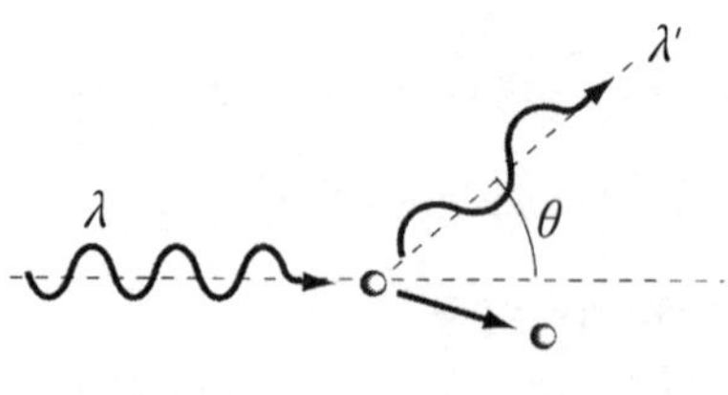

[그림 1-6] 콤프턴 효과 실험

파장 λ의 광자가 왼쪽에서 들어와서 정지한 입자와 충돌한 후에, 파장 λ'인 새로운 광자가 각도 θ 방향으로 나타난다.

짐), 반대로 정지해 있다가 광자에게 충돌된 전자는 에너지를 얻어 운동한다.

한 가지 예를 더 들어보자.

보일은 자신의 과학을 설명하기 위해 많은 비유를 사용하였다. 많은 사람들이 보일(Boyle, 1627–1691)을 현대 화학의 아버지라고 부른다. 그는 실증주의자 중의 한 사람으로, 화학 연구에 있어 분석적 접근법을 사용하였다. 보일은 저술을 많이 한 과학자였다. 그는 과학자를 위해서 뿐만 아니라 초심자를 위해서도 글을 쓰기도 했다. 그는 가끔 그가 증명하고 싶은 원리에 대해 몇 가지 예시나 비유들을 제시하곤 했다. 이 비유들은 의사 전달 방법으로도 효과적이었고 사고를 위한 모델로서도 효과적이었다. 아래의 내용은 젠트너와 제지올스키(Gentner & Jeziorski, 1987)의 글에서 보일의 부분을 요약한 것이다.

보일의 비유 사용의 특성을 알아볼 수 있는 것은 1685년에 출판된 그의 책[5]에 등장한다. 이 책을 쓴 목적은 많은 작은 입자들의 운동인 "국부적인 운동(local motion)"의 중요성을 보이기 위한 것이었다. 보일은 많은 작은 입자들이, 각각은 보이지도 않고 중요하지도 않지만, 이들의 연합된 운동이 큰 규모의 변화(large-scale changes)의 원인이 될 수 있다는 것을 보여주고 싶었다. 그는 이러한 효과들이 빛, 소리, 불, 유체 같은 영역을 통틀어 적용되는 통합 원리로서의 효과라는 것을 발견하였다. 비록 그의 관점 중의 일부는 이제 방어를 필요로 하지 않지만 그 당시는 그렇지 않았다. 그리고 그는 분명히 이러한 대담한 추측에 대한 증거를 제공할 필요

---

5) [An essay of the great effects of even languid and unheeded motion whereunto is annexed an experimental discourse of some little observed causes of the insalubrity and salubrity of the air and its effects](Boyle, 1685)

를 느끼고 있었다. 그는 그의 주장을 뒷받침하기 위해 각 영역에 대해 차례로 예들을 인용하고 있다.

보일은 초심자들이 작은 입자들의 국부적인 운동이 거대 규모의 효과를 가져 올 수 있다는 것을 알게 될 것이라고 주장하면서 비유를 시작한다. 그는 초심자들이 국부적인 운동의 예로 공기 속의 먼지의 비효과적인 운동(ineffectual motion)을 생각할 수 있다고 시작한다. 먼지와 비유함으로써, 입자들이 만일 매우 작다면, 그들이 쉽게 이동할 수는 있더라도, 그들의 운동은 대수롭지 않다는 것을 제시한다. 대수롭지 않은 이유는 이 먼지들은 다른 물체를 뚫고 들어가지 못해서 그들 물체에 영향을 미칠 수 없기 때문이라는 것이다. 최초 직관 즉, 작은 입자들의 국부적인 운동은 영향이 거의 없다는 생각을 갖게 한 다음, 보일은 그 반대 입장을 비유를 더 분화시킴에 의해 주장하고 있다. 그는 국부적인 운동에는 몇 가지 종류의 다른 입자들의 운동이 있으며, 이들은 먼지 입자들보다 훨씬 더 작기 때문에 고체 물질을 투과하여 확산될 수 있다는 것을 제안한다. 그리고 이들이 커다란 효과를 만들어내는 것은 바로 이러한 투과성 때문이라는 것을 제안한다. 그런 다음 그는 이런 종류의 국부적인 운동의 예들을 계속해서 제공하고 있다.

첫 번째로 그는 큰 질량의 물체를 움직이는 작은 입자들의 능력을, 자기들의 알을 운반하는 개미들의 능력에 비유한다. 비록 개미들이 자기들의 알보다 작지만 개미 한 마리가 하나의 알을 운반하는 것은 알 전체가 개미들에 의해 운반될 수 있음을 의미한다. 이것은 질량이 큰 물체가 질량은 작지만 수가 많은 입자들의 행동에 의해 운반될 수 있다는 원리를 예증하는 것이다. 그는 이들 예에서 관계적인 공통성 즉, 수가 많은 것이 덩치가 작은 불이익을 보상할 수 있다는 것을 강조한다.

그 이후의 설명에서는 작은 입자들의 국부적인 운동의 효과에 대한 비유적인 예들이 추가로 제공된다. 예를 들면, 그는 나무를 지나는 바람의 예를 인용한다. 바람은 나뭇잎을 떨어뜨리고 가지를 꺾기도 한다. 그는 또 습기가 많은 날씨에 대마로 만든 노끈이 부스러지는 것을 비유하고 있다. 그는 "습기 찬 입자들이 공기 중을 이동하다가 많은 입자들이 노끈의 구멍으로 들어가면 노끈을 부스러뜨릴 수가 있다"고 설명하고 있다. 이 과정에서 잘못된 생각을 가지고 비유를 한 경우를 보이기도 했다.[6)]

둘째, 비유 또는 유비는 새롭게 구성된 이론들을 자세히 규명하는데 도움을 준다.

어떤 개념 설명을 위해 유비를 사용했을 때 유비의 역할에 대해 네겔(Nagel, 1979)은 새롭게 구성된 이론들을 자세히 규명하는데 도움을 준다고 주장했다. 새롭게 구성된 이론들을 충분히 이해한다는 것은 매우 어려운 일이다. 그러기 때문에 과학자들은 이러한 이론들을 자세히 이해시키기 위해 유비를 많이 쓴다는 것이다.

셋째, 비유 또는 유비는 이론을 다듬질하거나 이론을 확장하는 데 대한 핵심 질문들을 제안한다.

네겔(Nagel, 1979)은 유비가 이론들을 다듬질하거나 이론들을 확장하는 데 대한 핵심 질문들을 제안한다고 주장했다. 어떤 새로운 이론이 소개될 때에는 대부분 많은 다듬질을 필요로 한다. 그리고 그 이론들이 어떻게 적용되고 세분화되는지에 대해서는 전혀 새로운 분야로 남게 된다. 예를 들면, 카르노는 열에 관한 그의 논문에서, 열과 물 사이의 강력한 유

6) 그는 작은 입자들의 국부적인 운동의 예로서 칼날에 대한 불의 효과를 제시하였다. 그는 불을 많은 작은 입자들로 구성된 것으로 지각하고 있었다. 그리고 금속의 녹음을 불 입자들이 금속으로 침투해 들어감으로써 금속 입자들이 스스로 "심하게 운동하게 되고" 그래서 날이 부드러워지는 것으로 설명하였다.

비를 제시하였으며, 그것은 그의 주장을 명확하게 했고 새로운 의문을 생성할 수 있게 했다. 즉, 그는 새로운 가설을 제안하는 데 있어 유비의 사용을 보여준다. 카르노는 물의 동력 영역에서의 높이 수준의 관계(물의 주어진 낙하에 의해 생산된 능률은 높이 차에 비례한다는 사실)를 주시한다. 그리고 그는 같은 관계가 열 엔진에서도 존재할 수 있을까 하는 의문을 제기했다. 즉, 주어진 "낙하" 칼로릭에 의해 생산된 동력은 낙하가 일어나는 온도에 관계없이 일정하게 유지되는가? 이것은 유비추론이 어떻게 새로운 연구가설(research hypotheses)을 유도할 수 있는지를 보여준다.[7] 적절한 유비는 바로 이러한 다듬질과 적용에 대한 아이디어들을 제공할 수 있다는 것이다. 관련되는 예를 한 가지 더 들어 보자. 학창 시절부터 기하학에 많은 관심을 가졌던 맥스웰은 전자기력의 작용이 기하학적으로 표현되고 있는 패러데이의 역선 개념에 주목했다. 아울러 맥스웰은 열과 전기 현상 사이의 기하학적 유비추론에 관해 논의하고 있는 톰슨의 논문에도 관심을 가졌다. 1856년에 발표한 '패러데이의 역선에 관해서(On Faraday's Line of Force)'라는 논문은 초기 맥스웰의 학문적 성향을 잘 보여주고 있다. 그는 이 논문에서 물리적 가설과 이론의 방법을 일단 유보하고 유비추론의 방법을 사용해서 패러데이의 역선과 관련된 문제에 접근했다. 여기서 맥스웰은 패러데이의 역선을 물리적 실재 표현으로 보지 않고 단지 기하학적 유추 표현으로 보았다. 이후 맥스웰은 보다 물리적인 관점에서 패러데이의 자기력선을 바라보게 된다. 우선 그는 1861~2년에 출판된 '물리적 역선에 관해서(On the Physical Lines of Forces)'라는 논문에서 전자기장을 가설적이고 유비추론적 차원을 넘어서 물리적이고 역학적인 관점에서 다루었다.(임경순, 2000)

---

7) 더 자세한 설명은 다음 장에 제시된 '카르노의 유비' 참조.

이러한 과학사적인 예들은 과학교육에서 적절한 비유를 채택함에 의해 학생들로 하여금 어떤 새롭게 학습하는 과학 개념에 대해 정교하게 하고 적용 범위를 넓혀줌으로써 학습한 과학 개념이 정착되는 데 도움을 줄 수 있음을 시사한다. 예를 들면 전기회로의 전지를 물회로의 펌프에 비유함으로써 펌프가 물을 저장하거나 생산해 낼 수 없는 성질로부터 학생들이 많이 가질 수 있는, 전지가 전류의 저장체라든지, 전류의 생산처라든지 하는 잘못된 개념을 변화시킬 수 있는 것이 그 예이다.

넷째, 비유 또는 유비는 이론들을 구체적인 물리 문제들에 적용하게 한다.

네겔(1979)은 유비는 이론적 요소들과 관찰 가능한 변인들 사이의 대응점들을 시사 함으로써 이론들을 구체적인 물리 문제들에 적용하게 한다고 주장했다.

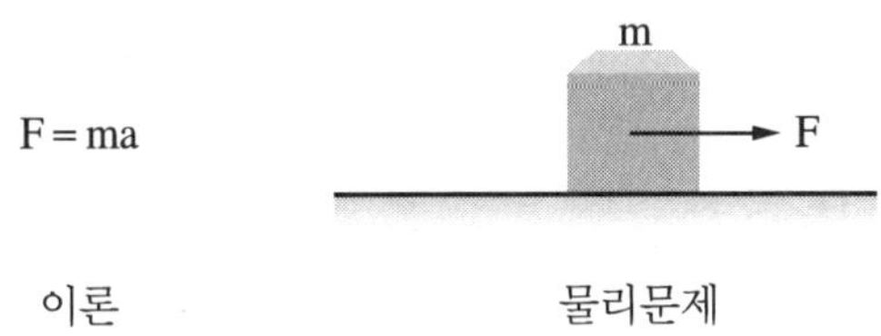

[그림 1-7] 물리 이론을 물리 문제에 적용하는 예

[그림 1-7]의 경우에서는 마찰은 대응관계가 없으므로 마찰이 없는 것으로 가정해야 한다.

다섯째, 비유 또는 유비는 포괄적인 설명 체계를 얻는데 기여한다.

네겔(1979)은 유비는 이론들 사이에 연관을 제공함으로써 포괄적인 설명체계를 얻는데 기여한다고 주장했다. 예를 들면 중력의 법칙과 전기력의 법칙이 상호간에 유비로 사용되어 포괄적인 설명체계를 세울 수 있다.

우선 두 법칙은 역제곱의 법칙이라는 설명체계를 만족하고 중력장과 전기장, 중력 포텐셜과 전위, 중력 퍼텐셜에너지와 전기적 포텐셜 에너지가 상호간에 유비로 사용되어 포괄적인 설명체계를 형성할 수 있다.

폴야(Polya, 1954)는 "모든 발견에는 유비가 가지는 몫이 어느 정도 있지만, 어떤 경우에는 아주 큰 몫(lion's share)을 가진다. …… 유비는 새로운 암시와 발견이 솟아나는 마르지 않는 샘과도 같다."라고 말함으로써 과학적 발견에서 유비의 중요성을 역설하였다.

과학에서 은유의 유형과 역할

리브스(Reeves, 2005)는 과학에서 은유를 모형으로서의 은유와 이론으로서의 은유로 구분했다.

모형으로서 은유

우리가 눈으로 볼 수 없는 과정과 대상물을 보여주는 모형들이 어떻게 은유로 쓰이는지 살펴보자. 브라운(Brown, 2003)에 의하면, 우리는 종종 어떤 모형에 너무 익숙해 그것이 은유라는 것조차 깜빡 잊는다고 한다. 그는 널리 통용되는 메테인 분자의 재현물을 하나의 사례로 들었다.

브라운은 이 모형에 두 가지의 은유적 관념이 담겼다고 설명한다. 하나는 원자들이 구형체로 그려진다는 점이며, 다른 하나는 화학적 결합이 원자들 사이에서 견고한 막대기 모양으로 나타난다는 것이다. 화학 실험 연구에서는 이런 모형 내에서 포착되는 다음과 같은 확실한 사실들이 산출되어왔다.

1. 메테인 분자 1개에는 4개의 수소 원자와 1개의 탄소 원자가 존재

한다.

2. 모든 수소 원자는 탄소 원자와 동일한 관계를 맺고 있다. 화학적으로 수소 원자끼리는 결합하지 않는다.
3. 원자들은 구형체이다.
4. 탄소와 수소 원자들 사이에는 고유한 거리가 유지된다.

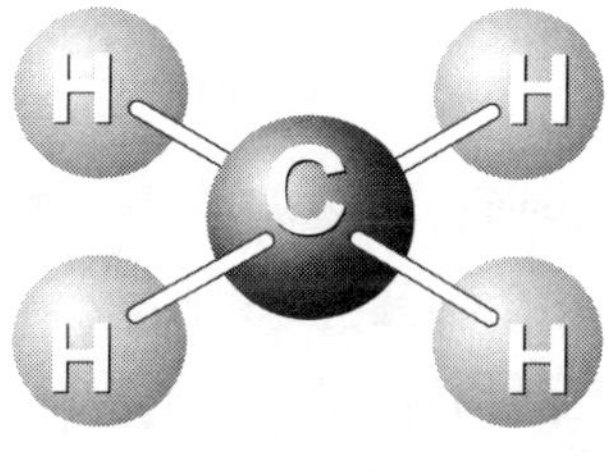

[그림 1-8] 메테인 분자 모형

구형체와 견고한 막대기는 실험에서 이뤄지는 관측의 결과와도 맞아떨어진다.

그렇지만 이는 여전히 은유이다. 왜냐하면 이 모형은 문자 그대로의 재현물로는 볼 수 없기 때문이다. 브라운은 다음과 같이 말했다.

"공과 막대기로 이뤄진 모형은 메테인 분자의 중요한 측면들을 보여주지만 다른 측면들에는 들어맞지 않는다. 실험적 증거로 볼 때, 원자는 딱딱한 구형체 같다기보다는 바깥 끝으로 갈수록 부드러운 고무공에 좀 더 가깝다고 할 수 있다. 바깥쪽은 부드럽고 안쪽은 딱딱한 그런 고무공 같은 모습이어야 은유도 적절하게 가능할 것이다."(Brown, 2003, p.24)

그는 이와 같은 모형들이 '과학적 설명에서 매우 일반적인 것이 되었으며 너무 그럴듯하기에, 그 모형들이 있는 그대로를 묘사한다는 생각에 쉽게 승복하게 된다'고 말한다.

이론으로서 은유

은유는 설명을 한다는 기능에 더해 이론이 될 수도 있다. 은유는 현상을 설명할 뿐 아니라 예측하고 실험을 계획하는 데에도 쓰일 수 있기 때문이다. 1609년에 천문학자 요하네스 케플러는 저서 『새로운 천문학(Astronomia Nova)』을 쓰는 목적이 "천상의 기계가 신의 유기체를 닮은 게 아니라 시계를 닮았음을 입증하려는 데 있다"라고 썼다.(Reeves, 2005) 케플러의 이런 말은 당시에 갈등을 겪던 두 가지 주요 이론인 '유기체 자연' 이론과 '기계 자연' 이론 중 하나를 선호하고 있음을 보여준다. 여기에서 '유기체 자연'과 '기계 자연'이라는 표현들은 '근 은유(root metaphor)'이다. 근 은유는 다양한 자연 현상들에 쉽게 적용되는 단순하고 미적이며 근본적인 관념을 말한다. 두 근 은유의 몇 가지 의미를 정리하면 다음과 같다.(Reeves, 2005)

기계: 입력, 출력, 구성부품, 도구, 효율성, 생산성, 목표
유기체: 자기 유지, 적응성, 개별성, 번식

과학에서 은유의 역할

홀튼(Holton, 1973)은 은유가 과학에서 새로운 것을 제공하는 도구 중의 하나라고 주장한다. 과학적 활동이 거대한 문화적 신진대사의 일부이거나 일부이어야 한다는 것이다. 과학적 상상은 많은 경우에 특수한 창조(Special Creation)의 결과를 가져온다. 전과학과 비과학적 설명은 과학의 원시 언어(proto-language)를 제공하고 그것은 점차 과학의 생성물에 의해 변화되어 간다. 레더데일(Letherdale, 1974, p. 242)이 다음과 같이 지적했듯이 그렇다.

"일상 언어의 핵심은 과학에 있어서 은유에 의해 제공된 후에, 그 말들은

그들의 과학적 연관에 대해 더욱 늘어난 상태로 일상 언어로 되어 돌아온다.”

과학에서의 은유는 어떤 새로운 현상이 발견되거나 비슷한 현상이지만 구분되어야 할 필요가 있을 때 활용된다. 패러데이가 갖가지 실험을 통해 전기와 자기의 관계를 밝히고 있을 당시에 전기들은 그 소스에 따라 이름이 붙여졌었다. 마찰에 의해 만들어진 정전기는 ‘마찰 전기’ 또는 ‘일반(common) 전기’, 화학 전지에 의해 만들어진 전기는 ‘볼타 전기’, 갈바니의 실험에서 개구리 다리의 경련을 관찰한 데서 비롯된 ‘갈바니 전기’ 또는 ‘동물 전기’, 금속의 가열을 통해 만들어지는 전기를 ‘열-전기’, 그리고 패러데이의 전자기 유도에 의해 만들어진 전기는 ‘자기-전기’라고 이름 붙여진 것이 이들이다.(Cantor, et. al, 1996) 현대적으로는 이들을 구분할 필요가 없지만 그 당시에는 이들을 통일적으로 설명할 수 있는 이론이 세워지기 이전이었기 때문에 이들 명칭들이 모두 사용되었다. 이들 현상에 대한 명칭을 붙이는 과정에서 은유가 크게 작용했음을 볼 수 있다. 발견한 사람의 이름을 붙인다든지, 실험 대상의 이름이나 종류를 붙인다든지 하는 것이 그것이다.

패러데이는 자신의 연구 과정에서 몇 가지 용어를 발명해 냈다. 그 한 가지 예를 다음에 제시함으로써 은유가 어떻게 과학에 사용되는지를 설명하고자 한다. 패러데이는 물질과 전기 사이의 명료한 관계를 찾는 과정에서, 전기와 화학 변화 사이의 정량적 관계를 탐구하였다. 그 결과 1833년에 (1) 전류에 의한 화학 작용의 양이 통과한 전류의 양과 바로 연결된다는 것, (2) 생성되거나, 침전되거나, 용해된 산물의 질량이 그 화학 당량에 비례한다는 것을 보였다. 이 과정에서 여러 문제를 해결해야 했고, 그 과정에서 이룬 가장 중요한 성취는 새로운 전기화학 용어를 만들어낸 것이다. 그가 만든 용어 중에서 이온(ion), 음이온(anion), 양이온(cation), 전극(electrode), 음극(cathode), 양극(anode), 그리고 전해질(electrolyte)은 현재까지도 사용되고 있다. 은유에 대해 설명하기 위해 이 용어들을 어떻게 창안했는지 한 가지 사례를 가지고 설명해 보자. 화학 산물들은 전지의 금속극(metal poles)에서 침전되거나 기체로 생성된다. 이들이 극(pole)으로 불리는 이유는, 많은 사람들이 그것이 반응물의 입자들을 잡아당기거나 밀어낸다고 믿었기 때문이라고 한다. 물의 전기분해시에는, 수소 극, 산소 극이라는 이름도 붙여졌다고 한다. 그러나 극이 입자에 작용한다는 생각에 의심이 들기 시작했고 그렇다고 극이 단지 화학적 산물이 나타나는 장소도 아니었다. 그는 그곳을 통로(gateway), 즉 회로를 완성하도록 전류가 용액에 들어갔다 나올 수 있는 장소로 생각했다. 패러데이가 과학적 명칭을 창안할 당시에 캠브리지 대학의 윌리엄 휴얼(W. Whewell)의 도움을 주로 받았다. 패러데이가 새로운 명칭이 묘사해야 할 존재와 상황을 얘기하면, 휴얼이 그리스 어원을 가지고 명칭을 제안했다. 예를 들면, 패러데이가 휴얼에게 동－서 전류에 기초한 예를 제공했더니, 휴얼은 'pole' 대신, 'eisode'와 'exode'('a way in'과 'a way out' 의미) 또는 'anode'와 'cathode'('동쪽', '서쪽' 의미)의 사용을 제안했다고 한다.(Cantor, et. al, 1996)

이렇게 만들어진 은유적 표현들은 그리스어를 어원으로 하는 언어 사용자들에게는 그 의미가 어느 정도 잘 전달될 수도 있다. 그러나 그리스 어원과 상관 없이 외국어를 번역하여 음극, 양극이라고 사용하는 우리에게는 이중의 은유적 의미를 극복해야 하는 경우가 많이 생길 수 있다. 이것은 과학교육에서 은유적 표현에 대한 교육적 방법을 연구하고 실천해야 할 필요성이 있음을 시사해 준다.

캔토 등(Cantor, et.al, 1996)은 패러데이가 왜 새로운 명칭을 필요로 했는지에 대해 다음과 같이 설명하고 있다. 그 당시에는 사실상 원자, 힘, 양성 유체(positive fluid)와 음성 유체(negative fluid), 극(pole)이란 용어가 있었고, 이는 새로운 용어보다 독자들에게 이해하기 쉬웠을 수도 있다. 그러나 그는 언어의 양면성에 직면해 있었다. 즉, 용어는 경험 이면의 가능성을 묘사해 주기도 하지만, 익숙하고 확립된 용어는 우리가 생각하는 방식을 제약하기도 한다는 것이다. 패러데이는 익숙한 현상에 대해 새로운 무언가를 말하고 싶었던 것이다. 즉, 전통적인 전기화학 언어에 의해 함축되는 이론으로부터 자유로워지고 싶었다. 이를 위해, 현상에 대한 습관적인 사고방식에서 벗어나 현상을 재 기술한 것이다. 1834년 4월 휴얼에게 말했듯이, 그는 전류에 대한 당시 관점은 곧 바뀔 것이라고 확신했다. 레먼(Lemen)에게 보낸 편지에서도 비슷한 생각을 표현하였는데, '양과 음, 그리고 전류라는 말에 붙은 통상적인 관념이 모조리 틀렸다고 생각하지만, 나에겐 그 자리에 무엇이 대체되어야 할지에 대한 분명한 관점이 없다.' 그래서 그는 '전기의 본성에 관한 어떤 이론에도 구애받지 않고 대상을 지칭할 수 있는 이름'을 원했다.(Cantor, et. al, 1996) 이렇듯 새로운 발견이나 기존 현상에 대한 새로운 표현을 위해 과학적 용어가 새로 도입되며, 이때 많은 경우 은유적 표현을 선택하게 된다는 것이다.

인간 사회 언어의 다른 영역들에서 그런 것처럼, 과학에서도 은유는 다음과 같은 몇 가지 차원의 기능을 한다. 첫째, 은유는 과학자들이 눈으로 볼 수 없는 과정이나 대상물의 모형으로서 기능한다. 둘째, 은유는 과정과 대상물의 거동이나 작용을 설명하고 예측하는 이론이 될 수 있다. 셋째, 은유는 비유의 하나이기 때문에 과학자들이 비 과학자나 과학도에게 복잡한 개념을 설명하고 전달하는 데 도움을 줄 수 있다.

또한, 과학에서의 은유는 우리에게 세계에 대한 언어적 서술을 찾기 위한 수단을 제공하기 때문에 과학적인 독창성의 본질적인 일부가 될 수 있다. 실제 과학 연구의 분석에서 볼 때, 은유가 포함된 과학 시나리오는 과학적 진보의 발생을 야기시킨다.

밀러(Miller, 1996)는 그의 은유에 대한 연구에서 드러난 몇 가지의 요점을 다음과 같이 제시하였다. 첫째, 은유는 과학적 독창성의 본질적인 부분이다. 왜냐하면 은유는 세계에 대한 언어적 표현을 찾기 위한 한 가지 수단을 제공하기 때문인데 이러한 언어적 표현이 곧 과학 개념 또는 이론들이 된다는 것이고, 둘째, 은유는 그 존재가 확고해짐과 동시에 이론이 계속적으로 변화하고 있음을 분명히 나타내고 이것이 과학에서의 현실이라는 것이다.

제 2 장 창의적 과학자들의 멋진 유비

유비를 과학교육에서 적절하게 도입하면 과학자들의 이해를 학생들의 이해로 활용할 수 있다. 그러면 우선 과학사에 등장하는 멋진 유비들을 살펴보자. 이 유비들은 과학교육에서의 개념 이해를 위한 비유로 활용될 수 있을 것이다.

케플러의 유비

케플러는 위대한 발견자인 동시에 비유를 풍부하게 이용한 사람이었다. 그 중에는 과학적으로 의미 있는 발달을 가져 온 것들이 많이 있다. 그는 코페르니쿠스의 옹호자로서, 유비추론을 통해서 1596년 행성 운동의 법칙을 고안해 냈다. 왜 태양의 가장 바깥에 있는 행성은 가장 안쪽의 행성보다 느리게 움직이는가? 그때까지 알려진 모형에 의하면, 행성을 자기 궤도에 따라 움직이게 하는 원인은 행성 내부의 힘이었다. 만약 그렇다면 바깥 행성이 느리게 움직이는 까닭은 우연히 그 행성 내부의 힘이, 안쪽 행성이 지닌 내부의 힘보다 약하기 때문이라고 설명하게 된다. 그러나 케플러는 새로운 가설을 제시한다. 곧 모든 행성을 움직이는 힘은 오직 태양에서 방출되는 하나의 힘(정신)뿐이라는 것이다. 그러나 그때까지는 중력이라는 개념이 없었다. 이 현상을 설명하기 위해 케플러는 행성을 움직이게 하는 동력을 빛에 비유했다. 빛은 태양으로부터 나와서 온 세상에 퍼진다. 빛은 물질이 아니면서 멀리 떨어진 공간에 이르러 물체에 반사되거나 굴절됨으로써 그 작용이 발휘되고 시각화되는 양(quantities)이다. 빛은 태양과 반사체 사이의 공간에서는 가시적으로 존재하지 않는다. 행성을 움직이는 추동력 역시 마찬가지이다. 빛이 근원으로부터 온 궤적은 탐지할 수 없지만, 그 목적지의 사물을 비춘다. 마찬가지로 추동력 역시 태양에서 행성에 이르는 길에서는 탐지되지 않지만, 그 힘이 일단 행성에 다다르면 행성의 움직임에 영향을 미친다. 여기서 더 나아가 케플러는 추동력이 거리에 따라 감소되는 이유도 유비추론으로 설명한다. 곧 램프의 빛이 먼 물체보다 가까운 물체는 더 밝게 비추듯이, 태양의 추동력도 마찬가지이다. 이 때, 빛과 마찬가지로 추동력도 흩어지면서 없어지는 것이 아니라 더 넓은 공간으로 퍼지는 것이다. 냄새나, 열 등과 같이 물질이 중간의 공간을 채우면서 없어지는 것과는 달리, 빛과 마찬가지로 방사된 추동력은 사라지는 것이 아니다. 따라서 추동력은 물질적이지 않다.

그런데 케플러의 유비 모형은 또 다른 문제에 부닥친다. 그렇다면 행성들은 왜 태양을 중심으로 타원형의 궤적을 그리는가? 케플러는 이 문제를 다시 유비추론으로 설명한다. '뱃사공' 유비가 그것이다. 그는 태양이 자신의 축을 중심으로 자전하면서 소용돌이를 이루는 둥그런 모양의 추동력의 강을 만들어 내는데, 이것이 행성을 밀어낸다고 가정했다. 뱃사공이 배를 조종해서 강의 흐름과 직각 방향으로 앞뒤로 움직이듯이, 행성 역시 일정하게 비스듬히 흐르는 추동력의 안쪽과 바깥쪽으로 움직일 수 있다는 것이다. 그러나 케플러는 이 설명에 만족하지 않았다. 이 설명에 의하면 행성 자체에도 어느 정도 내재된 힘이 있다고 가정해야 하기 때문이다. 그는 태양과 행성을 자석에 비유해서 어떤 극이 근접하느냐에 따라 둘이 근접하고 반발하는 현상으로 설명하기도 했다.(Gentner & Markman, 1998)

독실한 기독교 신자였던 케플러는 자신이 우주에 대한 신의 계획을 알아냈다고 생각하였다.(Simon, 2000) 그는 "하늘이 신의 영광을 노래한다.(The skies celebrate the glory of God)"라고 표현하기도 했다. 이 생각은 태양 주위를 도는 행성들의 유희를 지배하는 하모니를 발견하기 위한 노력이다. 결과적으로 우주 조화에 대한 과거의 피타고라스적인 생각에 다시 불을 붙이는 일이다. 이것은 케플러로 하여금 '조화의 법칙'이라고 불리는 행성 운동 제3법칙을 생각하게 했다. 항상 논리에 대한 그의 원리에 충실하여, 그는 신이 행성들의 속도를 무작위로 창조하지 않았을 것으로 확신하였으며, 결국 그는 이 속도들 사이의 어떤 관계성을 발견하기로 마음먹었다. 한 행성을 택하여 근일점과 원일점에서의 속도를 고려한다든지, 두 개씩 행성들을 택하여 그들의 상대적인 속도를 비교한다는지 하는 일을 수행했다. 그는 그의 책 '우주의 조화(Harmonice Mundi)'에서 음악적 음계의 관계성에 대한 기초를 확립했다고 믿는다. 세상의 하모니도 같은 관계성에 기초하는 것이 아닐까? 그는 그의 우주적인 조화가 톨레미와 그의 하모니에 의해 설명될 수 있다고 느끼게 된다.

케플러는 또한 행성들의 소리를 음계에 비유하기도 했다. 그는 행성들의 상대적인 속도를 관측하여 음악의 음계가 조화를 이루듯이 이들의 운행도 조화를 이룬다고 생각하여 이들의 운행을 음악의 음계에 비유한다. 물론 우주 공간에 기체가 존재하지 않기 때문에 소리가 전달되지 않으므로 음악적인 조화가 있는 것은 아니지만 행성의 운행이 조화롭다고 상상하여 이를 음계에 비유한 상상력은 그의 비범한 창의성에 속하며 결국 케플러의 제3법칙인 조화의 법칙을 만들어내게 된다.

갈릴레오의 유비

갈릴레오는 망원경을 발명한 과학자로서도 잘 알려져 있다. 갈릴레오는 망원경 관찰을 통해 이전에는 여러 가지로 의견이 분분하였던 달의 검은 부분 중 밝게 빛나는 점들이 지구 모습과 관계가 있음을 알게 된다. 그는 달의 표면이, 많은 고대의 철학자들이 달을 포함하여 모든 천체들이 그럴 것이라고 믿었던 것과는 달리, 매끄럽지도, 일정하지도, 완전한 구의 모습도 아니라는 것과 오히려 그 표면이 지구와 마찬가지로 산맥들과 계곡들에 의해 울퉁불퉁하다는 사실을 발견하였던 것이다. 이러한 관찰 사실과 지구에서 일어나는 현상을 유비하여 갈릴레이는 달의 검은 부분 중 밝게 빛나는 부분을 다음과 같이 설명하고 있다.(Cohen, 1985, pp. 59–60)

"달의 표면에서 어두운 부분과 밝은 부분의 경계는 반듯한 것이 아니라 들쑥날쑥하였으며, 놀랍게도 어두운 부분의 군데군데 밝은 작은 점들이 여기저기 흩어져 있고, 이 밝은 점들은 분명히 달의 밝은 부분으로부터 떨어져 있을 뿐 아니라 어떤 것은 밝은 부분으로부터 상당한 거리만큼 떨어진 것도 있었다. 시간이 지남에 따라 이 점들은 그 크기와 밝기가 점점 커지다가 한두 시간쯤 뒤에는 밝은 부분과 완전히 합쳐졌으며 동시에 밝은 부분의 범위도 점점 넓어졌다. 그러는 동안 어두운 부분 쪽에서는 새로운 밝은 점들이 하나 둘씩 나타나고 이들이 점점 커지다가 다시 밝은 부분과 합쳐지곤 하였다. 그러면 지구의 경우를 생각해 보자. 태양이 막 떠오를 때 높은 산의 꼭대기에는 태양의 빛이 도달하므로 밝게 빛나지만 밑의 평지는 아직 그림자 속에 묻혀 있을 수 있지 않은가? 또 태양이 점점 떠오르면서 산의 더 많은 부분이 밝게 빛나게 될 것이고, 결국 태양이 완전히 떠오른 후에는 평지나 언덕이나 할 것 없이 완전히 연결된 한 덩어리의 밝은 부분이 형성될 것이다. 이렇게 달은 어떤 곳은 높이 솟아 있고 어떤 곳은 푹 패어져 있어 지구보다도 더 울퉁불퉁한 표면을 가지고 있다."

갈릴레오의 이 설명은 유비를 멋지게 사용하여 달의 모습을 추론한 예에 속한다. 그리고 이것은 기술이 발달함에 따라 그리고 달에 까지 보내진 우주선에 의해 옳다는 것이 판명되었다. 이 유비에서 목표 영역은 달 표면의 모습이며 비유물은 지구 표면의 모습이라고 볼 수 있다.

또 갈릴레오는 달을 망원경으로 자세히 관찰하여 달의 어두운 부분이 약하기는 하지만 발그스레하게 빛나는 현상을 관찰하였다. 그리고 그는 이 현상을 기하학적으로 볼 때 태양빛이 직접 도달할 수 없는 달의 어두운 부분에 시구에 의해 반사된 빛이 도달하기 때문이라고 추론하였다. 그리고 이 사실을 다음과 같이 유비를 써서 설명하고 있다.(Cohen, 1985, p.63)

"달과 지구는 서로 빛을 주고 받으며, 아주 캄캄한 밤에 지구가 달빛을 받아 환하게 보이듯이 달도 지구로부터 빛을 받고 있는 것이다."

또, 갈릴레오는 달의 어떤 부분을 지구의 어떤 지역의 모습과 직유적으로 비유하기도 하였다.(p. 62)

"달의 가운데 부분에 다른 어느 것보다도 큰 움푹 패인 곳이 있는데 그 모양이 아주 둥글어서 그것은 마치 둥글게 산으로 둘러 싸여 있는 보헤미아 지방의 모습과 아주 흡사하다."

영의 유비

영(T. Young)은 1804년 '에딘버러 검토자들의 애니마드버전에 대한 답변서[8] 에서 그가 세상에 알려지게 되는 아이디어를 발표했다. 그것은 빛이 근본적으로 한 가지 파동 현상이라는 것이다. 그는 '빛은 발광체에 의해 에테르로 전달되는 충격의 진행(a propagation of an impulse communicated to ether by luminous bodies)'(Young, 1804, p.80)이라고 표현했다. 그는 다시 부연 설명하기를 '그것은 이미 오일러(Euler)에 의해 추측되었으며, [뉴턴과 대조적으로] 빛의 색은 발광 에테르의 서로 다른 진동수에 포함되어 있다'(Young 1804, p.81)고 했다.

영의 간섭법칙 형성에서의 사고 과정을 통해서 보면, 유비가 상당히 중요하게 작용하고 있는 것을 볼 수 있다. 1804년 철학회보에 실린 몇 편의 논문에 대해 에든버러 비평가들이 혹평한 것에 대한 영의 응답에 보면 영이 유비를 어떻게 생각하고 있는지, 간섭법칙에 대한 연구를 어떻게 시작하게 되었는지를 알 수 있다.

유비에 대해 그는 "유비가 충분히 밀접하면, 유비는 물리적 추론의 가장 만족스러운 근거가 될 수 있다."라고 말했고, 소리를 설명하기 위한 표현에서는 "나는 소리를 생성하는 몇 가지 실험에서 관찰했던 현상들이 내가 이미 알고 있었던 얇은 판에서 나타나는 색깔 현상들과 유사하여 매우 깊은 감명을 받았다"라고 말함으로써, 유비에 대한 자신의 생각을 서술하였다.(Holton, 1984, 91−113)

이 유비를 상세하게 살펴보지 않더라도 우리는 전혀 다른 두 현상 사이에 어떤 의미가 전달되는 것을 알 수 있다. 매우 함축적인 소리와의 유비

---

8) A Reply to the Animadversions of the Edinburgh Reviewers, i.e. of Lord Brougham, on some papers respecting sound and light, published in the Philosophical Transactions.

추론을 구체적으로 설명하면 다음과 같다.

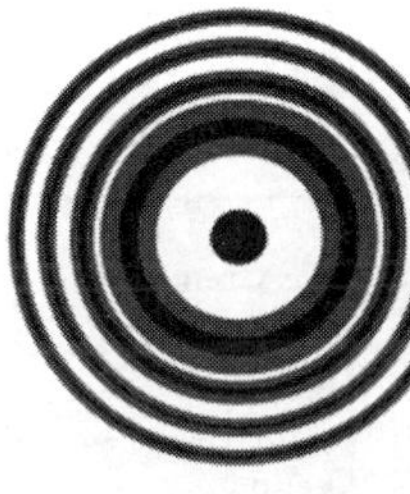

[그림 2-1] 뉴턴링

영은 뉴턴의 아름다운 실험들을 숙고했다고 밝히고 있다. 이런 뉴턴의 실험 중에는 지금 우리가 알고 있는 뉴턴링의 실험이 있다[그림 2-1]. 뉴턴은 이 무늬를 관찰하고 곡률 반경을 이용하여 공기층의 두께를 계산하였다. 단색광에 대해서 밖으로 나갈수록 밝은 무늬가 있는 공기층의 두께비가 1:3:5:7……이며, 어두운 무늬가 있는 공기층의 두께비는 2:4:6……인 것을 발견했다. 즉 밝은 부분과 어두운 부분의 공기층의 두께의 비가 자연수가 된다는 간단한 법칙을 발견한 것이다. 영은 동일한 양으로 공기층의 두께가 증가할 때마다 동일한 색이 나타나는 현상을, 마치 오르간 파이프에서 동일한 길이의 배수가 될 때 동일한 소리가 생성되는 것과 유사하다고 보았다.

영은 또한 뉴턴의 측정치를 이용하여 빛의 파장을 계산하였다〈표 2-1〉. 이로부터 붉은색의 파장이 보라색의 파장보다 더 길다는 것을 알아내었으며, 파동 이론으로 분광현상에서 보랏빛이 더 크게 굴절함을 설명하게 되었다.

또한 여러 가지 색의 생성은 빛의 간섭 현상으로 설명할 수 있는데 이는 소리에서 두 소리가 불완전한 일치를 형성할 때, 맥놀이 현상을 만드는 것과 유사한 방식으로 이해될 수 있다고 말했다.

캠브리지에서의 초기 시절 동안 영은 인간 음성의 이해를 위한 여러 가지 실험을 수행하였다. 그리고 같은 목적으로 그는 파이프 오르간에서 소리가 어떻게 생성되는가에 대해서도 연구했다. 그는 '오르간 파이프에서는 같은 음-예를 들면 중간 C음-은 일량한 불기(uniform blast)에 의해 얻

Colours.	Length of an Undulation in parts of an Inch, in Air.	Number of Undulations in an Inch.	Number of Undulations in a Second.	Wavelength (nm)
Extreme	.0000266	37640	463 millions of millions	
Red	.0000256	39180	482	650
Intermediate	.0000246	40720	501	
Orange	.0000240	41610	512	609
Intermediate	.0000235	42510	523	
Yellow	.0000227	44000	542	576
Intermediate	.0000219	45600	561 (= 2^{48} nearly)	
Green	.0000211	47460	584	536
Intermediate	.0000203	49320	607	
Blue	.0000196	51110	629	497
Intermediate	.0000189	52910	652	
Indigo	.0000185	54070	665	469
Intermediate	.0000181	55240	680	
Violet	.0000174	57490	707	444
Extreme	.0000167	59750	735	

〈표 2-1〉 영이 계산한 파장과 진동수(Young, 1804)

[그림 2-2] 파이프오르간

어질 수 있다'는 것을 알았다. 오르간 파이프의 길이는 가장 짧은 것부터, 그것의 두 배, 3배, 4배 등의 길이를 가지는 파이프들을 볼 수 있다[그림 2-2]. 그리고 능숙한 연주자라면 서로 다른 길이의 파이프들을 차례로 불면서 같은 음(same note)을 낼 수 있을 것이다. 즉, 오르간 파이프가 소리를 내는 방법이 파동 현상과 매우 흡사하다는 것을 알게 된다. 즉, 마디들(nodes)과 배들(anti-nodes)의 분포에 따라 달라진다.

영은 뉴턴이 그의 저서 '광학'(Opticks)에서 얇은 막(thin plates)과 뉴턴 링에 관한 실험에 대해 매우 멋지게 서술하고 있음을 발견하였다. 두 개의 얇은 유리판이 서로 아주 작은 각도를 이루면서 쐐기 모양을 이루도록 설치되어 있다면, 그리고 어떤 색깔의 빛이 그러한 배열에 쪼여진다면, 그 박막들 위에서 보면 동일한 간격을 가지는 색깔들의 띠를 관찰하게 된다. 두 개의 유리판에 의해 형성된 공기 쐐기의 높이는, 빛이 되돌아오는 지점에서 볼 때, 1배, 2배, 3배, 4배 등이 된다는 것이다.

토마스 영이 언급했듯이, '같은 색깔은 두께가 산술적으로 배증될 때마다 되풀이된다.' 그리고 그는 그 점에서 바로 유비를 사용하고 있다.

"지금 이것은 같은 길이의 관을 여러 개 연결해서 서로 다른 길이가 될 때, 일량한 불기에 의해 같은 소리를 내는 오르간 파이프의 경우와 아주 유사하다."(Young, 1804)

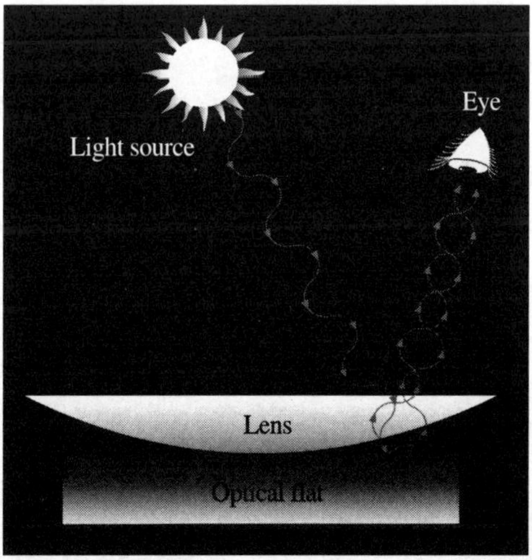

[그림 2-3] 뉴턴링 실험

뉴턴링의 간섭 원리- 뉴턴링 실험에서는 평면 유리판 위에 볼록-평면 형태의 볼록렌즈를 올려놓아 볼록렌즈를 통해서 간섭무늬가 생기는 것을 관찰할 수 있다. 단색광원을 이용하면 동심원의 선명한 무늬를 볼 수 있지만 태양같은 백색광의 경우에도 무지개 빛의 동심원 몇 개를 볼 수 있다.(http://physica.gsnu.ac.kr)

이 설명은 그가 박막을 이용한 광학 실험을 하면서, 그리고 같은 거리마다 같은 색깔로 나타나는 것을 보면서, '이것은 분명 파동 현상이어야 한다!'라고 말하고 있는 것이다.

물론 그의 설명을 상세하게 들여다보면 모두 틀렸다고 할 수도 있다. 빛은 횡파일 뿐만 아니라(이 부분은 그의 설명과 거의 차이가 없다), 박막에서 보이는 색깔들은 간섭현상이긴 하지만 오르간 파이프에서 나는 소리와 같은 정상파로 인한 것은 아니다. 또한, 빛의 경우에는 파이프는 존재하지 않는다. 그러나 그것은 그리 중요하지 않다. 중요한 것은 '박막의 색깔들과 일련의 오르간 파이프의 소리들 사이의 유사점'을 인지하는 그의 능력이다. 토마스 영의 이 경우가 과학적 상상력의 발생 초기에 수행되는, 유비의 창의적 기능의 한 가지 좋은 예이다.(Holton, 1984)

영은 또한 빛에 대한 자신의 간섭 법칙을 설명하기 위해서 물결파를 사용하였으며, 이 보다 더 좋은 유비를 찾기 어렵다고 말했다.

다음은 밀러(1996)가 영이 실험으로부터 어떻게 가설을 형성하고 이에 대한 이론적 근거로서 어떻게 유비 추론했는가를 설명한 것이다. [그림 2-4]는 1803년 영이 이중 슬릿 실험을 통해 얻은, 스크린에 나타난 빛의 세기이다.

영을 포함한 일부 과학자들은 이 데이터가 광원에서 나오는 광파에 의한 것이라고 추론(가설 형성)했다. 이러한 추론은 퍼스가 귀추라고 부른 것

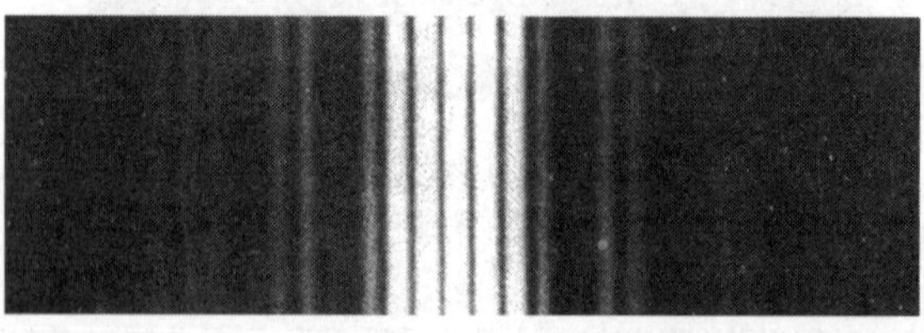

[그림 2-4] 빛이 이중 슬릿을 통과해서 스크린에 도달할 때 생기는 무늬

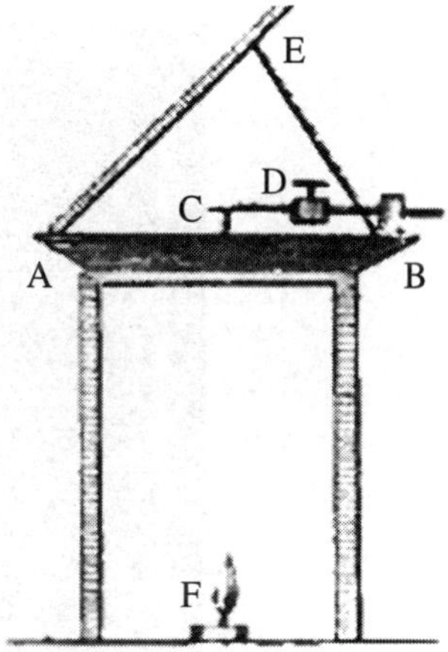

[그림 2-5] 영이 고안한 물결파 발생 장치

과 같다. 그러나 가설에는 이론적 배경이 있어야 한다. 이러한 목적으로 영은 유비 추리라는 방법을 사용했는데, 이것은 좀 더 익숙하고 잘 이해된 현상으로 문제가 된 현상을 설명하는 것이다. 유비 추리는 문제를 좀 덜 추상적인 현상과 연결하는데, 이 경우에는 물결 즉 수면파가 그 대상이다. 물결과의 유비를 통해 과학자들은 빛을 파동 현상으로 보았다. 그러나 우리의 눈으로는 광원에서 나오는 빛의 파동을 볼 수 없다. 예를 들어 전등을 켜면, 빛은 방을 순간적으로 밝히는 것처럼 보인다. 우리는 조용한 호수에 돌을 던졌을 때 생기는 것과 같은 파동이 전구에서 나오는 것을 볼 수 없다.

과학관에 가면 대개 영의 실험 결과를 비유적으로 알 수 있는 물결파 실험 장치가 전시되어 있다. 이 장치는 [그림 2-5]와 같이 물을 채운 수조에 구멍이 두 개 뚫린 격막이 있다. 바늘 하나가 수조 속에서 진동을 일으키고, 이 바늘을 중심으로 구면파가 퍼져나간다. 이 파동이 격막에 뚫린 구멍에 닿으면 두 개의 파동이 생겨서 퍼져나가면서 서로 간섭한다. 수조에 떠 있는 코르크들이 아래위로 움직인다. 코르크들 중 어떤 것은 최대의 진폭으로 오르내리고(두 파동의 보강 간섭), 어떤 것은 움직이지 않는다(상쇄 간섭). 다른 코르크들은 최대값과 최소값 사이의 중간 정도로 진동한다. 이것은 [그림 2-4]의 데이터와 비슷하며, 실제로 [그림 2-6]과 같이 수면파에서 입증된다. [그림 2-7]은 1803년에 영이 행한 이중 슬릿

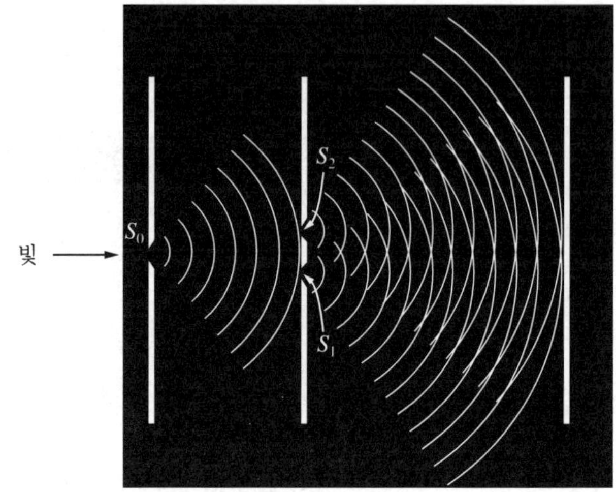

[그림 2-6] 이 그림은 광파의 효과라는 최선의 설명을 추론한 뒤에 물결파 실험 결과를 그림으로 나타낸 것이다.

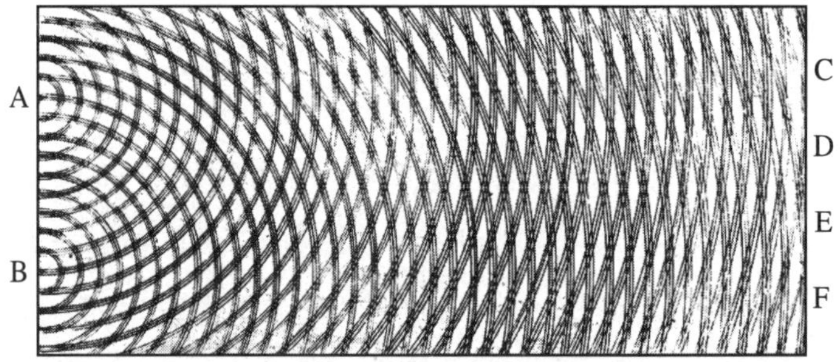

[그림 2-7] 토머스 영이 1803년 베이커리언 강좌에서 중첩된 파동의 간섭 효과를 설명하기 위해 사용한 원래 그림.
파원 A와 B가 퍼져나가면서 [그림 2-4]와 비슷한 모양의 간섭무늬를 만든다. 이 그림을 왼쪽에서 비스듬하게 보면 간섭효과를 볼 수 있다. 마디선이 C, D, E, F를 따라 생긴다.

회절 실험의 놀라운 해석이다. 영은 다시 한 번 물결파와의 유비로 [그림 2-7]을 그렸다. 그림을 왼쪽에서 들고 비스듬하게 보면 C, D, E, F 점을 따라 파동이 상쇄되어 보이고, 그 중간점에서 파동이 보강된다. 영은 이것을 광파와 비교해서, 중첩된 광파가 지나가는 경로에 스크린을 놓으면 [그림 2-4]와 같은 밝고 어두운 점들이 보일 것이라는 가설을 세웠다. 이러한 가설적 추론은 영의 창의성이 돋보이는, 유비를 통한 멋진 귀추가 아닌가!

카르노의 유비

1824년에 카르노(Carnot)는 '불의 역동적 능력에 대한 고찰(Reflections of the Motive Power of Fire)'이라는 논문을 썼다. 이 논문에서 카르노는 실제 동작하고 있는 증기 기관이 아닌 '카르노 기관'이라 불리는 가상적인 기관을 생각해 내었다. 이 기관은 실제 기관의 동작 원리만을 포함하고 있다. 카르노는 실제의 열기관을 두 개의 열원과 피스톤이 장착된 한 개의 실린더와 실린더 내에 갇혀서 순환을 반복하는 작동물질로 모형화 하였다.

카르노가 열기관 이론을 제기할 당시에 기술적으로는 와트의 증기기관이 산업에 폭넓게 이용되고 있었다. 그 당시 프랑스에서는 증기기관에 의해 열이 기계적 에너지로 변환하는 데에 대한 요인이 탐구되고 있었다. 영국에서는 이미 증기기관이 1세기 이상에 걸쳐 사용되어 왔음에도 불구

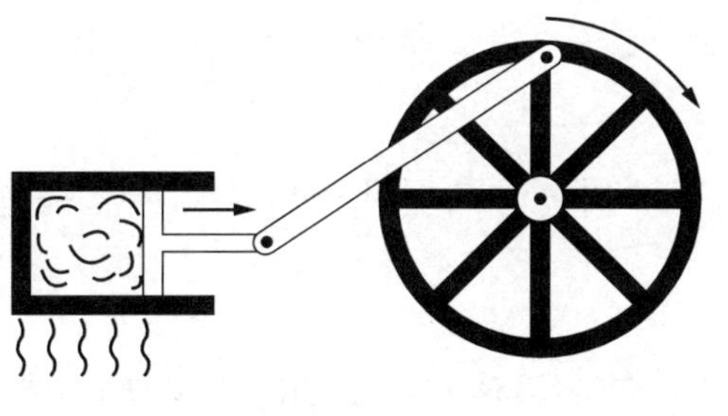

[그림 2-8] 피스톤이 장착된 실린더와 바퀴(김학수, 1998)

하고, 이 요인이 깊이 연구되고 있지 않았다. 와트는 증기기관 속에서 증기압이 실린더의 유효부피에 따라 어떻게 변화하는지 그래프로 그려 보여 주기는 했지만, 그 당시는 와트뿐만 아니라 다른 영국과학자들도 이 그래프로부터 그 무엇인가를 끌어낼 수 있는 사람은 아무도 없었다. 와트를 포함한 영국의 기술자들은 거의 독학자였는데 비해서, 19세기 초의 프랑스의 기술자들은 에콜 폴리테크니크에서 이론과학자들과 함께 훈련된 사람들이었기 때문에, 그들 쪽이 훨씬 더 증기기관의 이론을 잘 다루었고, 일반적으로 기계의 이론도 알고 있는 사람들이었다.[9)]

프랑스에서는 이론과학자도 현장의 기술자도 열에 대한 문제를 연구하고 있었는데, 일반적으로 말해서 이들은 모두 열의 물질설을 받아들여 열소를 무게 없는 유체로 간주하고 있었다. 에콜 폴리테크니크의 이론물리학자의 한 사람인 푸리에(Fourier)는 1822년에 '열의 해석이론'을 발표하여, 고체 중의 열의 흐름과 수학 해석의 새로운 방법, 그리고 당시까지 데카르트에 의해 이미 제안되어 있었지만 응용되지 않았던 디멘전의 이론 등을 다루었다. 푸리에는 주로 열의 전도 현상을 다루었으며, 열의 역학적 효과를 다루려던 것은 아니었다. 가열된 물체는 팽창하여 기계적인 힘을 낳는데 푸리에는 "그러나 우리들이 열의 전파법칙을 연구할 때 계산하는 것은 이런 팽창은 아니다."라고 말하고 있다. 푸리에는 사실상 열현상의 연구는 역학과는 전혀 별도의 과학이라는 입장에 서 있었다.(Mason, 1981)

카르노가 열기관의 기술적 측면이 아니라 이론적 측면을 탐구하게 된

---

9) 과학 창의성의 중심이 이탈리아(1540–1610), 영국(1660–1730), 프랑스(1770–1830), 독일(1810–1920), 미국(1920–현재)으로 옮겨왔다는 분석(Simonton, 2004)에 따르면 이 사실은 매우 잘 합치된다.

것은 그 당시 증기 기관이 발명되어 이용되고 있었지만 그에 관한 이론적이고 체계적인 연구가 거의 되어 있지 않았기 때문이다.(김학수, 1998) 카르노는 '불의 동력에 관한 고찰'이라는 그의 논문에서 '자연으로부터 어느 때, 어느 곳에서나 열과 열에 의한 동력을 발생시킬 수 있는 수단을 연구하여 개발하고 사용하게 하는 것이 열기관의 목적이다.'(Carnot, 1824, p.3), '열에 의한 동력은 유한한가?, 무한한가? 열기관의 발전에 한계가 있을지, 무한히 계속 발전할 수 있을지, 증기보다 더 나은 작동물질이 있는가 하는 것이 의문점으로 남는다.'(Carnot, 1824, p.5)고 말한 데서 그 당시 새롭게 탄생시키는 이론의 목적과 가능성을 서술하고 있으며, '열에 의한 동력 생산 원리를 가장 일반적인 방법으로 이해하기 위해서는 특정 기계 장치나 실제 채용하는 작동 물질에 관계없이 문제를 고려해야 한다. 즉, 증기 기관뿐만 아니라 가상적인 열기관에도 적용될 수 있는 원리를 수립해야 한다.'(Carnot, 1824, p.6)라고 말한 데서 이론적인 접근을 위한 기본적인 방법을 서술하고 있다.

카르노의 유일한 논문인 '불의 동력에 관한 고찰'에는 열기관을 수력기계에 유비하는 중요한 내용이 들어 있다. 이 수력기계에 관한 것은 그의 아버지 라자르 카르노의 핵심적 연구였으며, 그의 아버지가 쓴 '기계 일반에 대한 논문'과 '평형과 운동의 일반 원리'는 카르노의 '카르노 기관'을 구상하는데 결정적인 영향을 미친 것으로 평가되고 있다. 이 두 저술에서 라자르 카르노는 수력기계의 효율을 최대로 하기 위한 원리를 다음과 같이 기술하고 있다.(김학수, 1998)

'첫째, 유체는 기계를 작동시키면서 그 운동을 잃어야 한다. 둘째, 유체는 수차의 바퀴에 충격을 주는 따위의 일이 없이 감지할 수 없는 정도로 그의 운동을 잃어야 한다.' 앞의 두 서술문은 같은 내용을 포함하는 것으로 수류는 수차를 돌리는 이외 다른 이유로 수류의 속도가 줄어서는 안 된다는 것을 나타낸 것이다. 카르노(Carnot, 1824, pp.12–13)의 고찰에는 위의 내용과 유사한 내용이 있다. 즉, '동력을 생산하지 않은 열소의 평형 회복은 순수한 손실이다. 체적 변화에 의하지 않은 온도 변화는 열소의 무용한 평형 회복이다.'

카르노는 증기기관 속에서 열은 고온도 부분(보일러)에서 저온도 부분, 즉 응결기로 흘러가는데, 그 과정 중에 기계적인 작업이 실린더와 피스톤을 통해 이루어진다는 사실에 주목했다. 이러한 관점에서 카르노는 증기기관을 다른 동력기관인 수차와 유사한 것으로 생각하였다. 카르노는 이렇게 말했다.(Carnot, 1824, p.15)

"현재 확립된 원리에 따르면, 우리는 충분히 정확하게 열의 동력을 폭포의 동력과 비교할 수 있다. 각각은 초과할 수 없는 최대치를 가진다. 한쪽은 물

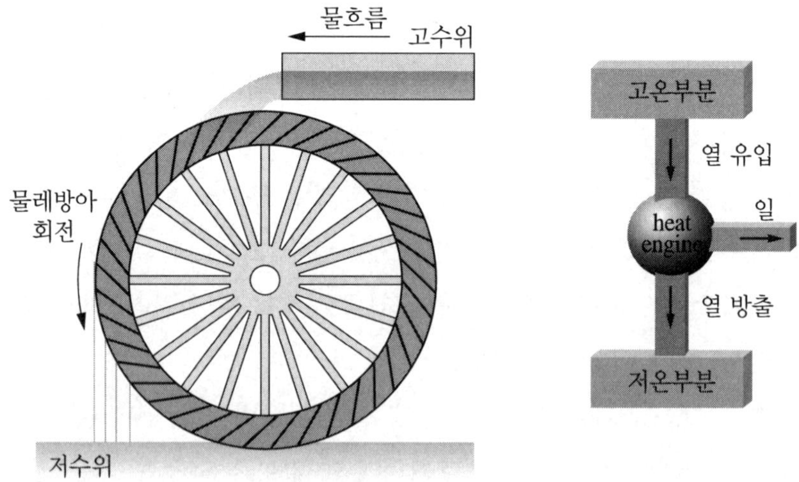

[그림 2-9] 수차와 열기관

〈표 2-2〉 수력기계와 열기관의 비유 관계

물(물의 낙하)	열(열소)
고수위(High level)	고온(High temperature)
저수위(Low level)	저온(Low temperature)
수력(Hydraulic power)	열의 동력(Heat power)
수차(Water wheel)	열기관(Heat engine)
물의 흐름(Water flow)	열소의 흐름(Caloric flow)
질량(물의 양)의 보존 (Conservation of mass)	열소의 보존(Conservation of caloric)

에 의해 작동하는 기계(machine)이고, 다른 한쪽은 열에 의해 작용하는 물질(substance)이다. 폭포의 동력은 그 높이와 물의 양에 의존하고, 열의 동력은 사용된 열소의 양과 그것이 낙하한 높이, 다시 말해 열소가 교환된 두 물체 사이의 온도의 차에 의존한다."

이러한 사실을 보면 카르노는 열기관에 대한 이론을 구상할 때 열기관의 동작 원리를 수력기계의 동작 원리로부터 유추한 것을 알 수 있다. 즉, 카르노는 수력 기계를 열기관의 원리에 도입하는 유비추론을 통하여 열기관 이론을 수립한 것이다. 수력기계와 열기관의 비유 관계를 보면 〈표 2-2〉와 같다.

이것은 카르노가 수력기계와의 비교를 통해 열기관 이론을 창출한 멋진 유비이다.

성공적 유비의 연속과 새로운 개념의 형성

카르노(Carnot)는 열기관에 대한 이론을 구상할 때 열기관의 동작 원리를 수력기계의 동작 원리로부터 유추하였다.

이것은 수력기계의 동작 원리를 빌어 와 열기관의 원리를 고안하고 설명하는 첫 번째 유비적 사고를 하고 있음을 알 수 있다. 그리고 이 유추는 매우 성공적이어서 오늘날에도 카르노 열기관이라고 불리며 소개되고 있다.

그런데 그는 카르노 열기관 이론 형성 과정에서 또 다른 새로운 가설을 형성했다. 카르노는 열 엔진의 원리를 설명하고, 그런 다음 수력 엔진에서의 관계 체계를 분석함에 의해서 새로운 통찰을 얻게 된다. 즉, 그는 '폭포에서는 역동적 능력(motive power)이 높은 곳과 낮은 곳의 높이차에 정확히 비례한다. 열소의 낙하에서는 역동적 능력은 뜨거운 물체와 찬 물체의 온도차에 따라 증가하지만, 그 차에 비례하는지는 알 수가 없다.' 다시 말하면, 온도가 100도인 곳에서 50도인 곳으로 떨어질 때의 열소는 50도에서 0도로 떨어질 때의 열소보다 많거나 적을 수 있다는 것이다. 여기서 그는 새로운 가설을 제안하는 데 있어 귀추적 사고를 사용했음을 보여준다. 그는 이 비유의 분석을 통해 '주어진 열소량이 고온에서 낙하할 때보다 저온에서 낙하할 때 더 많은 동력이 생산된다.'라고 하여 '효율 η는 $\eta \propto 1/\theta$일 것이다'라는 가설을 세웠다. 여기서 θ는 고 열원의 온도이다. 즉, 카르노는 수력기계와의 유사성으로부터 $\eta \propto 1/\theta$를 추론하였다. 수차로 단위 시간에 흘러 들어가는 수량(유량이라 한다)이 가진 운동에너지를 K_1, 수차를 돌리고 기계를 빠져나가는 유량의 운동에너지를 K_2라 하면 효율 η는 $\eta \propto = (K_1 - K_2)/K_1 = \Delta K/K_1$이다. 즉, 같은 운동에너지의 차이이면 유입 운동에너지가 작은 경우가 효율이 크다. 유입 운동에너지는 물의 낙차에 비례하므로 같은 운동에너지의 차이라면 즉 같은 수류의 낙차라면 유입 낙차가 작은 경우가 효율이 더 크다. 이 사실과, 같은 온도 차이라면 고 열원의 온도가 낮은 쪽이 효율이 더 크다는 $\eta \propto 1/\theta$의 식은 귀추적으로 추론될 수 있다.

젠트너와 제지올스키(Gentner & Jeziorski, 1987)는 카르노가 유비를 사용한 핵심적인 구절과 그 구절에서 사용된 유비에 대한 해석을 다음과 같이 소개하고 있다: [1] 기계는 물에 의해 작용을 받고, 작동 물질은 열에 의해 작용을 받는다. 그리고 각각은 더 이상 능가할 수 없는 한계치를 가지고 있다. [2] 폭포의 역동적 능력은 그 높이에 따라 그리고 물의 양에 따라 다르다. 열의 역동적 능력은 사용된 칼로릭의 양에 따라 다르고, '떨어지는 높이'에 해당하는 고온 물체와 저온 물체의 온도차에 따라 다르다. [3] 폭포에서는 역동적 능력(motive power)이 높은 곳과 낮은 곳의 높이차에 정확히 비례한다. 열소의 낙하에서는 역동적 능력은 뜨거운 물체와 찬 물체의 온도차에 따라 증가하지만, 그 차에 비례하는지는 알 수가 없다. 다시 말하면, 온도가 100도인 곳에서 50도인 곳으로 떨어질 때의 열소는 50도에서 0도로 떨어질 때의 열소보다 많거나 적을 수 있다는 것이다.

[1]에서 카르노는 열의 역동적 능력과 물의 역동적 능력 사이의 유비를 소개하고 간단하지만 중요한 비유 관계를 세우고 있다. 물이 떨어짐에 따라 생산되는 동력의 양(amount of power)이 제한되는 것과 같이, 열의 이동으로부터 얻어질 수 있는 능률도 제한되어 있다. 여기서는 열 시스템의 요소들과 물 시스템의 요소들 사이의 대응관계를 세우고 있다〈표 2-2 참조〉.

[2]에서 카르노는 온도의 차를 폭포의 높이 차로 비교함에 의해서 더욱 명확하게 유비를 사용하고 있다. 두 저수지 사이의 높이 차와 두 물체 사이의 온도 차의 대응관계는 이 유추에 있어서 핵심적 요소에 속한다. 카르노는 이러한 대응 관계를 좀더 높은 수준의 관계에도 사용하고 있다.

그는 이 시스템에 의해 생산된 동력(power)은 물질의 양(물 또는 열소)과 두 수준 사이의 거리에 모두 의존한다고 주장하고 있다.

위의 [1]과 [2]의 경우는 수력기계의 동작 원리를 빌어 와 열기관의 원리를 고안하고 설명하는 유비추론을 하고 있음을 알 수 있다. 그런데 이러한 그의 이론 형성 과정에서 특이한 것은 [3]의 경우이다. 즉, 카르노는 유비적 고찰과 분석을 통해 새로운 가설을 형성했다는 것이다.

패러데이와 맥스웰의 유비

패러데이(Faraday) 당시의 과학적 문제 중의 하나는 '자기력과 정전기력이 어떻게 전달되는가?' 하는 것이었다. 이 문제 해결의 과정에서 패러데이는 자기력선과 전기력선 개념을 형성하면서 두 가지 개념으로부터 상호보완적 유비추론을 통해서 자기력과 전기력 개념을 발전시켜 갔다.

1831년 패러데이는 전자기 유도 현상을 발견하고, 이 현상에 대한 일반적인 법칙을 내 놓으면서 공식적으로는 자기력선이라는 표현을 처음 언급했다. 그는 이때 "자기력선은 철가루(iron filings)에 의해 그려지는 선, 또는 작은 바늘이 접선으로 위치하는 그러한 선을 의미한다"고 정의했다.(홍성욱 , 1986) 보통 막대자석에서는 자기력선은 자석의 한 극에서 나와 다른 한 극으로 들어가는 모양을 이루었고, 전류가 흐르는 도선 주위에서는 동심원의 형태를 나타냈다. 이렇듯 자기력선의 휘어진 곡선 형태는 철가루의 배열 모양으로부터 쉽게 알 수 있었다.[10)]

패러데이는 1932년 왕립학회에 보낸 편지에서는 다음과 같은 유비를

10) 이 내용은 과학교육에서 탐구과정 중 '추리'에 대한 과학사적인 예로 활용할 수 있는 좋은 소재이다.

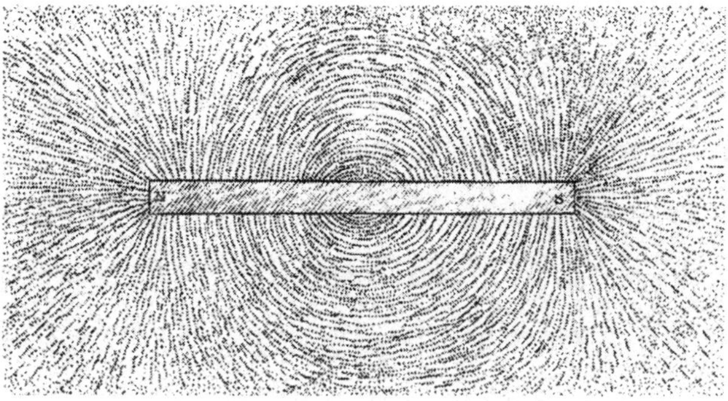

[그림 2-10] 패러데이가 그린 철가루 배열 그림(Faraday, 1837)

사용하였다.(Nersessian, 1984, p.41) "자석의 한 극으로부터 자기력의 확산(diffusion of magnetic forces)은 휘저은 물 표면의 진동 또는 소리 현상에서의 공기의 진동에 비교될 수 있습니다. 즉, 진동 이론이 소리에 적용되는 것과 같이, 그리고 빛에도 적용될 수 있는 것과 같이, 나는 그것이 자석의 한 극으로부터의 자기력 확산에도 적용될 수 있을 것으로 생각합니다." 이것은 자기력의 전달을 소리 진동의 확산 또는 물 표면 진동의 확산에 비유하여 설명한 것이다.

패러데이는 자기력선 개념을 추론한 후에 정전기 유도 현상을 발견하게 된다. 그리고 1837년 패러데이는 정전기유도가 원거리 작용이 아니라 인접한 입자들에 의한 작용이라고 발표했다. 여기서 그는 이 인접한 입자들이 모여서 나타내는 가상적인 역선을 유도역선(line of inductive forces)이라고 명명하게 된다. 정전기력은 이 유도역선을 통해 한 입자에서 다른 입자로 연속적으로 전달되는 것이라고 주장한 것이다. 유도역선을 정의하면서 그는 정전기력의 방향이 직선이 아니라 휘어진 곡선(curved lines of force)임을 주장하기 위해 이것과 자기력선과의 유비를 제시했다. 그가 유도 역선을 정의하면서 자기력선과의 유비를 생각했던 이유는 유도 역선이 휘어진 곡선이라는 것을 주장하기 위해 가시적으로 분명히 눈에 띄는 자기력선과 비교하려는 목적에서였다.(홍성욱, 1986)

그러나 이 둘 사이의 유비는 완벽한 것이 아니었다. 왜냐하면, 그 당시 정전기 유도력(inductive force of static electricity)은 유전체 입자에 의해 휘어진 선을 통해서 연속적으로 작용하는 것으로 설명될 수 있었으나 자기력의 작용에서는 이와 같은 매개입자들이 발견되지 않았기 때문에 휘어진 선을 통해 어떻게 연속적으로 작용하는 것인지를 설명할 수 없었기 때문이다. 정전기력과 자기력이 작용하는 데 있어서 매개 물질이 있어야 한다는 생각은 전기장과 자기장 이론이 나오기까지 개념 발달에 걸림돌이 되었다고 볼 수 있다. 1838년까지 패러데이의 실험과 이로부터 이끌어낸 결론에 의하면, 극성력(polar force)은 인접한 입자들에 의해 매개되는 것이었다. 단지 자기력만이, 이것이 분명히 극성력임에도 불구하고, 이러한 입자와 무관한 것으로 생각했다. 그러나 극성력이 인접한 입자들 사이의 작용이란 것은, 1838년 당시 패러데이에게 가장 중심적인 이론이었기 때문에, '비록 지금까지의 실험에서 이러한 입자들이 발견되지 않았을지라도 자기력을 매개하는 입자가 존재하지 않는다고 성급히 결론지어서는 안 되는 것이었다.'라고 주장했다. 현재는 이러한 설명이 잘못된 것으로 판명되었지만 패러데이의 사고 과정은 자기장과 전기장 이론의 발달에 크게 기여한 것은 분명한 사실이다.(홍성욱, 1986)

위의 패러데이의 생각은 현대적인 관점에서 보면 맞지 않은 것들이 있지만, 그의 칸트 철학에 기반을 둔 보존과 전환에 대한 생각은 '전기의 힘'과 '자기의 힘' 사이에는 서로 관계가 있어야 한다는 믿음을 갖게 했고, 결국 전기와 자기의 상호 관련성을 밝히는 계기가 되었으며, 창의적인 생각의 기초가 되었다고 볼 수 있다.(Miller, 1996) 대칭성에 의한 추론은 유비 추론의 하나라고 볼 수 있다. 이러한 추론 방식은, 'A에 의해 B가 발생한다면, B에 의해서도 A가 발생할 수 있다.'이다. 실제로 그는 에르스텟이 보인 바와 같이, 도선에 일정한 전류가 흐르면 자기적 효과가 생긴다. 대칭성에 의해, 일정한 자기력이 전기적 효과를 생성할 수 있다고 추론할 수 있다는 것이다. 결국, 그는 두 단계를 거치면서 대칭성 추론을 입증하게 되는데, 첫째로, 그는 한 회로에서 전류를 흐르게 했다 멈췄다 하는 것이 가까이 있는 회로에 전류를 유도한다는 것을 발견하였으며, 이 효과를 '볼타-전기(volta-electric)'이라고 불렀다. 둘째로, 영구자석과 도체 회로가 주어졌을 때, 둘 중 하나를 움직이면 전류가 생성되었으며, 운동을 정지하면 전류가 사라졌다. 그는 이 효과를 '자기-전류(magneto-electric)'라고 불렀다.(Nersessian, 1984, p.42)

맥스웰(Maxwell)은 패러데이의 역선을 설명하기 위해서 수학적인 기초를 구성했다. 그가 선택한 유비 모형은 역선들이 물속의 유선들과 대응되고 전하가 펌프에 대응되는 물 흐름 모형이었다.[11] 이 모형에서 맥스웰의 첫 번째 시도는 에테르 속에서 회전하는 분자의 소용돌이 모형이었다[그림 2-11].

맥스웰은 1855-6년 그의 첫 번째 논문인 '패러데이의 역선에 관하여(On Faraday's lines of force)'을 집필하는 중에 톰슨에게 보낸 편지에서 자기 극성(magnetic polarity)에 대한 패러데이의 관점을 '자기장'(magnetic field) 또는 '자

---

11) 유체 이론들과 유비: 눈으로 볼 수 있는 유체는 유비로 사용되어 과학 개념 형성에 많은 영향을 미쳤다. 특히 전기와 자기 현상의 설명에 크게 영향을 미쳤다. 그것은 1809년 데이비의 다음과 같은 글에서도 찾아볼 수 있다. "……모든 것은 유체에 의해서 행해져야만 한다. 에테르는 열소 유체로 된 고대의 유체였다; 우리는 유리 유체, 송진 유체, 자기 유체를 가지고 있다. ……그리고 내가 최근에 프랑스에서 받은 책 속에는 …… 자연의 현상 모두가 그래빅gravic 유체에 의해서 설명되어진다."(Davy 1809, "Works", Williams, 1965, p 68에서 인용)

기 공간'(magnetic space)으로 적정화했다(appropriated)고 서술했다.(Nersessian, 1984, p. 70) 그후 1860년 런던의 킹스 칼리지 교수가 된 맥스웰은 보다 물리적인 관점에서 패러데이의 자기력선을 바라보게 된다.

우선 그는 1861~2년에 출판한 '물리적 역선에 관하여(On the Physical Lines of Forces)'라는 논문에서 전자기장을 물리적이고 역학적인 관점에서 다루었다.

밀러(Miller, 1996)는 1860년대에 맥스웰이 발견한 전자기장 방정식은 창의적인 과학 연구에 유비가 사용된 예라고 말한다. 맥스웰은 다음과 같은 유비를 썼다.

"전자기장은 바퀴, 도르래, 유체들의 집합처럼 행동한다."

여기에서 비유의 표현인 '~처럼'은 비유물(잘 이해된 뉴턴 역학의 바퀴, 도르래, 유체 등의 역학적 용어를 전자기학적 용어로 변화시키기 위한 시각 이미지)에서 잘 이해되지 않은 목표 개념(전자기장)으로 탐구해 들어간다는 것을 알려준다.

[그림 2-11]은 맥스웰이 생각한 역학적 장치로, 이 장치에 대한 아이디어는 톰슨으로부터 얻었다고 한다. 1856년 톰슨은 패러데이의 광-자기 회전 효과에 대한 논문을 발표한 바 있다. 이 논문에서 톰슨은 자기 현상이 물질과 공간을 구성하는 분자들의 소용돌이 운동과 관련되어 있다고 주장했으며, 전자기력과 전자기 유도 작용도 같은 방식의 소용돌이 운동을 가정하면 쉽게 설명될 수 있을 것이라고 제안했다.(Nersessian, 1984) 여기서 아이디어를 얻은 맥스웰은 1861년에 발표한 논문인 '물리적 역선에 관하여(On Physical Force lines)'에서 소용돌이 분자의 회전을 통하여 자기력선을 표상하였고, 소용돌이 분자들 사이에 유동바퀴를 끼워 넣어 전류를 표상했으며, 소용돌이 분자에 탄성을 추가하여 그 탄성 변형을 통해

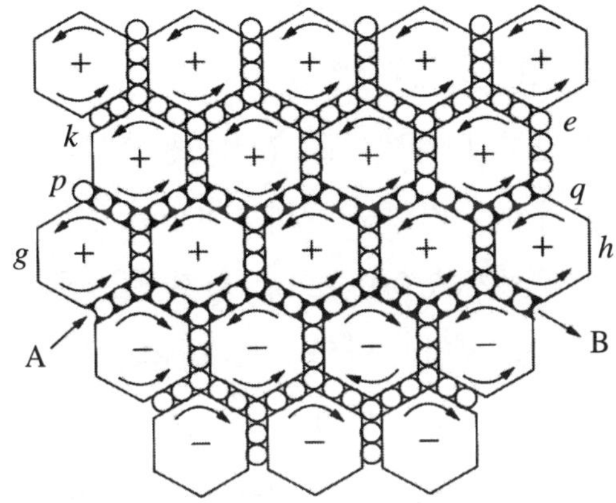

[그림 2-11] 맥스웰의 전류에 대한 역학적 유비
A에서 B 방향으로 유동바퀴가 흐르기 시작하면, 인접한 소용돌이 분자(g, h)를 회전시키게 되고, 회전하는 소용돌이 분자(g, h)와 멈추어 있던 소용돌이 분자(k, l) 사이에 놓인 도체에서는 양편의 회전 속도 차이에 의해 유동 바퀴가 q에서 p 방향으로 굴러가게(흐르게) 되어 유도 전류가 만들어진다는 것이다.

정전기력선을 표상함으로써 소용돌이 분자 모형을 이용하여 자기와 전류, 정전기 및 그들 사이의 상호작용까지 통합적으로 설명할 수 있었다. (정동욱, 2010) 게다가 이 소용돌이 분자 모형은 맥스웰로 하여금 자기와 전류, 정전기 및 그들 사이의 상호작용을 수식화하는 데 성공하도록 만들어 주었다.

맥스웰에 따르면, [그림 2-11]에서와 같이 전류는 질량이 거의 없는 작은 입자들의 운동으로 나타나며, 이 입자들은 이웃의 소용돌이들 사이로 퍼져나간다. 맥스웰의 비유는 하나의 모형이다. 이 비유에서 비유물은 1860년대에 잘 알려진 것에서 크게 벗어나지 않았다. 이 시기에 영국의 과학자들은 원리적으로 만들 수 있고 따라서 실제로 경험할 수 있는 장치를 바탕으로 시각적으로 자기들의 생각을 표현했다. 그러나 아무도 전자기장이 바퀴나 도르래와 실제로 관련되어 있다고 믿지 않았다. 이것이 맥스웰의 비유가 하나의 모형인 이유이며, 그의 추론이 유비에 의한 것이라고 하는 이유이다.

때때로 뛰어난 육감이나 데이터를 감식하는 날카로운 눈이 통일성을 밝혀내는 데 큰 역할을 하기도 한다. 1830년대에 광속의 측정값은 3.15×10^8 m/sec로 알려져 있었다. 그런데 전선을 통과하는 전기 교란의 속도는 전자기 단위와 정전기 단위의 비교에 의해, 즉, 간접적인 방법으로 3.11×10^8 m/sec라고 계산되었다. 이러한 값들이 과학 문헌에 공개된 후 거의 30년 동안 주목받지 못했는데 맥스웰만이 두 수치의 유사성에 주목했다. 맥스웰은 1861년에 이렇게 결론을 내렸다.(Miller, 1996b, p.140)

"우리는 빛이 전기와 자기의 현상을 일으키는 것과 같은 매질(에테르)을 흔들며 진행하는 횡파라는 추론을 피하기 어렵다."

앞에서 패러데이가 가지고 있었던 전기와 자기 사이에 관련이 있을 것이라는 믿음은 이제 맥스웰에 의해 '빛'과 '전기와 자기' 사이에 관련이 있을 것이라는 믿음으로 옮겨갔다. 이것을 계기로 맥스웰은 빛과 전자기를 통합하는 장대한 이론을 만들었다. 맥스웰의 전자기 이론은 전자기파를 예측함으로써 경쟁 이론들을 물리쳤으며, 전자기파의 존재는 1889년 헤르츠에 의해 입증되었다.

플랑크의 유비

단순 조화 진동자는 물리학의 많은 영역에서 사용되는 비유 모형으로, 이것은 막스 플랑크의 공동 복사 연구에서도 사용되었다. 단순 조화 진동자란 용수철에 매달린 물체를 말한다[그림 2–12].

플랑크는 공동복사 법칙을 유도하기 위해 열역학을 사용했으므로, 이 법칙을 유도하기 위해 원자 모형 중에서 아무것이나 선택할 수 있었다. 열역학은 물질의 구성에 관한 어떤 가정과도 무관하기 때문이다. 결과적으로 그가 선택한 것은 물질 속의 전자는 용수철에 매달린 대전 입자, 즉 진동자로서의 전자라는 모형이었다. 대부분의 과학자들이 이 모형을 선택했는데, 그 이유는 용수철에 매달린 물체의 운동은 정확하고 빠르게 풀 수 있기 때문이었다. 정확하게 풀 수 있다는 것은 과학에서 필수적이다. 플랑크는 이 모형을 유비추론하여 공동복사를 설명했다.

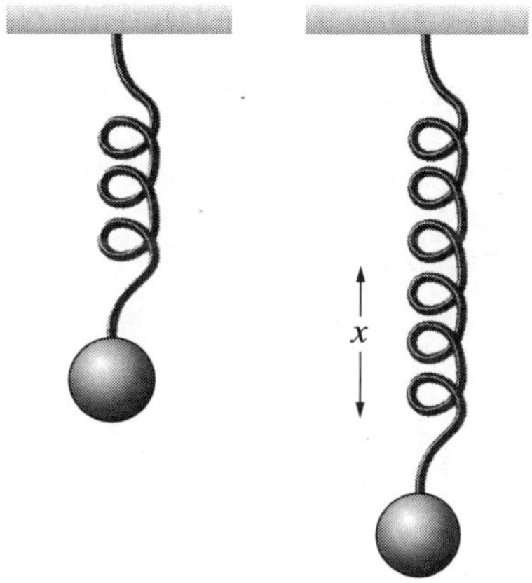

[그림 2–12] (a) 용수철에 매달린 물체 (b) 물체가 거리 만큼 x만큼 당겨졌다. 이것을 놓으면 물체는 (a)의 평형점 주위를 진동한다. 이때의 주기적 운동을 〈단순 조화 진동〉이라고 한다.

공동복사는 공동의 벽에 있는 전자들이 마치 용수철에 매달린 대전 입자처럼 움직인다고 가정하고 연구할 수 있다. 비유물인, 용수철에 매달린 대전 입자에 대해서는 역학적 성질과 전자기적 성질이 잘 알려져 있었으므로, 플랑크는 이것을 이용해서 잘 알려지지 않은 공동복사의 성질을 탐구할 수 있었다. 이 비유물이 모형인 또 다른 이유는 아무도 물질을 다루는 전자가 용수철에 붙어 있다고 생각하지 않는다는 것이다. 그러나 플랑크는 이 모형을 사용하여 공동복사 법칙을 성공적으로 유도했고, 이 모형은 고전물리학에 크게 어긋나기 때문에 주목을 받았다. 1923년에서 1925년까지 조화 진동자 전자는 보어의 원자론에 다시 나타나서 1925년 6월에 하이젠베르크가 양자역학의 돌파구를 여는 실마리를 제공했다. 오늘날 진동자 전자는 전자기장의 양자론에서 불가결한 역할을 한다. 이 이론에 사용된 유비는 '전자기장은 조화 진동자들의 집합처럼 행동한다.'이다.

아인슈타인의 유비와 귀추

홀튼(Holton, 1984)은 "무엇보다도 내가 가장 좋아하는 예는 내가 몇 년 전에 프린스턴에 있는 아인슈타인 기록보존소에서 찾은, 아인슈타인이 직접 쓴 자서전적 구절이다. 그것은 1919년경이거나 그 바로 뒤에 쓰여진 것으로 출판되지 않은 문서의 복사본이었다. 그 서류의 제목은 '상대성 이론의 발달에서 나타나는 기본적 아이디어들과 방법들'이다. 아인슈타인은 그 글의 중간쯤에 쓰기를, 개인적으로 그는 '그것은 내 일생의 가장 행복한 생각'이라고 붙였는데, 그러한 생각은 1907년에 들었으며, 특수상대론에서 일반 상대론으로 가는 길을 열었다는 것이다."고 하였다. 아인슈타인은 1919년에 다음과 같이 썼다.

"전자기 유도에 의해 생성된 전기장에서와 마찬가지로, 중력장은 유사하게도 단지 상대적 존재를 가진다. 왜냐하면 만일 우리가 자유낙하 상태에 있는, 예를 들면, 높은 곳으로부터 떨어지는, 관찰자를 고려한다면, 그가 떨어지는 동안 그에게 중력장이 존재하지 않는다."(Holton, 1986, pp.363-4)

이 내용을 분석해 보면, 유비적 전이에 의해 설명되어야 하는 것은 한편으로 전기장과 자기장 사이에 있고, 다른 한편으로는 전기장과 중력장 사이에 있다. 1907년에 들었던 '가장 행복한 생각'은 우리의 세계관을 재구조화하도록 이끌었으며, 참으로 전기장에서의 전하 운동으로부터 중력장에서의 물체의 가속 운동으로의 유비(analogy)의 확장이었다.

1905년과 1906년 아인슈타인은 광전 효과를 설명하기 위해서 빛을 입자로 보는 광양자 가설을 제기했다. 아인슈타인은 이미 1902년과 1904년 사이에 미국의 깁스와는 별도로 이와 유사한 통계역학 논의를 전개했었다. 이 때 그는 이미 에너지 등분배 법칙, 열역학적 상태 분포, 열에 대한 분자론적 이론 등에 대한 통계역학의 핵심적인 내용들을 독자적으로 전개했다. 이런 통계역학적 논의는 1905년 아인슈타인이 발표한 광전효과에 관한 논문으로 이어졌다. 아인슈타인은 플랑크와는 달리 처음부터 빛을, 반사하는 벽을 가진 상자 속에 있는 입자로 보고 광전 효과에 대한 논의를 전개했다. 아인슈타인의 광양자는 분명히 불연속적인 에너지의 존재를 전제로 한 것이었다.(임경순, 2001)

아인슈타인(Einstein, 1905)은 그의 논문, "Concerning an heuristic point of view toward the Emission and Transformation of Light"의 서문에서, "나에게는, 빛에너지가 공간에 불연속적으로 분포한다고 가정하면, 흑체복사, 광루미네슨스, 자외선에 의한 음극선 생성, 그리고 빛의 방출과 전환을 포함하는 다른 현상들이 더 잘 이해될 수 있다고 보여진다."고 함으로써 광양자 개념을 서술한 다음, "점광원으로부터 퍼져나가는 광선의 에너지는 공간의 부분 부분을 차지하는, 유한한 개수의 에너지 덩어리로 구성되며, 그 덩어리는 더 이상 나누어짐 없이 움직이고, 덩어리 단위로 물질에 흡수되거나 반사된다."고 광양자의 성질을 묘사하였다.

이 논문에서 아인슈타인은 물질과 빛의 상호작용의 본성을 묻는 흑체복사의 문제를 열역학적 관점에서 해결하려 하였다. 뉴턴역학이 물질의 거시적 운동을 기술하였다면 열역학은 온도, 엔트로피, 압력과 같은 거시적 물리량으로 미시적 상태를 예견할 수 있기 때문이다. 이 논문의 3절에서는 빈의 논문을 인용하여 일정한 부피 υ를 차지하고 있는 흑체의 복사 에너지 밀도를 이용하여 열역학적으로 엔트로피를 계산하는 방법을 소개하였으며, 4절에서는 '빈의 복사 함수'를 이용하여 낮은 에너지 밀도에서의 단색광 복사의 엔트로피를 계산하였다. 그 계산 값은 다음과 같다.

$$S - S_0 = \frac{E}{\beta\upsilon} ln \frac{\upsilon}{\upsilon_0}$$

아인슈타인은 "이 식은 충분히 낮은 에너지 밀도에서 단색광 복사의 엔트로피는 이상 기체 또는 희석 용액의 엔트로피와 마찬가지로 부피에 따라 달라짐을 보여준다." 라고 주장했다. 이러한 과정은 아인슈타인이 빛의 복사를 기체분자의 운동과의 유비를 통해 추론하려 했음을 보여준다. 왜냐하면, 5절에서는 이상기체와 희석용액의 엔트로피를 볼츠만의 통계역학을 써서 계산했기 때문이다. 볼츠만의 통계역학을 써서 엔트로피를 계산하면, n개인 분자인 경우 다음과 같이 부피에 의존하는 엔트로피를 구할 수 있다.

$$S - S_0 = \frac{R}{N} ln\left(\frac{\upsilon}{\upsilon_0}\right)^n$$

6절에서는 4절에서 계산한 단색광 복사의 엔트로피를 위 식과의 유비를 통해 다음과 같이 변형하고

$$S - S_0 = \frac{R}{N} ln\left(\frac{\upsilon}{\upsilon_0}\right)^{\frac{NE}{R\beta\upsilon}}$$

위의 두 식을 비교하여 $E = n\frac{R\beta\upsilon}{N}$를 유도한다. 그리고는 아인슈타인은 "낮은 밀도의 단색광 복사는 (빈의 복사 공식이 타당한 범위 내에서) 열역학적

으로 크기가 $\frac{R\beta\upsilon}{N}$이면서 독립적인, 많은 에너지 양자로 구성되어 있는 것처럼 행동한다."라고 결론짓는다. 이 결과에서 볼 때, 아인슈타인은 광양자를 기체 분자로 유비하여 설명하고 있음을 알 수 있으며, 이 유비적 개념을 이용하여 최종적으로는 광전 효과의 설명에 성공함을 볼 수 있다. 이러한 아인슈타인의 유비 추론 과정은 여러 문헌에서 '복사와 이상 기체의 비유', '동일한 거시적 현상과 동일한 미시적 현상의 대응', '유비를 통해 핵심적 아이디어를 추론하고 대담한 외연을 통하여 발견적(heuristic) 원리로 새로운 가설을 형성함' 등으로 설명되어 있다.

제 3 장 과학에서 유비와 과학 창의성

과학에서의 유비는 과학 창의성과 어떤 관련이 있는가?

과학의 발달과 창의적 유비추론 가능성 관계

아리스토텔레스는 이 지구상에 있는 모든 물체는 공기, 흙, 불, 그리고 물의 네 가지 원소로 이루어져 있다고 하였다. 그리고 그는 천체의 운동을 설명하기 위해서 제5의 원소 '에테르'를 등장시킨다. 지구 외의 다른 천체들은 '에테르'라는 물질로 되어 있다는 것이다. 이렇게 에테르로 되어 있는 물체들의 자연스러운 운동은 원운동이라고 설명하고 있다. 그리고 지구상의 물질은 '생성', '붕괴', 또는 '변화'의 과정을 거칠 수 있지만 천체는 변화할 수 없으며 언제나 같다고 설명하고 있으며, 이러한 천체들은 그 변화할 수 없는 본질로 인하여 다이아몬드나 귀한 보석과 같은 것이라고 비유하고 있다.(Cohen, 1985) 또한 고대 유데모스는 아리스토텔레스의 4원소설, 즉 자연계 물질의 근원이라고 본, 물, 공기, 흙, 불 4가지를 정6면체, 정4면체, 정8면체, 정12면체 네 가지에 비유했다. 정6면체, 정4면체, 정8면체, 정12면체 네 가지는 당시에 서로 같은 정다각형을 합쳐서 만들 수 있는 입체의 전부로 알려져 있었다. 즉, 정다면체가

4가지밖에 없듯이, 우주의 원소도 4가지 밖에 없다는 것이다. 그리고 유데모스, 플라톤 등은 이 비유를 이용하여 물은 모양이 정12면체라고 생각했고, 흙은 정6면체, 불은 정4면체, 공기는 정8면체로 생각하였다.(오진곤, 1993)

이와 같이 고대 자연철학자들은 물, 공기, 흙, 불을 당시로서는 더 이상 쪼갤 수 없는 서로 다른 원소라고 보았고, 이들 원소들을 그 당시에 서로 같은 정다각형을 합쳐서 만들 수 있는 입체의 전부로 알려진 정4면체, 정6면체, 정8면체, 정12면체에 비유하였으며, 더 나아가 지면에 있는 흙을 정6면체, 물을 정12면체로, 공중에 있는 불을 정4면체로, 공기를 정8면체로 생각한 것은 이들 원소들이 서로 다른 독특한 모양을 가졌을 것으로 유추한 것이며, 물질의 구조에 대한 생각을 한 단계 더 나아가게 한 창의성의 일면을 보여준다.

서기 2, 3세기 무렵부터 고대 그리스나 이집트에서 시작된 연금술은 모든 물질이 한 가지 근원을 가지고 있는데, 거기서 서로 다른 형태로 발전했다는 믿음에 기초를 두었다. 이렇게 형태들이 다른 것은 "영혼(soul)"이라고 하는 것이 외형적으로 현시되는 방법이 다른 것이며, 불변적인 것은 아니라는 것이다. 그래서 어떤 한 물질은 다른 물질로 변환될 수 있다는 것이었다.(오진곤, 1993)

플라톤과 아리스토텔레스의 생각에 기초해 볼 때, 연금술적인 사고는 지구상에는 첫물질(first matter)이라고 불리는 근본 물질이 있다는 것을 전제로 하고 있었다. 이 첫물질은 앞에서 말한 일차원소들(primary elements)인 불, 공기, 물, 흙과 같은 것으로, 각각은 일차적 성질인 뜨거운(hot), 찬(cold), 젖은(wet), 마른(dry) 등이 두 가지씩 조합된 것이다. 예를 들면, 불은 뜨겁고 마른 것이며, 흙은 차고 젖은 것 등이다. 만일 성질이 변화되면 상호 변환이 일어난다. 즉, 불(뜨겁고 마른)은 열을 잃어버림으로써 흙(특히, 재)으로 변화될 수 있다.

연금술사들은 금속의 변환에 관심이 많았으며, 특히 기초 금속을 금으로 변환시키는 데 관심이 많았다. 이러한 변환은 굉장한 부를 약속할 뿐만 아니라, 그 기술이 사실이라는 것을 확실히 보여줄 수 있기 때문이다. 많은 연금술사들의 목표는 납과 같은 금속을 금이나 은으로 바꿈으로써 이 이론을 증명해 보이는 것이었다.

연금술은 물리적인 세계뿐만 아니라 정신적인 세계도 대상 영역으로 택했다. 두 세계의 접합은 가설을 끌어내는 데 있어 정신과 물질 영역 사이의 유추에 의존한 바가 컸다. 그들이 가졌던 중요한 믿음은 금으로 만들려고 하는 기초 금속의 "정제(purification)"는 인간의 정신적인 정제에 비유될 수 있다는 것이었다. 이러한 "자연-인간(macrocosm-microcosm)" 비유는 연금술적인 사고의 기초가 되었다.(Gentner & Jeziorski, 1987) 물질과 인간의 영혼을 비유한 예를 든다면 연금술의 최초 작업이 '죽은' 물질을 만들어야 한다는 것이다. '죽은' 물질은 그의 금속적 성질을 모두 잃고 있어야 한다. 즉 흑색이 되어야 한다. 연금술의 중간 작업은 백색화(은의 제조)이며, 마지막으로는 황색화(금의 제조)에 까지 이르러야 한다는 것이다.

또 이들은 두 종류의 금속을 융합하면 그 어느 쪽도 닮지 않은 색을 지닌 합금을 만들 수 있다는 사실을 알고 있었는데, 이들은 이것을 인간의 결혼에 비유하였다. 그들은 남녀가 결합하면 어느 쪽과도 같지 않은 아이가 태어나는 것처럼, 두 종류의 금속이 결합하면 새로운 금속이 생긴다고 생각하였다.(오진곤, 1993)

12, 13세기 중에는 금속은 일반적으로 두 종류의 구성 물질로 되어 있다고 생각되었다. 격렬하고 활동적이며 남성적인 수은과, 물과 같고 수

동적이며 여성적인 황이 그것이다. 그 후 16세기까지는 금속이 세 종류의 구성 물질로 되어 있다고 강하게 믿고 있었다. 예를 들면, 연금술사인 파라셀수스(Paracelsus, 1493- 1541)는 수은, 황, 소금 등을 세 구성 원소(tria prima)로 제안하였는데 이것이 중세 '삼원소설'이며, 수은은 액체와 휘발성의 본질, 황은 가연성과 변화의 본질, 그리고 소금은 인체를 보존하는 본질이라고 생각하였다.(Gentner & Jeziorski, 1987)

계란은 중세기 연금술에서 비유로 폭넓게 사용되었다. 계란은 우주의 무한함을 상징할 수 있고, 계란은 또한 구성 성분으로 나누어질 수도 있다. 예를 들면 계란의 껍질, 외투막(skin), 흰자 및 노른자는 변환에 포함되는 네 금속(구리, 주석, 납, 철)에 비유할 수 있다고 보았다. 계란은 가끔 철학자의 돌로 불리기도 했다. 연금술사들은 계란을 몇 가지의 서로 다른 비유물로 쓰고 있다. 금속 또한 연금술적인 비유에 있어 중요한 위치를 차지했다. 위에서 설명한 바와 같이, 금속은 물질의 원리를 나타내는 비유로 쓰이기도 했고, 인간의 구성 요소들을 나타내는 비유로 쓰이기도 했다. 더욱더 많은 비유들이 금속, 행성, 색깔들 사이에 존재했다. 그들의 대응 체계는 〈표 3-1〉에 주어져 있다.

〈표 3-1〉의 대응체계를 보면 연금술에서의 비유는 표면적인 유사성(surface similarity)을 중요하게 여긴 것으로 보인다. 예를 들면, 태양을 금에, 그리고 색깔은 노란색에 연결시키고 있고, 달은 은에 그리고 색깔은 흰색에 연결시키고 있다. 이렇게 연금술사들은 비유를 많이 사용했음을 보여준다. 그러나 그들이 만들어낸 대응관계는 현대 과학에서 사용하는 유비와 비슷하다고는 볼 수 없다. 이 시기의 비유는 논리적이거나 과학적이라고 보기는 어렵다. 과학의 발달이 거의 없었던 이 시기의 비유 수준을 보여준다. 그럼에도 중세에 계란이 비유에 많이 쓰였던 것과 케플러가 한

〈표 3-1〉 행성, 금속, 색깔들 사이의 연금술적인 대응 체계

(Cavendish, 1988)

행성	금속	색깔
태양	금	노랑
달	은	흰색
수성	수은	회색, 중간색(neutral)
금성	구리	초록
화성	철	빨강
목성	주석	파랑
토성	납	검정

때 행성 궤도를 계란형 궤도로 유비했던 것과는 관련이 있는지도 모른다.

다음과 같은 경우는 어떠한가?

발사체의 포물선 경로와 운동량의 법칙을 발견한 갈릴레오는 물리학 분야에서 역시 위대한 발견자였다. 새롭게 발명한 그의 망원경으로, 그는 목성의 위성들을 발견했다. 그는, 행성인 목성의 주위를 도는 위성들은 지구의 주위를 도는 달과 유사하고, 태양의 주위를 도는 행성들과도 유사하다는 것을 깨달았다. 이러한 발견들은 그 당시에 뜨거운 논쟁이 한창이던 코페르니쿠스의 태양 중심설을 확신시키는 중요한 증거로서 받아들여졌다.(Polya, 1954)

갈릴레오가 천체의 운동과 발사체의 운동 사이의 유비를 생각하지 않았다는 사실은 이상한 일이다. 발사체의 경로는 오목한 부분이 지구쪽으로 향하도록 회전하며, 달의 경로도 그러하다. 결국 이 유비는 뉴턴의 것이 되었다.

"…… 던져진 돌은 그 자신의 무게로 인하여 초기 발사 상태의 직선 경로를 벗어나려는 힘을 받는다. 그리고는 공기 중에서 곡선 경로를 그린다. …… 결국에는 땅으로 떨어진다; 발사 속도를 증가시킬수록 돌은 지구로 떨어지기 전에 더 멀리 앞으로 나아간다. 그러므로 우리는, 발사 속도가 점점 증가할수록 돌은 지구로 떨어지기 전에 1, 2, 5, 10, 1000 마일의 호를 그릴 것이며, 마침내, 발사 속도가 충분하고 그것의 방향을 변경시키지 않는다면, 지구의 한계를 벗어나서 우주로 나아갈 것이라는 것을 상상할 수 있을 것이다.[12]"

[그림 3-1]에서 보면, 돌의 경로가 계속적으로 변하면 달의 궤도를 넘어서게 된다. 그리고 돌과 달이 지구의 영향력 안에 있듯이, 목성의 위성은 목성의 영향력 안에 있고, 금성과 다른 행성들은 태양의 영향력 안에 있다. 이러한 유비에 대한 시각화 없이는, 지금까지 이루어진 발견 중에서 가장 위대한 과학적 발견으로 인정되는, 뉴턴의 중력의 법칙을 완전히 이해할 수 없다.

과학에서의 유비적 창의성은 과학의 발달에 따라 달라진다. 고대와 중세 과학에서는 표면적 유사성에 바탕을 둔 비유 또는 유비를 주로 사용했으나 갈릴레오 이후에는 관계적 유사성에 바탕을 둔 비유 또는 유비가 주로 쓰임을 발견할 수 있다. 물론 갈릴레오 시대나 그 이후에도 여전히 표면적 유사

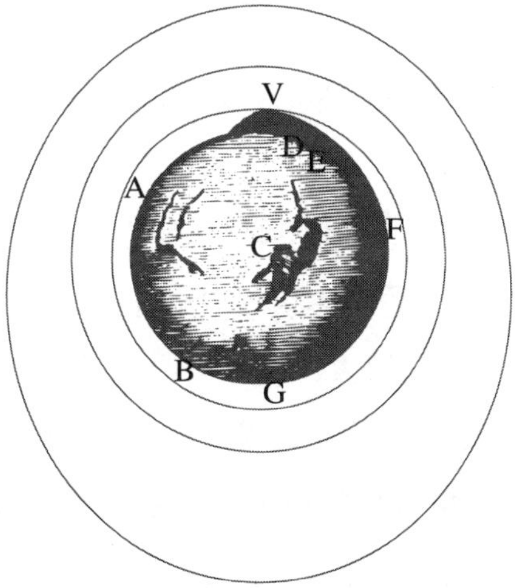

[그림 3-1] 돌멩이 궤적으로부터 달의 궤적으로
(Polya, 1954, p. 27)

12) Issac Newton 경의 Mathematical Principles of Natural Philosophy and his System of the World, Motte 에 의하여 번역되고, Cajori. Berkeley에 의하여 수정됨, 1946; p.551 참조.(Polya, 1954)

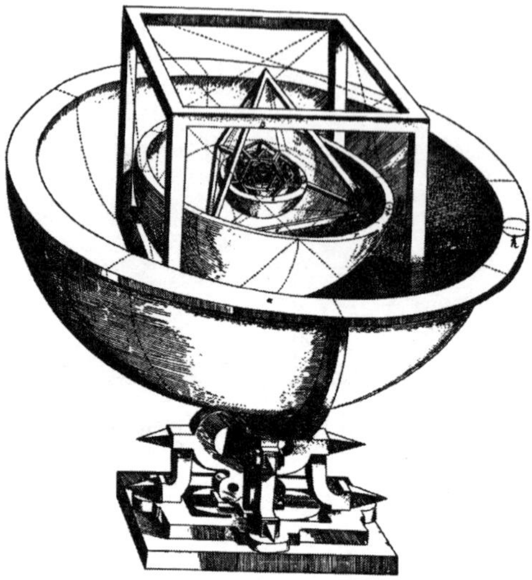

[그림 3-2] 태양계에 대한 케플러의 플라톤적 모형(http://ko.wikipedia.org)
Kepler's Platonic solid model of the solar system from Mysterium Cosmographicum(1596)

성에 근거한 유비가 있었다. 다음에 설명하는 케플러의 유비가 그것이다.

케플러의 첫 번째 주요 천문학 연구인 '우주구조의 신비(*Mysterium Cosmographicum*)'는 코페르니쿠스설을 옹호한 최초의 출판물이었다. 케플러는 다섯 개의 플라톤의 다면체들이[13] 구형의 천구에 각각 내접하거나 외접하는 것을 발견했다. 이 입체들은 각각 다른 입체의 안에 있는 구 안에 있으므로, 당시까지 알려져 있던 여섯 개의 행성들[14] 궤도에 상응되도록 5개의 정다면체를 형성하는데[15], 이 다면체들은 안에서 밖으로 순서대로 정

13) 플라톤의 다면체들은 특히 그의 철학에 중요한 역할을 한다. 플라톤은 이들 다면체들에 대해 티마이오스(Timaeus c.260 B.C.)에 기술하면서 각각을 고전적인 4원소에 대응시켰다(흙, 공기, 물, 그리고 불). 흙은 6면체와, 공기는 8면체와, 물은 20면체와, 불은 4면체와 대응시켰다.

14) 수성, 금성, 지구, 화성, 목성, 그리고 토성을 말한다.

15) 정다면체는 다섯 개지만 정다면체에 내접하는 구 5개와 맨 바깥쪽 정다면체에 외접하는 구를 합하면 6개의 구가 된다.

팔면체, 정이십면체, 정십이면체, 정사면체, 정육면체이다. 케플러가 이렇게 정다면체와 행성을 연결하여 유비 추론한 배경에는 정다면체의 종류도 유한하다는 사실이 작용한 것으로 보인다. 케플러는 행성이 여섯 개뿐인 까닭은 정다면체가 다섯 개뿐이기 때문이라고 결론지었다.

그러나 이것이 플라톤의 다면체로부터 표면적 유사성에 근거한 유비이지만 이 유비는 케플러로 하여금 조화의 법칙을 발견하게 한 중요한 생각으로 발전했다고 한다. 케플러의, "나는 내 해답을 조화로운 우주의 운행체계(archetype)로부터 가져왔다(abduction)"[16]라고 하는 표현에서도 그가 유비 추론 및 귀추적 사고를 통해 과학적 발견을 가져왔음을 알 수 있다.(Franklin, 2001, p.151)

과학에서 유비와 은유의 한계

과학에서 유비의 한계

능동적인 과학자들의 논문이나 설명에서 유비는 대체로 우연히 사용되는 것이 아니라 피할 수 없는 격차나 난점을 없애려고 노력할 때와 같이 꼭 필요하도록 사용된다. 무엇보다도 그 필요성은 과학적 합리성 속에서 세워진다. 대체로 논리가 실패하는 곳에서 유비(analogy)가 사용된다. 이 경우에 연결 다리는 강철이 아니라 가는 실이다. 그것은 가끔씩 끊어지긴 하지만 때때로 그것은 커다란 틈을 지날 수 있도록 연결해 준다. 어떤 경우에도 유비 외에 그렇게 할 수 있는 것은 없다.(Holton, 1984)

이렇게 과학에서 유비와 유비추론은 필수불가결하지만 그 창의적 역할

---

16) Kepler, Preface to *Epitome of Copernican Astronomy* 4, at 847

이 있는 반면 한계도 가진다.

첫째, 유비는 자칫 잘못된 신념으로 인해 과학의 발달을 더디게 할 수 있다. 한 가지 예로 '에테르' 가설을 들 수 있다. 파동이 매질을 필요로 한다는 것을 지나치게 믿다 보면 빛은 파동이기 때문에 매질이 있어야 한다고 생각했고, 그 설명을 위해 에테르 가설이 등장했다. 그리고 이 가설은 오랫동안 과학자들을 괴롭혔다.

둘째, 유비는 과학 그 자체가 아니기 때문에 정확성의 결여로 인해 자칫 잘못된 결론으로 이끌 가능성이 있다. 그러므로 유비의 사용에 있어서는 그 한계를 분명히 인식할 필요가 있다.

과학에서 은유의 한계

은유 또한 과학을 형성하는 데 있어서 본질적으로 창의적이고 건설적 역할을 한다는 것은 확실하다.

모든 은유는, 그것이 바람직하게 제공되기만 하면, 감각 특히 가장 예민한 시각에 호소하는 매력이 있다. 시각으로부터 이끌어내지는 은유들은 훨씬 생생하며, 우리가 구분하거나 볼 수 없는 마음의 눈앞에 놓여있는 듯하다.(Holton, 1984)

과학적 은유들을 분류해 보면, 시각화된 은유들과 의인법적인 은유들, 그리고 민속적인 은유들이 있다는 것을 발견할 것이다. 인간 생활, 생명주기 및 인간관계들은 때때로 약간은 위장된 형태로 복잡한 과학 논문들과 교과서에 가득 차 있다. 그리고 '생소한' 입자가 붕괴하여 스파크 챔버에서 사진이나 또는 다른 유사한 시각 형태로 입자들의 새로운 생성을 보여준다. 과학에서는 부모, 딸, 손주 딸 등등으로 구성되는 방사성 동위원소들의 가족들에 대해 말한다. 또한 끊임없이 진화와 퇴화에 대해, 그리고 원자, 분자, 우주선 등의 탄생과 소멸에 대해 이야기한다. 화학자들이 다루는 분자들은 다른 화학종들의 생활사를 도입하기 위해 변형된다, 심리학과 사회학 같은 새로운 과학들은 그들의 은유와 용어들을 더 오래되고 더 믿을만한 자연과학으로부터 매우 많이 빌려오는 경향이 있다. 그들은 가장 원천적이고 유사한 경험들로부터 우선적으로 해당 은유들과 용어들을 도출한 것이다.

과학자들이 은유적 사고를 감수해야 하는 이유는 과학의 빠른 신진대사와 관련이 있다. 그 신진대사는 지금은 다른 사고와 행동에 관한 영역에 비해 훨씬 빨라졌다. 과학적 용어와 상상은 결코 머물러 있지 않는다. 과학자들은 신조어를 요구하는, 참신함을 쏟아부어주는, 매우 활동적인 활화산의 가장자리에서 일하고 있는 것과 같다. 동시에 오래된 은유들은 없어지거나 잘못 해석되기 쉽게 된다. 예를 들면, '이온'은 처음 주어졌던 의미를 갖지 않는 것으로 판명되면서 그 자체의 어원을 잃어버렸다.[17] 우리는 이제 향기(flavour), 매력(charm)이라고 불리는 성질들과 '아름다움(charm)', '꼭대기(top)' 또는 '바닥(bottom)'이라고 하는 것들을 조합한 쿼크들을 과학 개념으로 정착시키려고 하고 있다. 일부 은유들은 성질에 대한 미묘함에 주의를 기울임이 없이 이상한 비트와 조각들로 함께 묶여 고정되기도 한다.

홀튼(Holton, 1984)은 금세기 시작 이후 물리과학에 도입되는 용어들이 예전부터의 주제들인 위계, 계속성 및 순서 등과는 대조적으로 격동하

17) 대부분의 과학용어들이 그렇듯이 보통 그 근원은 그리스어 아니면 라틴어이다. 따라서 언어학자들은 이온이라는 단어가 그리스어의 ienai에서 왔을 것이라고 추측한다. ienai의 현재 분사형은 ion이고, 그 뜻은 '가다/움직이다/걷다'는 뜻이다. 즉 전기분해를 할 때 전기를 띈 입자들이 전극에 끌려서 움직여 가는 것을 보고 지은 이름일 것이라고 추측한다.(http://hkpark.netholdings.co.kr)

는 시대의 특성적 스타일과 대응하면서, 변위 법칙, 분열, 핵붕괴(nuclear disintegration), 불연속성(에너지 준위에서), 어긋 나기(dislocation), 미 결정성(in-determinacy), 불확정성, 확률적 인과성, 기묘도(strangeness), 양자수, 음의 상태(negative states), 금지된 전이, 입자 소멸(particle annihilation) 등과 같이 새롭게 생겨나는 격변적인 세계의 용어들을 은유적으로 생성했다고 말한다.

과학자는 무엇보다도 은유를 잘못 유도하는 것을 피하고 의미 있는 은유를 만들어야 한다. 진부하거나 허술한 은유에 의해 주목을 받거나 이해를 얻으려는 시도를 통해 소위 과학이 대중화되는 것은 위험할 수도 있다. 그것은 은유의 한계를 설명하는 데 실패함으로써 과학적 소양에 관한 한 역효과를 나타낼 수도 있다.

교육자로서의 과학자(교수) 또는 초 · 중등학교 과학 교사는 기초 은유와 그것의 응용된 형태 사이의 괴리를 이해하지만, 초보 학생들은 이러한 괴리를 이해하지 못할 수 있다. 이러한 측면을 과학교육에서 고려해야 하는 것은 너무나 당연하다.

유비와 과학 창의성

유비는 어떠한 현상을 잘 이해하기 어려울 때 그리고 특별히 더 좋은 방법이 없을 때, 잘 알려진 사실을 이용하여 이를 설명하는 수단으로 쓰일 수 있으므로 많은 과학자들의 연구에서 거의 필수적인 것이었고 연구가 성공하기 위해서는 적절한 유비가 선택되어야만 한다. 때때로 적절한 유비에 의한 독창적인 발견이 될 수도 있다.(Miller, 1996)

유비의 발견적 효과에 흥미가 있었던 블랙(Black, 1993)은 “유비는 두 용어 사이에서 유사함을 창조한다.”고 주장했다. 유비에서는, 잘 알지 못하는 목표물 x와 잘 알고 있는 비유물 y사이의 관계를 설명하기 위해 유비를 사용하면 “(y)로써 x에 대응한다.”로 표시할 수 있기 때문이다. y에 괄호를 붙인 것은 y의 속성을 모아놓은 것을 (y)로 나타낸 것이다. (y)와 목표물 x사이의 관계는 보통 명백하지 않고 심지어 유사하지 않을 수도 있다. 하지만 분명한 것은 관련성과 독창성이 최대화 될 수 있다는 것이다.

Miller(1996)는 유비에 의한 과학 창의성을 인지과학적으로 예를 들어 설명하였다. 그것은 다음과 같다.

보어의 원자 이론은 유비에 의한 추리의 실례로써 광범위한 효과를 가져다주었다. 보어의 이론은 러더포드에 의해 1909년부터 1911년까지 축적된 경험적인 데이터에 대한 응답이라고 해도 과언이 아니다.

러더포드는 원자는 양전하를 띤 핵 주위를 전자가 어느 궤도를 따라 돌며 이것은 상당히 작은 코페르니쿠스적 태양계라고 제안했으나 그의 데이터로부터 러더포드의 결론이 고전적인 물리를 위반함을 알 수 있었다. 그 이유는 고전 물리학에 따르면, 대전 입자가 가속될 때는 빛을 방출한다는 것이고 그것은 에너지의 형식이다. 따라서 원자 내 전자가 궤도 운동을 하는 것은 계속적으로 빛을 방출해야 하고 결국 핵 쪽으로 나선형 운동을 해야 한다. 즉 모든 물질은 불안정해야만 한다. 보어(Bohr)는 유비에 해결책을 두었다. 비록 그의 해결책이 고전 역학을 위반했지만 원자 이론에 관한 그의 첫 번째 논문에서 보어는 그것의 기호들을 작은 태양계로서의 시각화로 허용하기를 강조했다. 다음은 보어의 논문에서 나타난 시각적인 유비이다(Miller, 1996): 원자는 마치 상당히 작은 태양계인 것처럼 행동한다. 유비의 도구는 잘 알려지지 않은 목표물(원자)을 탐구할 목적으로 비유물을 대응 또는 전이시켜 기호화 한다. 보어의 유비는 시각적인 유비이다, 목표물인 “실제” 원자의 미시구조를 연구하기 위해 만들어지는 비유물이 고전 물리학에서 근본적으로 변경되었기 때문에 두 대상물 사이의 관련성은 최대화된다.

1923년에 버려졌던 보어의 행성 원자를 다시 생각해 보는 것은 흥미로운 일이다. 이렇게 치환을 안내한 것은 유비였다. 원자는 마치 단조화 진동자의 모임인 것처럼 행동한다. 이 비유는 1925년 6월 현대 양자 역학의 하이젠버그(Heisenberg)의 수식화에 기여했다.(Miller, 1996)

과학자는 강한 유비와 약한 유비 사이의 차이를 구분할 수 있다. 약한 유비는 전형적으로 잠정적인 해답을 생성하기 위한 단순한 발견적 도구로 고려된다. 이 경우에 비유는 그 자체가 해답을 수용하기 위한 이유를 제공하지 못한다. 약한 유비로부터 오는 해답에 대한 수용은 그 유비와 얼마나 독립적인 생각을 하는가에 달려있다. 예를 들면, 과학자는 원자들의 내부 구조에 관한 문제를 풀기 위한 시도로서 태양계에 대한 보어의 유비 사용을 생각할 수 있다. 이 유비는 행성들이 태양 주위를 공전하듯이 같은 방법으로 전자들은 핵 주위를 돈다라는 가설을 이끌었다. 비록 이 가설이 더 깊은 탐구를 위한 관심을 생각하게 했지만, 그 최종 수용은 태양계에 대한 단순한 비교(simple reference)에 기초한다. 행성들이 태양 주위를 공전한다는 단순한 사실이 전자들이 핵 주위를 움직인다는 것을 믿기 위한 충분한 이유로 생각되지는 않았다.(Meheus, 2000)

약한 유비와 마찬가지로, 강한 유비들도 중요한 발견적 기능을 가진다. 이들은 과학자가 다루는 문제에 한 가지 해답을 제공한다. 그러나 이 경우에는 유비 그 자체가 그 해답을 수용하기 위한 이유도 제공한다. 강한 유비에 기초하여 얻어진 한 가지 해답은 단순히 비유물 영역에서 대응되는 사실에 관련지음으로써 정당화될 수도 있다. 색–바퀴를 고안하는 데 있어서 뉴턴이 온음계(diatonic scale)를 이용한 것은 멋진 예에 속한다. (Ribe, 1985, pp. 315–335) 온음계가 특별한 방식으로 배열된 7개의 온음과 반음을 포함하고 있다는 단순한 사실은 뉴턴에 의해 빛의 스펙트럼이 유사한 방식으로 배열된 7개의 색을 포함한다는 것을 믿는데 대한 충분한 이유로 생각되었다.(뉴턴의 색–바퀴에서는 서로 다른 색깔들의 비율은 온음계에서의 온음과 반음들의 배열에 상응한다. Ribe, 1985) 그는 그의 관찰 사실들을 이러한 관점에서 다시 고려해 보았다. 그는 그가 원래는 단지 5가지 서로 다른 색깔만을 관찰했다는 것을 인정했다. 그러나 더 자세히 관찰해 보니 7가지 색깔이라고 주장했다.

어떤 맥락에서, 유비가 약한가 강한가 하는 것은 그 상황에서의 확실성에 의존한다. 예를 들면, 만일 어떤 맥락에서 그것이 소리의 영역과 색깔의 영역이 유사한 법칙들에 의해 지배된다는 것이 반드시 사실인 것으로 간주된다면, 온음계와 스펙트럼 사이의 비유는 강한 것으로 간주될 수 있다.

창의적 비유 추론의 예: 원자 구조 이론으로서 비유

원자 구조에 관한 이론들은 비유적이다. 브라운이 지적하듯이, 과학자들이 쓰는 원자 모형의 비유들은 그런 비유적 이론들이 맞는지 입증하고자 하는 실험을 설계할 때 하나의 안내자가 되기도 했다. 즉, 과학 발달의 안내자 역할을 했다는 것이다.(Reeves, 2005)

톰슨의 원자모형과 비유

1897년에 전자를 발견한 톰슨에 의해 제시된 원자에 대한 건포도 푸딩 모형은 원자 모형에 전자를 추가하기 위해 1904년에 제안되었으며, 이때는 아직 원자핵이 발견되기 전이었다. 이 모형에서 원자는 양전하의 스프 속에 음전하를 띤 전자들[18)]이 양전하와 같은 전하량만큼 듬성듬성 박혀 있는 형태로 구성되어 있다. 이것은 마치 음전하를 띤 "건포도들"이 양전하를 띤 "푸딩" 속에 점점이 박혀 있는 모습이기 때문에 "건포도 푸딩 모형"이라고 말 한다. 전자들은 원자 전체에 위치하고 있는 것으로 생각되었다. 그러나 전자들은 무작위적으로 위치해 있는 것이 아니라 회전하는 고리에 위치하고 있다는 것이다. 톰슨 모형은 톰슨 자신이 그렇게 부른 것은 아니지만 영국의 디저트 음식인 건포도 푸딩에 비교되었으며 그 이름을 가지게 되었다. 그러므로 이 모형은 유비에 의해 형성된 모형이라기보다는 톰슨이 만든 모형을 비유적으로 설명하기 위해 붙여진 것으로 보아야 한다.

사실상 톰슨 자신은 건포도 푸딩 모형이라는 용어를 사용하지 않았으며 건포도가 박힌 푸딩으로부터 유비추론하여 자신의 모형을 만든 것도 아니다. 톰슨 원자 모형이 발표된 후 그 모형이 건포도 푸딩과 유사하다고 하여 다른 사람들에 의해 붙여진 것이다. 그러므로 이것은 발견적 비

[그림 3-3] 원자에 대한 건포도 푸딩(plum pudding) 모형의 표현.
톰슨의 수학적 모형에서는 이 "입자들(corpuscles)" (또는 현대의 전자들)은 무작위적으로 놓여 있지 않고, 회전하는 고리들(rotating rings) 속에 배열되어 있다.

18) 톰슨은 이때까지는 전자라는 용어를 사용하지 않고 이들을 "입자들(corpuscles)"이라고 불렀다.

유라기보다는 설명적 비유에 속한다고 볼 수 있다.

물론 이것은 성공적인 모형은 아니지만 이 모형을 거치면서 현대적인 원자 모형으로 발전해 왔다는 것을 간과해서는 안 된다. 비록 원자의 양전하 부분은 모호하고 잘못 정의되긴 했지만, 지금의 원자 이론에 있어서도 적어도 원자의 일부는 톰슨이 주장한 음전하의 입자들로 구성되어 있는 것으로 설명된다. 톰슨은 다음과 같은 관점을 가지고 있었다. "…… 원소들의 원자들은 음으로 대전된 입자들이, 고르게 양전하로 퍼져 있는 구 속에 갇혀 있는 형태로 구성되어 있다."(Thomson, 1904)

나가오까의 토성고리 원자모형

19세기말부터 과학자들은 원자의 구조와 원소의 주기율적 성질을 설명하기 위한 다양한 모형을 개발했다. 1903년 5월 도쿄 대학에서 열린 도쿄수학물리학회에서 나가오카 한타로(Nagaoka Hantaro)는 소위 토성고리 원자 모형(Saturnian Model)을 발표했다.19)(Hentschel, 2009)

이 모형은 중심에 강력하게 대전된 물질이 있고, 한 원 안에 같은 각 간격으로 배열된, 같은 질량을 가진 수많은 음전하를 띤 전자들을 가진 것이었다. 토성 고리의 안정성 설명(공전 궤도 중심에 매우 큰 질량을 지닌 토성이 자리하고 있어서 그 주변을 도는 고리가 안정하게 유지된다)과 유사하게 원자 내 전자 운동의 안정성을 설명하였다. 즉, 상대적으로 매우 큰 질량을 갖는 양전

---

19) 토성은 행성 중에서 가장 아름다운 고리를 가지고 있다. 이 고리는 1만개가 넘는 얇은 고리가 모여 보이는 것인데, 약 7만 km의 두께를 형성하고 있다. 또한 고리의 중간에는 안과 밖을 구분 짓는 검은 선인 카시니의 틈도 보인다. 토성은 태양계 행성 중에서 가장 빠른 자전을 하고 있기 때문에 가운데가 가장 볼록한 모양을 가지고 있다.

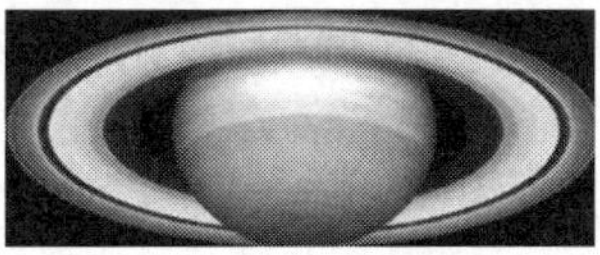

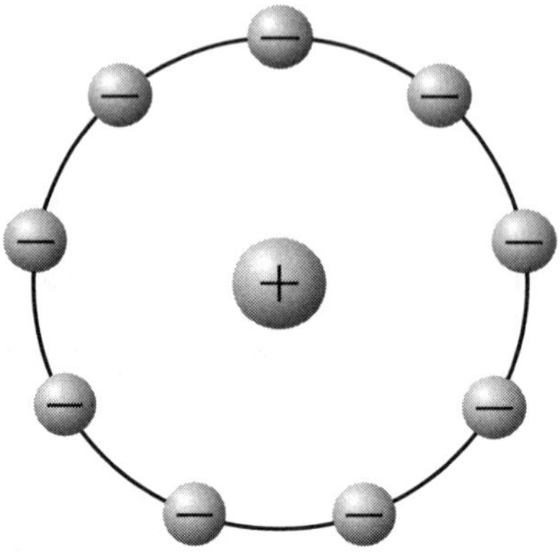

[그림 3-4] 나가오까 한타로의 토성고리 원자모형
(Hentschel, 2009, p.22)

[그림 3-5] 나가오까 한타로의 토성고리 모형 발견 기념 우표

하가 중심에 모여 있고 정전기력에 의해 그 주변을 도는 전자들의 구조를 제안하였다. 하지만 양전하가 중앙에 있고 그 주위를 전자들이 고리 모양으로 돌고 있는 이 토성 원자 모형은 역학적 불안정성 때문에 나오자마자 심한 비판에 부딪혀 나가오까 스스로 포기할 수밖에 없었지만 일본에서는 매우 성공적인 모형으로 인식되어 기념우표까지 발행될 정도였다. 이 모형이 성공적이지는 못했지만 러더포드는 1911년에 쓴 편지와 출판물에서 그것에 대해 호의적으로 언급한 적이 있으며, 이 또한 원자모형의 발전과정에서 원자를 토성과 그 고리에 유비적으로 추론하여 생각해 낸 아이디어에 속한다. 어떻게 보면 이 모형이 라더포드에게 한가지 창의적 아이디어를 제공했는지도 모른다.

러더포드와 보어의 원자 모형

1904년에 제안된 톰슨 모형은 1909년에 수행된 금박 실험과 1911년 러더포드에 의한 해석, 즉, 양전하가 원자의 중심에 있고 아주 작은 영역을 차지하는 핵을 이루어야 한다는 해석에 의해 오류인 것으로 증명되었다. 러더포드의 해석은 원자에 대한 러더포드 모형으로 발전하였다. 러더퍼드는 양전하의 대부분은 어느 한 곳에 밀집되어 있어야 하고 그것도 원자의 중심에 집중되어 있을 것으로 간주하였다. 중심에 밀집된 양전하를 추후에 원자핵으로 불렀으며, 그는 원자핵 주변으로 전자가 돌고 있고 원자는 대부분은 비어 있는 원자모형을 제시하였다. 나가오카의 토성모형과 비슷할 수 있으나, 차이점은 개별 전자가 개별적으로 핵주변에서 공전한다는 점에서 차별화 된다. 러더퍼드의 모형은 이후 보어에게 영감을 주어 고전물리학에 의한 원자모델의 결정판인 보어(Bohr) 원자모형에 이르게 된다.

러더퍼드 원자 모형은 나카오카 한타로의 토성 원자 모형을 다시 부활시킨 것으로 이 모형이 지니고 있던 가장 커다란 문제점인 역학적인 불안정성 문제를 피할 수 없었다.

보어는 1913년의 원자론에 관한 첫 번째 논문에서, 그의 기호들이 뉴턴 역학을 어기기는 하지만 원자를 작은 태양계로 시각화하는 방법을 제공한다고 강조했다. 보어는 다음과 같은 시각적 비유를 모든 추론의 바탕으로 삼았다. 그것은 '원자는 작은 태양계처럼 움직인다.'는 것이다.(Bohr, 1913)

20세기가 시작되었을 때 물리학자들은 일상 세계의 언어를·그 시각적 표상과 함께 원자의 세계로 확장할 수 있다고 생각했다. 무엇보다도 이제까지 이러한 방법으로 이론을 잘 만들 수 있었다. 새로 발견된 전자가 전하를 띤 당구공과 달라야 할 이유는 없었다. 또한 러더퍼드 원자의 시각화, 즉 당구공과 같은 전자가 핵 주위를 도는 원자는 매우 인상적이었다. 그러나 복사 불안정성이라는 성가신 문제는 그대로였다. 1913년 초에 보어는 이 문제를 1905년에 아인슈타인이 썼던 것과 비슷한 방법으로 해결했다. 아인슈타인은 문제의 설정이 잘못되었다고 주장했고, 문제를 풀 수 있는 것으로 재 정의했다. 톰슨은 안전성이 설명되어야 할 어떤 것으로 본 반면에, 보어는 이것을 주어진 것으로 받아들였다. 1913년에 발표한 보어의 원자론에서 안전성은 공리였다. 즉 그것은 주어진 것으로, 의문의 대상이 아니었다. 보어 이론은 과학자들이 반직관적인 공리로부터 어떻게 물리 이론을 만드는지 보여주는 좋은 예이다.

태양계 모델 원자의 안전성을 보장하기 위해, 보어는 기본 길이와 비슷한 것을 도입했다. 이런 방식으로 그는 궤도를 도는 전자가 핵 속으로 추락해서 원자가 붕괴하는 것을 막을 수 있었다. 그는 물리학에서 이미 중요한 역할을 하고 있는 자연 상수를 사용해서 이것을 달성했다. 플라크 상수는 매우 작은 값으로, 6.63×10^{-34}J · S이다. 이 값이 0이 아니라는 사실은 원자와 빛의 성질을 이해하려는 시도를 엉망으로 만들었다. 이것은 1900년에 플랑크가 발표한 뜨거운 물질 내부에서 방출되는 빛(공동복사 cavity radiation)의 특성에 관한 이론에서 핵심적인 역할을 했다. 대부분의 물리학자들이 플랑크의 이론을 부정했고, 플라크 자신도 마찬가지였다. 이것은 아인슈타인이 1906년에 발표한 물질의 열용량(비열)에 관한 연구에서 겨우 받아들여지기 시작했다.(Miller, 1996)

제 4 장 과학에서 유비와 귀추의 관계

로슨 등(Lawson, et al, 1989, p.24)은 유비와 귀추를 거의 같은 것으로 보고 있다. 다음의 글에서 그것을 알 수 있다. "다윈이 맬더스 인구론의 아이디어를 빌어와서 만든 인공 선택의 유비적 과정에 대한 예는 유비가 이론적 개념 형성에 중심적 역할을 함을 암시한다. 다윈으로 하여금 그의 데이터를 의미 있게 만들어준 "아이디어" 또는 패턴은 인공 선택의 과정 속에 내재하는 패턴과 유사하다. 한슨(Hanson)은 이렇게 오래된 아이디어에서 빌어 와 새로운 상황에 적용하는 과정을 '귀추(abduction)'라고 불렀다." 이 정의에 따르면 앞의 제2부에서 설명한 과학사적 유비 사례들은 모두 귀추의 하나로 볼 수 있다. 그러나 귀추는 이렇게 아이디어를 빌어 와서 새로운 아이디어를 만들어 내는 것도 있지만 배경 지식을 활용하여 아이디어를 만들어 내거나 가설을 생성하는 경우도 있다. 유비에 대해서는 앞에서 충분히 설명하였으므로 귀추에 대해 좀 더 설명하면 다음과 같다.

아리스토텔레스는 추론의 형태를 열거한 바 있는데, 그것은 연역, 귀납, 그리고 〈απαγωγη〉[20]라고 불리는 것이었다.(Anderson, 1987) 이중 세 번째 것은 환원(reduction)으로 번역되었으며, 퍼스는 이것을 다시 귀추(abduc-

---

20) Anderson(1987)에 의하면 이것은 아파고게(apagogue)라고 읽혀진다.

tion 또는 retroduction)로 불렀다.(Hanson, 1958) 아리스토텔레스, 퍼스의 설명은 귀추의 최초 견해에 도달했고, 대전제와 결론에서 소전제를 이끌어내는 추리 또는 방법의 한 유형이라고 주장했다. 이는 가설에 대한 그의 첫 번째 설명이었다.

퍼스(Peirce)는 귀납과 연역에 대해 40여 년간 연구한 끝에, 귀납이나 연역과는 구별되는 추론 유형이 존재한다는 것을 알아내었다. 그는 이것을 귀추(abduction)[21)]라고 하였다. 그에 의하면 연역은 어떤 것이 반드시 그렇다는 것을 증명한다. 반면에 귀납은 어떤 것이 실제로 작용하는 것을 보여준다. 그리고 귀추는 단순히 무언가가 그럴 수도 있다는 것을 제안한다.(Fischer, 2001) 즉, 귀추의 기능은 현상의 원인이 되는 설명적인 가설을 생성하는 것이다. 퍼스(Peirce, 1955)는 "가설은 사실들 또는 그 일부를 설명하지 못하면 받아들여질 수 없다."고 주장했으며, 한슨(Hanson, 1958)은 퍼스(Peirce)의 아이디어에 기초하여 귀추(abduction)란 관찰된 현상에 대한 설명을 창조하는 과정이며 논리적 사고의 하나라고 주장했다.

퍼스에 따르면,

만약에 '연역'이 다음과 같이 된다고 하자.

규칙–이 가방에서 나온 콩은 다 흰색이다.
사례–이 콩들은 이 가방에서 나왔다.
결과–이 콩들은 흰색이다.

그러면 이에 상응하는 '귀추'는 다음과 같다.

---

21) abduction은 가추로도 번역되어 사용되기도 하지만 본 글에서는 귀추로 번역하였다. 그것은 이미 사회과학이나 교육학에서 abduction을 가추로 번역하여 사용하고 있지만 한국과학교육학회의 앞선 각종 논문에서 이미 귀추로 번역하여 사용되었기 때문이다.

규칙–이 가방에서 나온 콩은 다 흰색이다.

결과–이 콩들은 흰색이다.

사례–이 콩들은 이 가방에서 나왔다.(cp2.623)(정용재, 송진웅, 2006)

로슨(Lawson, 1995)은 이것을 풀어서, 귀추(abduction)란 '이미 알고 있는 경험 상황과 미지의 현 상황의 유사성을 바탕으로 경험 상황의 설명자를 차용하여 현 상황을 설명하는 추론의 한 유형'이라고 했다.

이렇게 볼 때 귀추 또한 일상생활에서 또는 전문적인 영역에서 자연스럽게 사용하고 있는 추론의 하나이다. 의사들은 몇 군데의 진찰을 통해 우리 몸속에서 일어나는 병적인 현상들을 추론하여 진단하며, 경찰이나 검사들은 범죄 현장에서 얻어진 증거들을 토대로 어떤 범죄이며 누가 범인일 것인지를 추론한다. 이러한 사고 과정은 대부분 충분한 증거가 제시되지 않은 상태에서 병의 증세나 범인의 윤곽을 추론하는 형식으로 귀추적 사고(abductive reasoning) 과정에 속한다고 볼 수 있다.

귀추는 폴야(Polya, 1954)가 말하는 개연적 추론(plausible reasoning)의 범주에 속해 있다고 볼 수 있다. 폴야는 개연적 추론에 대해 다음과 같이 설명한다.

"우리가 어떤 확실한 추측 A를 가졌다고 하자. 말하자면 A는 증명되지 않았지만, 명백하게 공식화된 제안이라고 하자. 우리는 A가 참일 것이라고 기대한다. 그러나 실제적으로 A가 참인지 그렇지 않은지를 알지 못한다. 그럼에도 불구하고 우리는 여전히 추측 A에 대하여 어떤 믿음을 가지고 있다. 이 추측은 필요하지는 않지만, 명료한 근거를 가지고 있다. 많은 논의와 여러 문제에 대한 실패를 겪은 후에 아주 갑작스럽게 추측 A가 나타났다. 왜 그런지는 말할 수 없지만, 이 추측 A는 여러 가지가 뒤얽힌 상황으로부터 유일하게 탈출

이 가능한 확실한 모습으로 나타났을 것이다. 얼마 후에, 그러나 다음에 나열한 이유들로부터 좀 더 명확한 증거들이 우리에게 나타난 후에, 비록 A를 증명하지는 못했지만 A에 대하여 긍정적인 호감을 가져 보도록 하자: 귀납법으로부터의 이유, 관련된 경우들(related cases)로부터의 이유, 일반적인 경험으로부터의 이유, 또는 A 스스로가 가지는 본래의 단순함으로부터의 이유. 이러한 이유들은 엄밀한 증명을 제공하지 않지만 추측 A를, 참임을 증명하기 위한 개연적인 추론(귀추)이 매우 가능한 추측으로 만들 수 있다. 좀 더 뚜렷하게 공식화된 주장들이 없는 채 추측을 신뢰한다는 것은 우리에게 하나의 경고가 될 수도 있다. 우리는 이러한 내용들을 연속적으로 깨달았다. 불분명한 하나의 배경으로부터 추측을 분리해 내는데 성공했다는 것이 첫 번째로 분명한 점이었다. 그리고 그 불분명한 배경 속에는 첫 번째 성공의 뒤에 숨어 있는 더 많은 것들이 있었고, 그렇기 때문에 우리는 다른 명백한 논의들을 이끌어 내는데 성공할 수 있었다. 명백하게 밝혀진 각각의 관점의 뒤에는 더 많은 무엇인가가 숨어있는지도 모른다. 아마도 그 배경은 끝없이 무한할 것이다. 추측에 있어서의 우리의 신뢰는 아마도 명백하게 밝혀진 하나의 근거에만 의존하지는 않을 것이다; 이러한 신뢰는 어떻게 해서든지 우리가 가지는 배경의 전부를 추측에 대한 기초로서 요구할지도 모른다."

여기서 추측은 폴야가 말하는 개연적 배경으로부터 온다. 그러므로 폴야는 개연적 배경(plausible grounds)의 중요성, 특히 명백하게 밝혀진 개연적인 배경의 중요성에 대해 말한다. "관찰이 가능한 진실을 다루는 데 있어서 논증만으로는 어떤 진리에 결코 도달할 수 없으며, 언제나 어느 정도 추측의 개연성이 있는 배경에 의존하지 않으면 안 된다. 순수한 과학적 질문들을 다루면서 어떤 엄밀한 증명에 성공할지도 모르지만, 성공에 도달하는 것은 매우 어렵고, 성공을 잠정적으로 고려하는 것도 어렵다. 개연적인 배경은 우리에게 일시적인 지원을 줄 수 있으며, 그리고 마침내는 우리를 명확하게 증명이 가능한 발견으로 인도해 줄 수 있을 것이다." 이러한 추론은 폴야가 말하는 발견적 추측으로 연결될 수 있다. 문제 발견이든 가설 발견이든, 발견적 추론들(Heuristic reasonings)은 그들이 아무 것도 증명하지는 않지만 매우 중요하다.

귀추는 과학적 사고에서 크든 작든 보편적으로 일어난다. 뉴턴의 중력이론의 설득력은 행성들의 운동뿐만 아니라 조석의 발생을 설명하는 능력에 의해서 증진되었다. 자연 도태에 의한 종의 기원에서 다윈은 생물학적이고 화석적인 현재 증거를 설명하기 위한 최선의 가설로 자연 도태를 위한 확장적 주장을 상당히 제시했다.(Thargard, 1988) 로슨 등(Lawson, et al, 1989)은 케플러는 행성궤도를 설명하기 위해서 아폴로니우스(Appolonious)로부터 타원의 생각을 가져왔으며, 멘델(Mendel)은 유전을 설명하기 위해 대수학의 패턴을 모방하였음을 귀추의 예로 제시하였다. 또한 케쿨레(Kekulé)는 벤젠의 분자구조를 결정하는데, (꿈에서) 뱀들이 그들의 꼬리를 물고 있는 데서 생각을 빌렸고, 쿨롱은 원자 입자들 사이에 존재하는 전기력을 묘사하기 위해, 뉴턴의 중력의 개념을 빌려왔다는 것을 귀추의 예로 제시하고 있다. 이러한 예들은 유비적 귀추에 속하는 것들이다. 퍼스의 논리에 따른 귀추는 이러한 유비적 귀추를 포함하여 일반적인 과학적 가설을 형성하는 것까지 폭넓게 포함한다. 예를 들면, 태양의 흑점이 처음 발견되었을 때 이 흑점의 본성을 설명하기 위해 설정된 샤이너의 가설('흑점은 소행성의 하나이다.'라는 가설)과 갈릴레오의 가설('흑점은 태양을 이루는 물질의 일부이다.'라는 가설)도 귀추에 속하는 예들이다. 그러나 이 경우에 샤이너의 가설은 유비적 귀추에 속하지만 갈릴레오의 가설은 그의 배경 지식

(경험)을 바탕으로 설정된 것으로, 유비적 귀추에 속한다고 보기는 어렵다.(김영민, 2010)

한편 한슨(Hanson, 1958)은 귀추를 과학자들이 가설을 제안하는 방법이라고 주장하고, 그 형식을 다음과 같이 제시하였다.

1. 어떤 놀라운 현상(surprising phenomena) p가 관찰된다.
2. 만일 H가 참이라면, p는 당연한 것으로(as a matter of course)설명될 수 있다.
3. 따라서 H가 참이라고 생각할 [좋은] 이유가 있다.

위에서, 알 수 있는 바와 같이, 귀추는 과학자들이 '놀라운' 현상을 지각하는 것으로부터 시작된다. 현상이 놀랍다는 것은 관찰자에 의해 이미 어떤 종류의 판단이 자신이 해결해야 할 문제, 말하자면 변칙 현상(anomaly)으로 인식하는 것이며, 새로운 규칙을 생성함으로써 문제의 해결을 시도한다. '어떤 전제들로부터 이러한 변칙 현상이 초래되는 것처럼 보일 수 있는가?'라는 것이 과학자들의 귀추적 사고를 이끌어 가는 질문이 된다는 것이다. 위에서 제시한 귀추과정을, 퍼스가 귀추의 전형이라고 예시하였던, 케플러가 타원 궤도의 법칙에 이르는 과정에 적용해 보자면 다음과 같다.

1. 관찰된 화성(Mars)의 위치들에 따르면 화성의 공전 궤도는 원과 달걀형의 중간이다.
2. 만일 화성의 궤도가 타원이라면, 당연히 화성의 위치들은 원과 달걀형의 중간에 위치할 것이다.
3. 따라서 화성의 궤도가 타원이라고 생각할 좋은 이유가 있다.

한슨은 케플러가 화성의 궤도가 타원이라는 가설로부터 시작하여 관측을 통해 확인될 수 있는 사실들을 연역해 낸 것이 아니라고 지적한다. 오히려 케플러는 행성에 대한 관측 자료로부터 거슬러 올라가서 타원 궤도의 가설에 이르게 된 것이다. 한슨에 따르면, 과학적 법칙이 자료들의 단순한 요약이라는 귀납적 관점은 잘못된 것이다. 과학적 법칙은 자료들에 의한 설명으로서, 통계적 종합에 지나지 않는 단순한 귀납적 추론에서는 설명적 가설이 등장 할 수 없고 그것은 귀추적 추론을 통해서 가능하다는 것이다.

그런데 이상과 같은 귀추법에 관한 한슨의 초기 주장은 과학철학자들에 의해 비판을 받기도 하였다.(Nickles, 1980) 그러한 비판들 중에는 하나의 가설을 처음 제안하는 이유와 그 가설을 최종적으로 받아들이는 이유가 다르지 않다는 지적이 포함되어 있다. 즉, 발견의 맥락에서 귀추적 추론을 통해 최초로 상정된 가설은 그것의 출발점이 되었던 현상에 대한 설명력을 근거로 다음 단계의 과학적 탐구의 대상이 되는데, 어떤 가설의 설명력은 정당화의 맥락에서 그 가설을 과학적인 법칙으로 승인하는 데에도 마찬가지로 좋은 이유(good reason)가 될 수 있다는 것이다. 이러한 비판을 수용한 한슨은 수정된 형식의 귀추적 방법을 과학자들이 중력 법칙을 탐구하게 되었던 과학사적 사례와 함께 다음과 같이 제안하였다. (오필석, 김찬종, 2005)

1. 어떤 놀라운(surprising), 깜짝 놀랄만한(astonishing) 현상들 P_1, P_2, P_3 ……가 관찰된다.
2. 그런데, P_1, P_2, P_3 ……는, H 유형의 (of H's type)가설이 채택된다면, 놀라운 것이 되지 않을 것이다. 즉 그것들은 H와 같은 어떤 가설로부터 당연한 일이 되고 H와 같은 어떤 가설에 의해 설명된다.

3. 따라서 H 유형의 가설을 더욱 탐구할(elaborating) 좋은 이유가 있다. 즉, H 유형의 가설은 P_1, P_2, P_3 ……을 설명할 수 있는 가설로서 제안될 좋은 이유가 있다.

예를 들면 다음과 같다.

1. 모든 행성들의 궤도가 타원이라는 깜짝 놀랄만한 발견이 케플러에 의해 이루어졌다.
2. 그런데 제곱에 반비례하는 형태의 다른 법칙들과 더불어 중력의 법칙이 채택된다면, 이와 같은 궤도는 놀라운 것이 되지 않을 것이다. 즉, 케플러의 제1법칙은 당연한 것이 될 것이다. 그러한 종류의 가설은 더구나 행성들이 불균일한 속도로 운행하는 궤도가 왜 타원인지를 설명할 수 있다.
3. 따라서 이러한 유형의 가설들에 대해 더욱 탐구할 좋은 이유가 있다.

이렇게 수정된 형식의 귀추법은 과학자들이 놀라운 현상을 설명하기 위하여 하나의 규칙만을 염두에 두기보다 비슷한 유형의 여러 가지 규칙들을 함께 생각할 수 있음을 보여 준다. 때때로 귀추는 의사들 또는 기계기술자들 또는 과학자 또는 형사들이 가설을 형성할 때와 같이 가장 좋은 설명을 발견하기 위해 그들을 평가하기도 한다.

생크와 커닝햄(Shank & Cunningham, 2010)은 퍼스의 귀추를 6가지 유형으로 분류하였다. 첫 번째 귀추 유형은 '가능한 닮음의 가능성'(possibility of a possible resemblance)을 다룬다. 이 추론 유형을 특징짓는 더 구체적인 방법은 이것을 우리의 초기 관찰이 가능한 증거를 위한 징조(omen)의 역할을 할 수 있는 가능성을 결정하기 위한 추론으로 서술하는 것이다. 징조(omen)는 미래의 탐구와 관찰에서 그 해결책이 보이는 표시(a sign)이다. 그

징조의 추론에 가능성이 더욱 내포되어지는 것을 예감이라고 부른다. 예를 들어, 고고학자는 어떤 공예품을 찾으려고 오래된 개울 바닥을 살펴볼 것이다. 이러한 추론방식은 전통적으로 단지 주관적인 행동이다. 하지만 이것은 귀추이며 체계적으로 다른 귀추와 연관성을 가진다.

두 번째 귀추 유형은 '가능한 닮음'(possible resemblances)을 다룬다. 이 추론 유형을 특징짓는 더 구체적인 방법은 이것을 우리의 관찰결과가 더 일반적인 현상의 존재에 대한 증상(symptoms)을 나타내는지 결정하기 위한 추론으로 서술하는 것이다. 증상(Symptom)은 현재 계속되는 행동을 나타내는 표시이다. 예를 들어, 고고학자가 매끄러운 돌을 찾는다고 하면, 당장은 그 매끄러움이 자연적인지 가공적인지 확실하지 않기 때문에 그는 추론해야 한다.

세 번째 귀추 유형은 은유 또는 비유에 관련되는 것으로서, 가능한 규칙을 발견하거나 창조하기 위해 '닮음을 조작하는 것'(manipulation of resemblance)을 다룬다. 이 추론 유형을 특징짓는 더 구체적인 방법은 이것을 새로운 잠재적인 규칙성을 창조하기 위해 비유와 은유를 사용하는 추론의 형식으로 서술하는 것이다. 예를 들어, 고고학자가 수집한 공예품이 고대 종족들의 이동을 설명하기 위한 현재 이론들에 대해 만족하지 않는다고 가정하자. 그러면 그는 새로운 개념적 기준틀(a new conceptual frame of reference)을 생성할 필요가 있다. 대부분의 일반적인 개념적 틀은 은유적이다.(cf, Lakoff & Johnson, 1980) 새로운 추론의 틀을 설명하기 위해서 새로운 핵심적인 은유가 필요하다. 그러기 위해, 고고학자는 Shank(1987)가 병치방법(Method of Juxtaposition)이라 불렀던 원리를 사용해 의도적으로 은유적인 근본(metaphorical base)을 바꿔야 한다. 그가 종족 이동을 독서 행동과 유사하다고 보기로 결정한다고 하자. 무엇이 이 새로운 은유적 병치 영역에 대해 조사영역이 되겠는가? 병치가 분명함을 줄 필요는 없다. 그러나 임의적인 병치라도 새로운 통찰력과 이해력의 영역을 이끌 만큼 유용하다.

네 번째 귀추 유형은 '가능한 증거'(possible evidence)를 다룬다. 이 추론 유형을 특징짓는 더 구체적인 방법은 이것을 우리 관찰결과들이 좀 더 일반적인 현상의 단서인지를 결정하기 위한 추론으로 서술하는 것이다. 단서는 사건의 과거 상태에 대해 알려주는 지표이다. 그러므로 단서를 중심으로 하는 어떤 추론행위는 사건의 과거 상태나 분위기를 파악하기(detect) 위한 행위이다. 예를 들어, 고고학자는 매끄러운 돌 옆에서 많은 도자기 조각을 발견했다고 하자. 이 둘에 어느 연관성이 있을까? 아니면, 그저 우연일까? 그에 대한 판단을 내릴 때, 물리적인 연관성을 얻기 위해 도자기 조각과 매끄러운 돌을 관찰한다. 만약 그가 돌에서 도자기 조각을 발견한다면 돌이 도자기를 깨트리는데 사용되었다는 단서를 얻게 된다.

다섯 번째 귀추 유형은 사용 가능한 증거를 기초로 하여, 가능한 규칙을 형성하는 것을 포함한다. 이 추론 유형을 특징짓는 더 구체적인 방법은 이것을 관찰 증거들 중에서 가능한 진단적 판단을 발견하기 위한 추론으로 서술하는 것이다. 이것은 단서들로부터 그럴듯한 시나리오를 창조함에 의해서 탐지 과정을 종료하는 추론 행동이다. 예를 들어 고고학자가 부서진 도자기 조각이 얕은 구덩이에 있고 구덩이 모서리에서 다른 매끄러운 돌들을 발견했다고 하자. 그러면 그는 개별의 관찰들을 잠재적인 시나리오로 조합할 것이다. 시나리오에서 이러한 단서는 몇 가지 특징적인 경향을 나타낸다.

여섯 번째 귀추 유형은 '가능한 형식적인 규칙'(a possible formal rule)을 다룬다. 이 추론 유형을 특징짓는 더 구체적인 방법은 이것을 일반적인 타당한 설명을 형식화하기 위한 추론으로 서술할 수 있다. 예를 들어 고고학자가 골동품의 퍼즐맞추기 수집 결과를 설명하려 한다고 하자. 그는 매끄러운 돌에 달라붙은 달궈진 막대기를 절대 본 적이 없을 것이다. 이러한 도구는 불에 달궈지면 강도가 약해진다. 만약 그가 설명 방법을 바꾼다면, 그는 더 잘 이해할 수 있다. 골동품이 도구로서가 아니라 종교적인 중요성을 가진다? 그러면 불에 달궈진 막대기는 어떤 의식적인 부분을 설명할 수 있을 것이다. 이 설명은 다른 설명을 간단하게 만들 수는 있다. 그리고 다른 자료를 설명하는 경향성을 만들 수 있다. 이러한 설명은 분리된 증거조각들을 합체시킨다. 그리고 의미 있는 통찰을 기초로 추가적인 이점을 지닌 하나의 일관성 있는 설명으로 대안적인 시나리오를 만든다. 즉, 좋은 가설은 단지 명백함을 설명하는 것이 아니다. 그것은 연관성이 결여된 모호함으로, 핵폭발처럼 보이는 어둠 속으로 우리를 이끌 수도 있다.

이상에서 보는 바와 같이 유비와 귀추는 한편으로 일부 유사성을 가지는 측면도 있지만 그 속성과 역할은 서로 다르다.

제 2 부

과학교육에서 비유와 창의성

과학교육에서는 추상적인 과학 개념을 좀 더 쉽게 설명하기 위해 비유가 많이 사용된다. 최근에 개발된 중학교 3학년 한 개 교과서만 보더라도 인체에서 신경계의 정보처리 과정을 컴퓨터의 정보처리과정에 비유하여 설명한다든지, 물질이 용해되는 현상을 '유유상종' 이라는 고사성어에 비유하여 설명한 것이라든지, 전압을 물의 높이 차에 의한 수압에 비유하여 설명한 것 등 여러 가지를 찾을 수 있다.

이와 같이 과학교육에서는 추상적인 과학 개념을 좀 더 쉽게 설명하기 위해 비유가 많이 사용된다. 제 2부에서는 과학교육에서 사용되는 비유의 속성과 역할, 비유 사용 방법 등에 대해 설명하고자 한다.

제5장 과학교육에서 비유의 속성과 역할

제1부에서는 과학에서의 비유 또는 유비의 속성과 역할을 논의하였다. 여기에서는 과학교육에서는 비유가 어떤 의미를 갖는지, 그리고 그 역할과 속성은 무엇인지에 대해 논의해 보자.

과학교육에서 비유의 의미

과학교육에서 흔히 사용되는 비유의 한 예로 '전기회로'를 설명하기 위한 '물 회로' 비유를 들 수 있다. 이 경우에 관련된 두 영역은 물 회로와 전기회로가 되며, 전기회로의 물회로 비유라고 불리는 것은 구조에 있어 두 영역들 사이에 어떤 유사성이 존재한다는 것이다. 사실상 두 영역들 사이에는 유사성도 있지만 비유사성도 있다. [그림 5-1]에 나타낸 두 영역들 사이의 비유 관계는 모형 R_m에서 수학적 용어로 표현된 어떤 법칙이다. 따라서 R_1과 R_2에서 표현된 영역들은 이러한 일반적 관계에 대해 유사하다.

서론에서 나타낸 [그림 1]의 비유의 정의를 가지고 설명해 보자. [그림 5-1]과 같이 목표물인 전기 회로를 비유물인 물회로를 가지고 설명하려고 할 때, 설명하려고 하는 개념 모형은 "회로를 흐르는 전류의 세기는 일

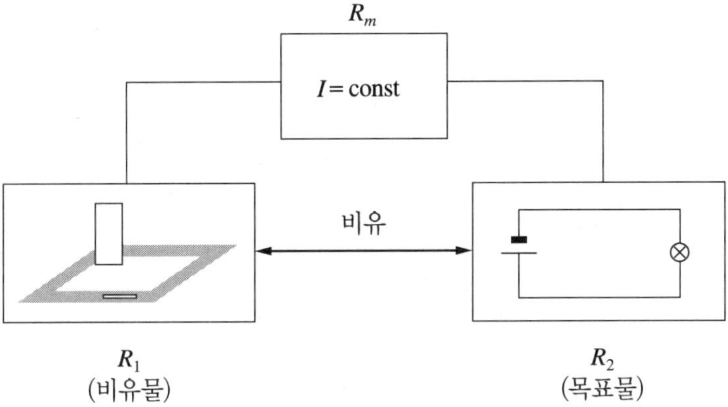

[그림 5-1] 전기 회로를 물 회로에 비유

정하다(I = const.)"이며, 목표물 중의 전지를 비유물 중에서는 펌프로, 목표물 중의 전구를 비유물 중에서는 가는 관으로, 목표물 중의 도선을 비유물 중에서는 파이프로 대응시켜 "물의 흐름이 일정하다"는 것을 "전류의 세기가 일정하다"로 비유적으로 설명하는 것이다.

이 경우에 모형들 사이에 생각할 수 있는 비유 관계들은 더 있을 수도 있다. "전류의 세기는 저항에 반비례한다."를 설명하기 위한 비유 관계를 만들 수도 있고, "전류의 세기는 전압에 비례한다."를 설명하기 위한 비유 관계를 만들 수도 있다.

비유물과 목표물의 관계에 대한 예를 한 가지 더 들어보자. 과학자 존 허셸(Herschel)은 매질이 다른 곳에서의 빛의 굴절을 다음과 같이 비유적으로 설명하였다.(후지가와 겐지, 1978)

"직선으로 경계선이 그어진 두 지대를 통과하는 병사의 대열을 생각해 보자. 대열이 지나는 곳에는 두 지대가 있는 데 매끈하고 판판해서 행진하기 쉬운 곳이 있고, 울퉁불퉁해서 행진하기 어려운 곳이 있다. 지금 대열의 앞줄이

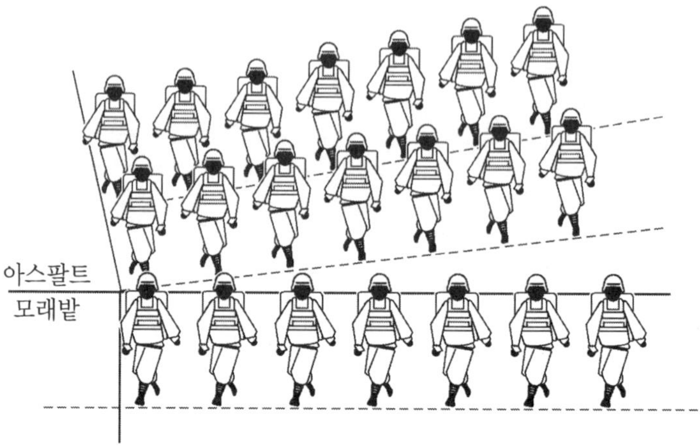

[그림 5-2] 병사들의 행진

두 지대 사이의 경계선과 어떤 각도를 이루고 있다고 가정하자. 그래서 앞 줄 병사들은 그 경계에 전원이 동시가 아니라 차례차례로 도달하게 된다. 그때 경계를 넘어섬으로써 그때까지 행진하던 속력으로는 행진할 수 없는 지면에 들어서게 된다. 병사는 아직도 매끈한 지면에 있는 앞 줄의 나머지 병사들과는 일직선을 유지하면서 행진할 수 없으며, 매초 줄에서 더욱 처질 것이다. 각 병사는 차례차례로 경계에 도달함으로써 똑같은 템포로 행진할 수 없다는 것을 알게 될 것이다. 만약 병사들이 대열을 흐트리지 않고 바른 세로줄을 짜서 행진해야 한다면 경계를 넘어선 모든 세로줄 부분은 불가피하게 뒤에서 따라오는 병사들보다 속도가 둔해지고, 따라서 경계를 넘어서는 점에서 후속 세로줄과 둔각을 이루게 된다.

그리고 이웃한 병사 앞을 막지 않고 보조를 맞춰서 나가야 하므로, 각 병사는 자기 앞을 똑바로, 즉 새로 생긴 가로줄에 직각으로 전진해야 한다. 따라서 병사가 경계를 통과해 가는 경로는, 첫째, 새로운 가로줄에 직각이 되고, 둘째, 새로운 보행 속도와 이전의 속도와의 비가 같다는 관계를 유지하면서 경계선을 통과한다."

이 경우에 비유물과 목표 영역 양쪽에 관계되는 개념 모형 R_m은 "경계면에서 굴절이 일어난다."이다.

과학교육에서 비유의 유형

서론에서는 비유를 실체적 비유와 형식적 비유로 구분한 네겔(Nagel, 1979)의 분류를 제시한 바 있다. 이러한 비유가 초등학교와 중 · 고등학교 교육에서 활용되게 되면 그 형식이 좀 더 다양해진다.

듀잇(Duit, 1991)은 비유 유형을 글/말 비유(verbal analogy), 그림 비유(pictorial analogy), 역할놀이 비유(personal analogy)로 구분하였다. 글/말 비유는 문자로 나타내지거나 말로 표현된 비유를 말한다. 이런 형태의 비유는 가끔 문장 속에 짤막하게 삽입되어 나타내지고, 학생들은 비유물의 표현으로부터 목표물에 대한 유사점이나 결론을 얻는다. 그림 비유는 비유물의 특성을 그림으로 그려서 비교한다. 이 방법은 비유물에 대한 학생들의 친숙도가 크지 않아서 시각화가 크지 않을 가능성이 있는 비유물에 대해 시각화를 높이는데 효과적이다. 대부분의 그림 비유는 약간의 글로 된 설명을 필요로 하기 때문에 '그림–글/말 비유'라고 하기도 한다. 역할놀이 비유는 추상적인 과학개념을 이해하기 위해 학생들이 실제적으로 그 목적물이 되어 보는 것이다. 예를 들면, 도선 속을 움직이는 전자나 전기 분해 때 용액 속에 있는 전자들의 움직임처럼 학생들이 교실의 어떤 곳으로 움직이게 하는 것이다.

〈표 5-1〉 틸과 트레거스트(Thiele & Treagust, 1995)의 비유 분류 기준틀

구분	비유 유형	설명
비유물과 목표물간의 공유된 속성	구조적 비유	외양이나 구조가 유사
	기능적 비유	기능이나 행동적 성질이 유사
	구조/기능적 비유	두 속성을 공유
표현방식(format)	글 또는 말(verbal)	글 또는 말로만 제시
	그림(pictional)	그림과 함께 글 제시
비유물과 목표물의 추상도	구체적/구체적	둘 다 구체적 수준
	추상적/추상적	둘 다 추상적 수준
	구체적/추상적	비유물은 구체적 수준이고, 목표물은 추상적 수준
대응정도	단순 비유	목표물과 비유물은 비슷하다고 언급
	부연 비유	부연 설명이나 언급이 약간 나타남
	확장 비유	여러 가지 속성을 가진 다양한 비유물을 사용

틸과 트레거스트(Thiele & Treagust, 1995)는 지금까지의 비유 분류와는 다르게 좀 더 세분화시켜서 비유의 유형을 분류하였다〈표 5-1〉. 이들은 비유 구분의 관점을 넓혀서 단순히 표현 방식에 따라서만 분류하지 않고, 비유물과 목표물에 대한 설명을 어느 정도 덧붙였는가에 따라 단순비유(simple analogy), 부연비유(enriched analogy), 확장비유(extended analogy)로 구분하기도 하였고, 비유물에 대한 설명을 제시했는가 하지 않았는가에 따라 비유물 설명 제시와 비유물 설명 미 제시로 분류하였으며, 비유의 한계를 언급했는지의 여부로도 분류하였다.

노태희 등(1997a)은 틸과 트레거스트(Thiele & Treagust, 1995)의 비유 유형 분류 항목에 두 가지 영역을 추가하였는데, 그것은 상황의 작위성 여부에 따른 분류로 주변 세계에서 흔히 볼 수 있는 사물이나 상황을 그대로 사용하여 과학적 개념을 설명하는 일상적 비유와 주변 세계에서 흔히 볼 수

〈표 5-2〉 권혁순 등(2003)의 분류틀

구분	비유 유형	특징
비유물과 목표물간의 공유된 속성	구조적 비유	외양이나 구조가 유사
	기능적 비유	기능이나 행동적 성질이 유사
	구조/기능적 비유	두 속성을 공유
표현방식	글 비유	글만으로 설명
	그림 비유	그림만으로 설명
	글/그림 비유	글과 그림을 함께 사용
비유물과 목표물의 추상도	구체적/구체적	둘 다 구체적 수준
	추상적/추상적	둘 다 추상적 수준
	구체적/추상적	비유물은 구체적 수준이고, 목표물은 추상적 수준
대응 정도	단순 비유	목표물과 비유물은 비슷하다고 언급
	부연 비유	부연 설명이나 언급이 약간 나타남
	확장 비유	여러 가지 속성을 가진 다양한 비유물을 사용
상황의 작위성	일상적 비유	주변의 일상적 사물이나 상황을 이용
	작위적 비유	비유물을 목표물에 맞게 의도적으로 구성
체계성	고체계	인과 관계 대응 구조 포함
	저체계	인과 관계 대응 구조 포함되지 않음

있는 사물이나 상황을 이용하지만, 사물이나 상황을 목표물에 맞게 의도적으로 구성한 작위적 비유로 분류하였으며, 비유 언급 여부에 따른 분류로는 본문 중에서 비유라는 용어를 언급하는 경우와 비유라는 용어를 언급하지 않는 경우가 그것이다. 권혁순, 최은규, 노태희(2003)는 〈표 5-1〉의 분류틀에서 비유 한계 언급 여부를 삭제하고, 비유물과 목표물의 공유 속성, 추상도, 체계성의 준거를 더 추가하여 그 틀을 〈표 5-2〉와 같이 제시하였다.

그런가 하면 김영민과 류경란(Kim & Ryu, 2001)은 애니메이션 형식이 현대에 들어 보편적으로 이용되게 된데 착안하여 애니메이션 비유라는 것을 설정하고 이것을 위의 분류 중 표현 방식에 따른 비유 분류에 포함시켰다.

과학 학습에서 비유의 역할

과학 교수 학습에서의 비유는 주로 설명적으로 사용되지만 때로는 발견을 위한 도구로 사용되기도 한다. 좀 더 구체적으로 과학 교수 학습에서의 비유의 역할을 살펴보자.

첫째, 비유는 친숙한 것을 이용하여 친숙하지 않은 것을 이해하도록 도와준다.

비유의 역할 중의 하나는 친숙한 것을 이용하여 친숙하지 않은 것을 이해할 수 있다는 것이다. 물을 퍼 올릴 때 쓰는 펌프는 우리 생활에 흔히 볼 수 있는 친숙한 것이다. 그리고 그 역할에 대해 대부분 익숙하게 알고 있다. 그러나 건전지는 흔히 볼 수 있는 물건이기는 하지만 그 역할을 이해하기는 힘들다. 그 역할이 눈에 보이지 않기 때문이다. 이러한 경우에 전지의 역할을 펌프가 물을 퍼 올리는 일에 비유한다면 전지가 회로에서 하는 역할을 이해하는 데 도움을 줄 수 있을 것이다. 그러므로 적절한 비유만 개발한다면 이들에게 새로운 과학 개념을 이해시키는데 도움을 줄 수 있다. 전기 회로 개념을 설명하기 위해 물 회로 모형을 비유로 사용하는 것이 그 예이다.

비유는 사람들로 하여금 복잡하고 애매모호한 주제를 단순하고 친숙한 용어로 사고할 수 있게 한다. 그 결과, 원래 낯설거나 복잡했던 주제는 상대적으로 친숙해지거나 상대적으로 단순해진다.

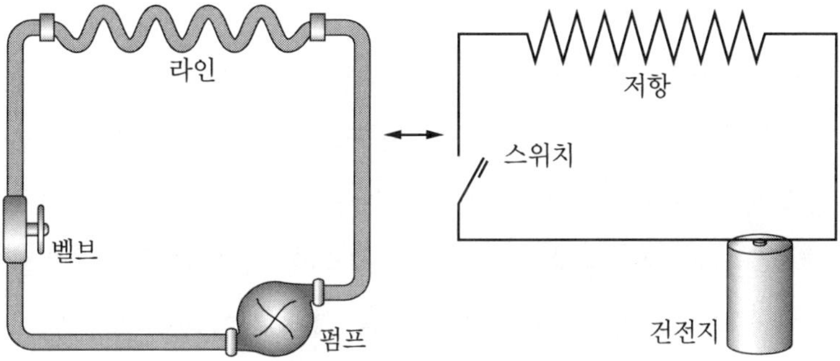

[그림 5-3] 전지를 펌프에 비유

둘째, 비유는 새로운 개념 구조의 생성을 돕는다.

비유는 새로운 개념 구조의 생성에 도움을 준다. 새로운 개념은 비유에 의해 비유물 영역으로부터 목표물 영역으로 구조를 전이시킴으로써 생성될 수 있다. 학생들에게 있어서는 그들이 학교에서 배우는 과학 개념들은 거의 모두 생소한 것들이기 때문에 과학자 사회에 새롭게 소개되는 새로운 이론이나 마찬가지일 것이다.

학습 과정에서 비유가 중요한 것은 비유의 '놀라움'이나 '변칙'의 측면이다. 우리가 처음으로 참신한 비유를 읽을 때, 우리는 자신의 예전에 조직된 의미의 패턴들을 다시 조직하게 된다. 비유는 새로운 시각들을 열리게 할 것이며 심지어 친숙한 것을 전반적으로 새로운 방식으로 보는 것에 도움을 줄 것이다. 개념적 변화 학습에서 비유들을 잠재적으로 가치 있는 도구로 만드는 것은 비유의 바로 이러한 '생성력(generative power)'이다. 즉, 비유는 이미 알려진 것과 친숙한 것을 새로운 방식으로 구조화하는 것을 용이하게 한다.

변칙과 인지적 갈등의 사용은 교육심리학에서 광범위하게 논의되어 왔다. 개념 변화를 위한 조건 중의 가장 중요한 것은 인지적 갈등의 인식이라고 할 수 있다. 비유는 변칙을 제공하는 한 가지 가능성이고 따라서 인지적 갈등을 자극한다. 이처럼 개념 변화에 있어서 중요한 역할을 하는 인지적 갈등을, 비유를 유용하게 사용함으로써 자극할 수 있기 때문에 비유는 학습에 있어 매우 중요한 역할을 할 수 있다.

고등학교나 대학의 물리 교육에서는 형식적 비유 관계를 이용하여, 물리 개념이나 수식을 상호 비교하면서 비유적으로 이해시킬 수 있다. 예를 들면, 전기장 이론들은 일반적으로 낯설고, 모호하고 시각화하기가 어렵기 때문에, 〈표 5-3〉와 같이 익숙한 중력 현상들에서 학습한 개념들을

〈표 5-3〉 중력장 비유를 통한 전기장 개념 학습

	중력	전기력
뉴턴의 중력 법칙과 전기력에서 쿨롱의 법칙 비교	• 두 질량(m_1, m_2) 사이의 중력은 다음과 같이 표현된다. $\vec{F_g} = -G\frac{m_1 m_2}{r^2}\vec{r}$ • 중력의 방향과 크기를 설명해 보자. 위에서 $\vec{r}$이 방향을 가리키는 단위 벡터이고, (−)는 인력을 의미한다. 따라서 중력은 항상 인력이다. 이 힘의 크기는 다음과 같이 나타내진다. $\mid F_g \mid = G\frac{m_1 m_2}{r^2}$ 여기서 SI단위를 쓰면 G는, $G = 6.67 \times 10^{-11}\ N \cdot m^2/kg^2$	• 두 전하 사이의 전기력은 다음과 같이 표현된다. $\vec{F_e} = K\frac{q_1 q_2}{r^2}\vec{r}$ • 전기력의 방향과 크기를 설명해 보자. 위의 식에서 중력과 마찬가지로 $\vec{r}$이 방향을 가리키는 단위 벡터이고, (+), (−)가 모두 가능하다. 따라서 전기력은 척력이거나 인력이다. 이 힘의 크기는 다음과 같이 나타내진다. $\mid F_e \mid = K\frac{q_1 q_2}{r^2}$ 여기서 SI단위를 쓰면 K는, $K = 9 \times 10^9\ N \cdot m^2/C^2$

이용한 비유추론이 수업에서 유용하게 사용될 수 있다. 이러한 비유추론은 물리학에 있어 장 개념의 기초가 되는 연속성을 강조하고 학생 이해의 나선형적 발전을 도와준다.

이 비유를 통해 학생들은 중력 표현과 전기력 표현의 유사성과 비유사성을 발견할 수 있고, 이미 중력 표현을 잘 알고 있는 학생이라면 쉽게 새로운 개념인 전기력 표현을 받아들일 수 있을 것이다. 좀 더 추가한다면, G가 K보다 훨씬 작기 때문에 중력 F_g은 일반적으로 전기력 F_e보다 훨씬 약하다는 것도 지도할 수 있다. 또한, 고등학생들은 아직 $\vec{r}$ 기호법에는 익숙하지 않을 수도 있다. 이러한 경우에는 사용하지 않아도 될 것이다.

셋째, 비유는 개념의 재구조화를 돕는다.

비유는 기존 개념을 재구성하는 일을 돕고 그것이 새로운 정보를 제공하는 일을 돕는다. 새로운 것을 이미 알고 있는 지식에 능동적으로 접목시키는 구성주의적 학습의 과정과 친숙하지 않은 것을 친숙한 것으로 비교하여 설명하는 비유는 그 성격에 있어 대단히 유사하다. 이것은 다음과 같이 설명할 수 있다. 건전지와 전구가 도선으로 연결된 회로에서 많은 학생들이 전류에 대한 오개념을 가지고 있는 데 그 중 몇 가지를 열거하면 다음과 같다. '건전지는 전류를 공급한다.', '전류는 전구에서 소모된다.', '전구를 지나기 전의 전류는 전구를 지난 후의 전류보다 세다.' 등이 학생들이 가지고 있는 대표적인 오개념에 속한다.(송진웅 외, 2002) 이 중에서 '건전지는 전류를 공급한다.'라는 개념을 바꾸어 주기 위해서 건전지를 물을 퍼 올리는 펌프로 비유한다고 하자. 그리고 이때 전류는 펌프가 퍼 올리는 물에 비유할 수 있다. 그리고 이 설명에서는 펌프는 스스로 물을 만들어 공급하는 것이 아니라 물을 이동시키는 역할만 한다는 것이 포함된다. 그리고 이 역할과 마찬가지로 건전지는 전류를 만들어 공급하는 것이 아니라 전류가 회로에서 이동할 수 있도록 하는 역할을 한다는 것을 설명한다. 이러한 비유적 설명을 통해 학생들이 '건전지는 전류를 공급한다.'는 개념을 재구조화하여 '건전지는 회로에 전류를 흐르게 하는 펌프 역할을 한다.'는 개념으로 변화되었다고 하자. 이것은 바로 학생들이 친숙하게 여겨왔던 '건전지는 전류를 공급한다.'라는 것에서 친숙하지 않은 개념인 '건전지는 전류가 흐를 수 있는 기전력을 제공한다.'로 개념이 재구조화되는 것이므로 바로 비유의 과정과 유사하다는 것이다. 그러므로 비유의 적절한 사용은 학습의 효율을 높일 수 있다.

넷째, 비유는 개념을 가시화할 수 있다.

개념의 가시화란 비유가 새로운 정보를 상상하기 쉽고 좀 더 구체적인 것으로 만들어 줄 수 있다는 것이다. 먹이가 사슬처럼 얽혀 있는 것을 먹이 사슬로 표현한 것은 은유적 가시화라고 볼 수 있으며, 우주가 말안장처럼 생겼다고 표현한 것은 직유적 가시화라고 볼 수 있다. 만일 이것이 말안장 우주라고 표현되어 과학의 용어로 쓰이고 있다면 이것은 은유적 가시화라고 해야 할 것이다. 별자리를 이야기할 때 마차자리, 큰개자리 등으로 표현하는 것도 은유적 표현의 예들이다. 좀 더 구체적인 예를 들어보자. 물리학자 비터(Bitter)는 양자론에서의 복사되는 빛의 파장에 대한 설명을 다음과 같은 비유를 들어 설명하고 있다.(Bitter, 1985, 67–68)

"유비 추론은 항상 불완전하고 그릇 인도하는 수가 있지만 원자를 만들고 있는 작은 입자 즉 전자나 원자핵들의 특이한 행동을 유추하는 것은 유익한 경우도 있다. 내가 제안하는 비유는 한 방이며 이 방에는 층층대의 계단과 장난감 공기가 있고 그밖에는 아무 것도 없다. 이 방은 계속적으로 가볍게 흔들리고 있고 따라서 장난감 공기는 보통 방바닥에 보이게 될 것이다. 그러나 방이

맹렬히 뒤흔들리면 장난감 공기는 우연히 높은 준위로－층층대 계단 위로－올려질 수도 있다. 이리하여 시간이 경과하면 이 공기는 중간 계단의 어느 하나로 떨어지고 마침내 방바닥으로 다시 내려오게 될 것이다. 양자론에 의하면 이러한 도약에서 복사되는 빛의 색은 장난감공기가 계단과 얼마나 심하게 부딪치는가에 따라 결정된다. 이리하여 두 계단이 가깝게 접근하여 있으면 장난감 공기는 불그스레한 빛을 방출할 것이다. 더 멀리 떨어진 계단에서 도약이 일어나면 장난감 공기가 아래쪽의 계단과 충돌할 때 이것은 스펙트럼의 청색 쪽으로 향하는 빛을 복사할 것이다. 모든 원자 중에서 가장 간단한 원자인 수소원자에 대해서는 이들 계단의 높이가 정확히 계산된다. 이 장난감 공기의 방에서 이들 가상 계단의 높이가 얼마이며 또 수소원자는 어떤 색을 복사하여야 하는가는 이미 아는 양－즉 전자의 질량, 그 전하량 및 각운동량의 허용치－에서 정확히 예측하는 것이 가능하다. 이들은 실험에 의하여 정확히 입증된다. 수소원자의 에너지 준위와 장난감 공기 방에서의 계단의 대응되는 높이를 나타내면 [그림 5-4]와 같다."

[그림 5-4]
수소원자의 에너지 준위 비유

과학자들이 이미 사용했던 비유를 초·중등학교 과학에서의 교수도구로 사용하는 데는 몇 가지 이점이 있기는 하지만, 이것이 바로 학생들의 배경 및 수준과 관련된 좀 더 적확한 비유가 고안 될 수 없음을 의미하지는 않는다. 필요하다면 과학자들이 사용한 비유보다 더 적절한 것을 고안하는 것은 과학교육에서 중요한 일이다.

다섯째, 비유는 발견의 도구로 사용될 수 있다.

과학교육에서는 비유가 주로 설명적으로 사용되기 때문에 비유를 통해 발견을 하기는 어렵지만 수업에서 새로운 개념의 발견을 위한 도구로 사용될 수는 있다. 예를 들면 카르노가 수력기계를 열기관 이론을 설명하기 위해 사용한 비유를 학생들을 지도하는 과정에서 사용한다면 이것은 열기관에 대한 이해를 증진시키는 것이 주된 목표이지만, 열효율로 연결되는 과정을 포함함으로써 비유 추론이 어떻게 과학적 발견에 적용되는지를 지도할 수 있다.[22]

밀러(Milller, 1996)는 1913년에 보어(Bohr)의 원자 이론이 어떻게 나오게 되었는지를 인식론적으로 다음과 같이 설명하면서 이 과정에서 유비가

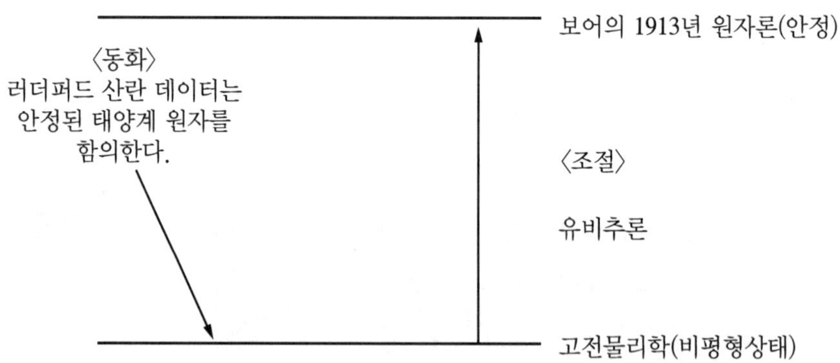

[그림 5-5] 보어 이론이 고전 물리학에서 나오는 과정

고전물리학과 〈비평형상태가 된〉 러더퍼드의 데이터가 고전물리학에 〈동화된다〉. 보어는 상호작용 은유를 통해서 고전물리학을 이 데이터에 〈조절〉시켜서 안정된 원자에 관한 이론을 만들었다.(Miller, 1996)

---

22) 제2장 카르노의 유비 참조(pp.69-73)

크게 작용했음을 보였다.

[그림 5-5]에서 보어 이론이 고전물리학에서 나오는 과정을 살펴보자. 이 그림은 보어 이론의 역사적 발전 뿐만 아니라, 실험과 이론의 상호 작용까지 보여준다. 과학자는 정보를 음미하는데, 이 정보는 실험 데이터일 수도 있고 사고 실험의 결과일 수도 있다. 과학자들은 이 데이터들을 조직화하는 새로운 방법을 고안한다. [그림 5-5]는 과학자가 가설을 제안하고 검증함으로써 연구를 진행하는 한 가지 과정을 나타낸 것이다. 이 그림에는 데이터, 이론, 유비, 과학 발전과 같은 것들이 포함되어 있다.

이 과정을 해석하는 과정에서, 밀러(Miller, 1996)는 [그림 5-6]에서 보는 바와 같이, 인식론과 과학철학의 핵심 문제 사이에는 깊은 연관성이 있으며 동일한 근본 문제를 다룬다고 주장한다. 즉, 인식론에서는 데이터를 처리하여 지식을 형성하는 것이고, 과학철학에서는 데이터를 처리하여 이론을 만들어낸다는 것이다. 밀러는 [그림 5-6]의 (a)와 (b)에서 물음표(?)는 유비적 사고(analogical reasoning)와 직접적으로 연관된다고 주장한다.

그 근거로, 피아제는 심리학, 철학, 과학이 직면한 기본 문제는 지식이 어떻게 감각 인지 또는 데이터에서 나오는가 하는 것이라고 명확하게 지적했는데, 여기서 피아제가 물었던 것은 '어떻게 뇌 속에 이미 들어 있는 개념에서 새로운 개념이 나올 수 있는가?' 다시 말해서 '한 체계가 어떻

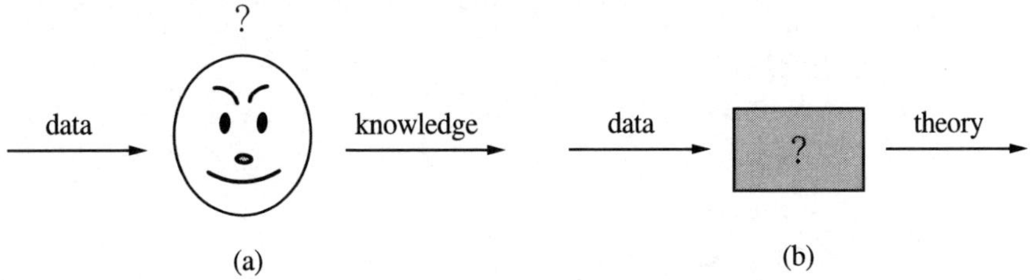

[그림 5-6] 인지과학과 과학철학의 연관성(Miller, 1996)

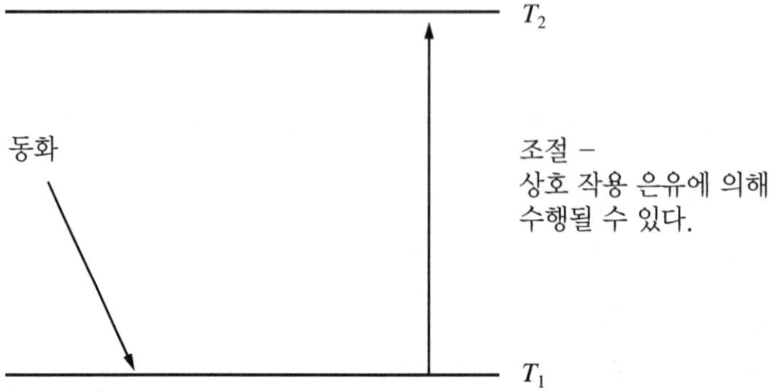

[그림 5-7] 지식발달의 과정에 대한 인지과학적 설명

정보는 기존의 지식 수준 T_1에 동화되고, 이것은 불균형 상태가 된다. 조절은 상호 작용 은유에 의해 이루어질 수 있다. 그 결과 더 좋은 수준의 지식 T_2가 나타난다.(Miller, 1996)

게 그 속에 포함된 명제와 완전히 다른 명제를 만들 수 있는가?'이며, 이것은 창조성의 문제라는 것이다. 피아제에 의하면 [그림 5-7]과 같이, 데이터는 기존의 지식들에 통합 또는 동화되며, 기존의 지식은 이것 때문에 흔들릴 수 있다. [그림 5-7]에서 낮은 수준의 이론 T_1은 새로운 정보를 동화했기 때문에 혼란 상태 또는 비평형 상태가 된다. 여기서 유비에 의한 추론을 통해, T_1은 스스로 새로운 데이터에 맞게 조절 또는 적응하며, 새롭고 수준이 더 높은 지식 T_2가 나와서 데이터를 더 잘 이해할 수 있게 한다. 이렇게 유비는 '아직 발견되지 않은 세계의 인과적인 측면에 언어가 적응하기 위해' 불가결하며, 1913년에 출현한 보어의 원자 이론은 그 한 예라는 것이다.

자발적 비유의 생성

앞에서 본 바와 같이 과학자들이 유비를 생성하여 새로운 이론을 설명하거나 만드는 것은 창의적 활동에 속한다. 이것은 학생들이 자신들의 학습에 비유를 생성하여 이해하려는 것과 관계가 있다.

학생들의 자발적 비유/유비는 곧 창의성이다.

아인슈타인과 인펠트(Einstein & Infeld, 1938, p.270)는 과학에서 자발적 비유 또는 유비의 창의적 성격을 다음과 같이 표현하고 있다. "물리학에서의 본질적인 진보는 종종 분명히 서로 관련되지 않은 현상들 사이의 일치하는 유비 추론(consistent analogy)을 수행함에 의해 일어났다. …… 풀리지 않은 문제들을 이미 풀린 문제들과 연관 짓는 것은 새로운 아이디어들을 제시함에 의해 그 어려움에 해결을 위한 서광을 비춰주는 것일 수 있다."

얼마 전 한 방송사에 출연한 어떤 가수가 자신이 곡을 만들게 된 과정을 소개하면서 이런 표현을 했다. "차를 몰고 가는 중에 U턴을 할 수 있는 곳에서 하지 못하고 지나치게 되자, U턴을 할 걸이라고 후회하는 중에 'U턴 송'을 만들었다."는 것이다. 이렇듯 비유와 은유는 자발적으로 생성할 수 있다.

자발적인 비유에서 사용하는 첫 번째 단계는 비유 사례를 생성하는 것이다. 여기서 '생성(generation)'이라는 것은 비유 사례에 접근하고 구성하고 그것과 목표문제 사이에 타당한 관련이 있는지 없는지의 질문을 하는 것을 의미한다. 이것은 종종 가장 창의적인 부분으로 간주되고 비유 사용에 있어서 어느 정도 깨닫지 못하는 부분이고, 따라서 이것은 잘 이해되고 있지 못하는 부분일 것이다.

학생들의 자발적 비유의 생성

자발적 비유는 생성적 비유라고도 한다. 클레멘트(Clement, 2009)는 자발추 한 개가 스프링에 매달려 있다. 처음 스프링(1)이 다른 한 스프링(2)으로 대체되는데, 같은 철선으로 만들어져 있고, 같은 수의 감은 수를 가지지만 코일 면적은 직경이 두 배가 되도록 한다. 이 스프링에 같은 추를 매달면 그 길이는 원래 길이와 비교할 때 더 길어질까, 더 짧아질까, 아니면 그대로일까?
(스프링의 질량은 추의 질량에 비해 무시할 수 있다고 가정하라.)
왜 그렇게 생각하는가?

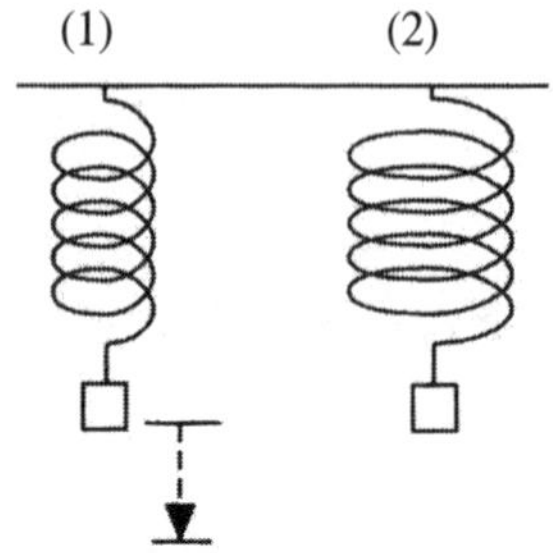

[그림 5-8] 자발적 비유 조사를 위한 스프링 문제(Clement, 2009, p.26)

적 비유를 인식하기 위한 준거들을 다음과 같이 기술하였다. 첫째, 원래의 문제 상황과 다르지만 유사한 사례를 생성하려는 시도를 포함하고 있다. 둘째, 문제에 대한 해답을 궁극적으로 산출하든지 안하든지 간에 그러한 시도를 포함하고 있다. 셋째, 구조적이거나 기능적인 유사성이 아니라 오직 표면적인 유사성을 포함하는 진부한 사례들을 제거한다. 넷째, 해답을 독립된 부분으로 쪼개거나 문제를 이론적인 원리의 항으로 분석하는 것과 같은 문제 해결 과정으로부터 비유 생성을 분리한다.

클레멘트(Clement, 2009)는 [그림 5-8]과 같은 '스프링 문제'를 제기했을 때, 이를 해결하는 과정에서 학생들이 길고 짧은 수평 철사 혹은 동일한 무게에 의해 구부러진 막대와 비교하는 등의 비유적 문제에 관련지으려는 시도인 자발적 비유 생성의 예를 보였다.

이 문제 해결을 위해 학생들은 다양한 비유를 생각해냈다. [그림 5-9]는 그 예들이다. 문제 해결에 모든 것이 유효한 것은 아니지만 이 결과는 학생들이 문제 해결을 위해 많은 비유를 생성한다는 것을 보여준다.

클레멘트(Clement, 2009)가 비유추론의 자발적 사용에 대한 연구에서 얻은 주요 발견 사항은 초보자든 전문가든 비유추론 혹은 적어도 비교 진

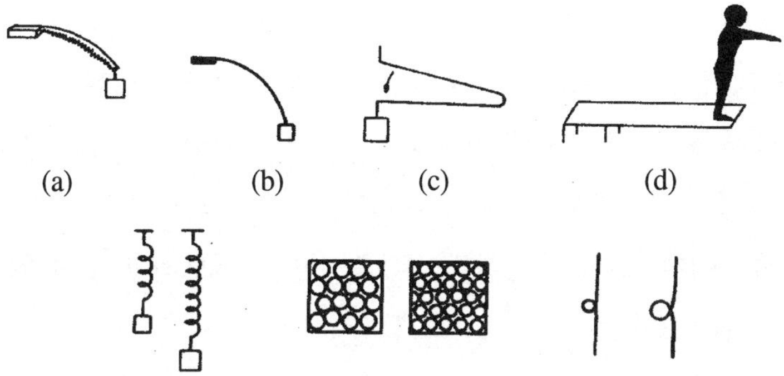

[그림 5-9] 스프링 문제 해결을 위해 학생들이 생성한 비유의 예(Clement, 2009, p. 34)

(a) 톱날이 길수록 더 많이 구부러진다. (b) 막대가 길수록 더 많이 구부러진다. (c) 머리핀이 길수록 더 많이 구부러진다. (d) 다이빙 보드가 길수록 더 많이 구부러진다. (e) 스프링이 길수록 더 많이 늘어난다. (f) 큰 공기 구멍이 있는 스티로폼일수록 더 잘 수축된다. (g) 면이 크게 꼬일수록 펴기가 더 쉽다.

술의 자발적 사용을 자주 한다는 것이다. 즉, 학생들은 때때로 자발적인 비유를 만들어 자신의 생각을 설명하기도 한다는 것이다. 그러므로 비유 추론은 미지의 것을 이해하려고 설명하고 시도하는 데 있어 일반적인 도구라는 것이다. 그는 자발적 비유 사용의 두 가지 서로 다른 유형을 발견하였는데, 그 하나는 학생들이 의도적 비유를 통해 친근하나 좀 더 "떨어진" 상황으로 도약한다는 것이고, 다른 하나는 학생들이 구조에서의 유사성이 분명한 두 번째 상황을 만들기 위해 현행 문제의 국면을 수정함으로써 두 번째 상황을 이해하는 유추를 한다는 것이다.

해리슨과 드종(Harrison and de Jong, 2004)은 화학 평형에 대한 토의 중에 발생한 '학생생성' 비유에 대한 한 가지 예를 발표하였다. 말(Mal)이라는 한 학생이 과학 교사 네일(Neil)에 의해 소개된 한 가지 비유를 변형시켜 제공했다. 교사는 비유를 통해 찻잔 속의 설탕의 용해(dissolving)와 응고

(solidifying)에 대한 평형의 역동성을 설명하는 데 성공했음을 보였다. 닫힌계에서의 설탕의 용해를 이용하여 화학 평형에서의 역동성을 가르치는 과정에서 한 학생에 의해 자발적으로 생성된 '냄비 안에서 끓는 카레 비유'는 학생의 일상생활 경험과 관련되어 있고 그래서 그는 교사가 만든 비유를 자신에게 보다 더 현실적인 것으로 바꾸어보려고 노력했음을 알 수 있다고 설명했다.

오브슨과 포그윌(Aubusson and Fogwill, 2006)은 학생이 생성한 역할놀이 비유(personal analogy)를 제시하였다. 이들이 지적한 바와 같이, 학생에 의한 역할놀이 비유에 대한 연구와 보고는 매우 드물다. 이들이 제시한 것은 교사가 먼저 시작을 했고, 그 다음 학생들이 개발한 경우이다.

이 수업에서 학생들은 다섯 명의 학생들이 모여 탄산구리 분자들을 만들었다. 그리고 스스로에게 라벨을 붙였다. 예를 들면, 구리 이온 학생들은 Cu^{++}라벨을 붙였다. 네 명의 학생들은 탄산염이온인 CO_3^{-2}을 나타내기 위해, 한 명은 탄소 원자를, 다른 세 명은 산소 원자가 되었다. 이들은 팔을 연결해서 탄소와 산소 사이의 공유결합을 나타냈다. 한 명의 산소 학생은 두 팔을 탄소 학생에 연결함으로써 이중 공유결합(a double covalent bond)을 나타냈으며, 나머지 두 명의 산소 학생들은 탄소 학생과 한 쪽 팔을 연결함으로써 단일 공유결합을 형성하였다. 이들 두 명은 그들의 나머지 손에 책을 들고 있게 했는데, 이것은 여분의 전자를 나타낸 것이다.

이 수업에 참여한 학생들은 탄산염 그룹이 음이온이라는 것뿐만 아니라 여분의 전자의 위치까지 보여주기 위해 역할놀이 비유를 변형해 보려고 노력했다고 한다. 이러한 역할놀이 비유를 통해서, 교사가 이 과정의 유용함을 찾아보고, 학생들은 그 활동을 즐기면서 수업을 통해 학생들이 무언가를 학습했음을 느끼게 된다는 것을 보여주었다. 그리고 교사는 역할놀이가 학습 진단의 기능도 제공했다고 설명했다.

리치 등(Ritchie, et al, 2006)에 의한 연구에서는 한 학생이 뉴런의 기능에 관한 전체 교실 토의가 있은 다음에 성공적인 비유를 만들었고 이에 대해 젊은 교사가 어떻게 반응했는가에 대해 보고하였다. 이 학생은 젊은 교사가 요구한 대로 다이아그램을 그리지 않고 자신이 생각한 것을 설명했는데 뉴런이 전선과 많이 닮았다는 것이었다. 이 학생은 축색(axon)은 전선의 안쪽과 같고, 수초(myelin)는 전선을 둘러싼 절연체와 같다고 제안하였다. 다른 학생들은 이 비유를 들으면서 동의했고, 축색, 수상돌기, 시냅스를 포함하면서 비유를 보다 확장하기 시작했다고 한다. 그리고 이것은 비유에 관한 토의로 발전했는데, 흥미로운 것은 학급의 다른 학생들은 그들 동료 중의 한 사람에 의해 생성된 비유를 더 잘 관련지을 수 있다는 것이었다. 그리고 이것은 학생이 만든 비유의 가장 큰 이점일 것으로 여겼다. 비유물이 학생들로부터 생성된다면, 그 비유물은 좀 더 유의미하게 관련이 지어지고 모든 학생들에게 훨씬 더 접근 가능한 것으로 확신할 수 있었다고 한다.

학생이 생성한 비유를 잘 활용하면 구성주의와의 연결을 통해 학생의 학습 활동을 촉진할 수 있다. 또한 교사는 그가 계획하고 개발한 자발적 비유를 사용하여 학생들의 학습에 도움을 줄 수 있다.

미들턴(Middleton, 1991)의 연구에서는 비유 생성 활동이 개념 이해뿐만 아니라 창의성을 신장시키는 데 효과적인 방법으로 제안되고 있다. 실제로, 과학영재를 대상으로 한 국내 연구에서도 그 가능성을 보여주기도 하였다. 예를 들어, 김유정 등(2010)이 중등 과학영재를 대상으로 비유 생성 활동을 도입한 연구에서는 대부분의 과학영재들이 구체적이고 일상적인 상황에 기초하여 글과 그림으로 비유를 표현하였고, 목표 개념의 기능적 속성과 인과 관계를 포함시켜 부연 설명하는 좋은 조건의 비유를 만들었으며, 비유 생성 활동에 대해 긍정적으로 인식하는 것으로 나타났다. 또한, 노태희 등(2009)이 초등 과학영재와 일반 학생을 대상으로 비유 생성 활동을 적용한 결과, 과학영재들이 일반 학생들보다 적절한 비유를 더 많이 만들고, 대응 오류의 빈도도 상대적으로 낮았다. 이런 결과는 과학영재들에게 비유 생성 활동을 활용하는 것이 적절하다는 것을 보여준다. 따라서 과학영재 수업에서 비유 생성 활동을 체계적으로 구성한 교육프로그램을 지속적으로 활용한다면 과학영재들의 창의성을 신장시키는 데 기여할 수 있을 것이다.

자발적 비유(Spontaneous Analogies)의 생성 과정

클레멘트(Clement, 2009)는 학생들의 자발적 비유 생성의 과정에 대해 다음 세 가지 사례를 제시하였다.

형식적 추상적 원리로부터의 비유 생성

과학에서 비유가 생성되는 방법을 설명하는 그럴듯한 가설 한 가지는 형식적 추상적 원리(에너지 보존 법칙과 같은)가 두 개 또는 그 이상의 다른 상황들에 적용되는 그 상황으로부터 비유가 생성된다는 것이다. 이것은 [그림 5-10]의 (a)에서 나타낸 것과 같이, 주어진 목표 문제 상황 A가 이미 수립되어 있는 어떤 개념적 수식이나 어떤 이론적 원리 P의 한 가지 예라는 것을 인식함에 의해서 비유가 생성될 수 있다는 것이다. 비유 상황 B는 원리 P의 두 번째 예로서 생성되었다.

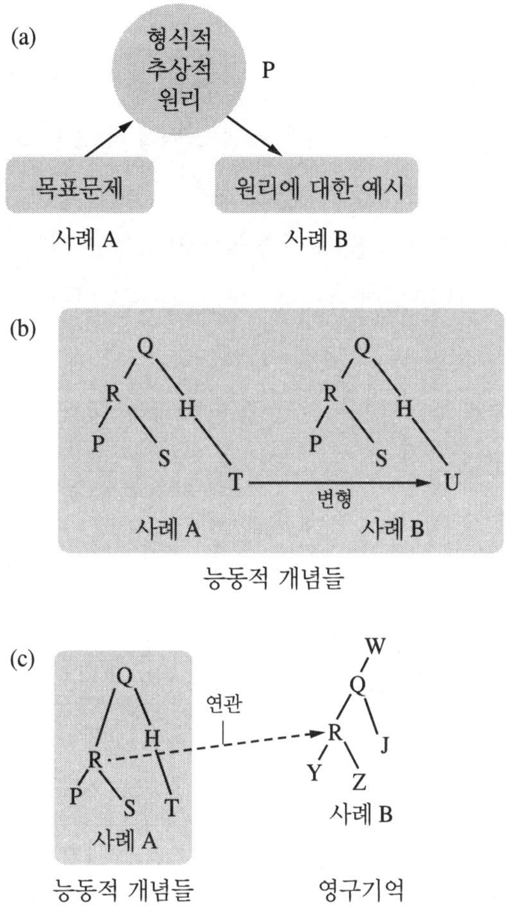

[그림 5-10] 비유가 생성되는 과정(Clement, 2009, p.34)

변형을 통한 생성

이것은 한 학습자가 원래의 목표 문제 상황 A를 수정하고, 그에 따라 전에는 고정되어 있다고 가정되었던 한 개 또는 그 이상의 측면들을 변경함에 의해 비유적 상황 B를 생성하는 경우이다. 이러한 예들에서는 형식적인 원리나 공식에 대한 언급은 거의 없다.

연관을 통한 생성

이것은 변형을 통한 생성과는 대조적인 것으로, A에서 B로 변형하는 것이 아니라 학습자가 저장된 기억 속에서 비유적 상황 B를 '기억해 내는(reminded)' 것이다. 이러한 비유 경우는 원래 문제와 여러 방향에서 차이가 있으면서도 원래 상황과 공통되는 중요한 요소들을 가지고 있다.

클레멘트와는 다른 측면에서 비유 생성 과정을 연구한 김유정 등(2010)에 의하면, 과학영재의 비유 생성 과정은 목표 개념의 부호화 단계와 대응 단계에서의 속성 및 속성들 간의 관계에 대한 고려 여부에 따라 세 가지 패턴이 나타났다고 한다. 즉, 목표 개념의 부호화 단계와 대응 단계에서 목표 개념과 비유 소재의 속성 및 관계들에 대해 모두 고려하여 비유를 생성한 경우, 관계들을 고려하지 않고 속성들만 고려한 경우, 목표 개념의 부호화 단계를 거치지 않고 비유를 생성한 경우가 그것이다. 이들은 또, 비유 생성 수업의 효과를 향상시키기 위해서는 목표 개념에 대해 충분히 이해했는지를 확인하는 것뿐만 아니라, 비유 소재를 선택하기 전에 머릿속에서 목표 개념의 하위 속성이나 속성들 사이의 관계에 대해 부호화하는 과정을 거칠 수 있도록 하여, 비유 소재 선택 과정에서 겪는 어려움을 해소할 수 있을 것이며 비유 소재를 선택하여 목표 개념과 대응시키는 단계에서는 속성뿐만 아니라 그들 사이의 관계를 명확하게 고려해 볼 수 있도록 대응 과정에 대한 구체적이고 체계적인 안내가 필요하다고 주장했다.

과학 학습에서 비유의 조건

초등학교와 중등학교 과정에서는 매우 짧은 시간에 많은 비유를 생성하고 너무 많은 관계없는 생각과 개념이 제공된다면 그것은 또한 쉽게 복잡한 토론으로 이끌 것이므로 주의가 필요하며, 비판 없이 비유를 만들거나 사용하는 것은 학생들로 하여금 오개념으로 이끌 수도 있음을 유의할 필요가 있다. 이것은 아인슈타인과 인펠트(Einstein & Infeld, 1938)의 표현에서도 찾아볼 수 있다.

젠트너와 젠트너(Gentner & Gentner, 1983)는 비유가 전기회로 영역에서의 문제해결에 도움을 준다고 보고했다. 그들은 더 나아가 사용된 비유 유형이 문제해결 과정에 상당히 영향을 준다고 보고했다. 그들은 대학생과 고등학생들 사이에서 전기회로 영역의 문제해결이 "흐르는 물(flowing fluid)" 비유나 혹은 "이동하는 군중(moving crowd)"비유를 사용하는 사람들 사이에서 상당히 달랐다는 것을 발견했다. 이 발견사항들은 비유가 제공하는 일반적 틀이 학습과정에 상당한 영향을 준다는 것을 시사한다.

과학 학습에서 비유가 중요한 역할을 할 수 있지만 과학 개념을 비유를 통해 바르게 이해하기 위해서는 비유의 조건이 필요하고, 아무리 좋은 비유를 쓰더라도 근본적으로 비유가 가지는 한계 때문에 유용성이 제한되기도 한다. 여기서는 비유의 조건에 대해 알아보자.

먼저 비유물과 목표물을 대응시키는 상황에서 구성주의적 비유물의 조건은 다음과 같은 것들이 있다.(김영민, 1991b)

비유물의 첫째 조건은 비유물이 학습자에게 친숙해야 한다는 것이다.

물 회로 모형을 가지고 전기 회로에서의 현상을 비유하는 경우에 물 회로는 어느 정도 친숙하다고 볼 수 있다. 그러나 체계적으로 비유하기 위해 물 회로 모형을 작위적으로 만들어 비유하는 경우에는 이 비유물 자체의 친숙성은 떨어지게 된다. 과학 교사들은 추상적인 과학 개념 설명을 위해 적절하면서도 친숙한 비유물을 찾기 위해 노력해야 한다.

둘째 조건은 비유물 자체가 학생들에게 이해될 수 있어야 한다는 것이다.

물 회로 모형으로 전기회로 모형을 설명하고자 하는 경우를 생각해 보자. 이 경우에 비유물 모형인 물 회로 모형은 학생들에게 친숙하긴 하지만 이 회로 모형 자체에 대한 이해도가 깊은지는 알 수 없다. 일부 학생들은 펌프에 가까운 파이프를 흐르는 물의 양이 같은 굵기이지만 펌프에서 멀리 있는 지점을 흐르는 물의 양보다 더 많다고 생각한다. 이러한 학생들에게는 이 물 회로 모형을 사용하는 것이 적절하지 않을 수 있다.

셋째 조건은 대응 관계가 명확해야 한다는 것이다.

앞의 물 회로를 가지고 전기 회로를 비유하는 것에서 대응관계를 찾아보면, 파이프는 도선에, 물 흐름은 전류에, 펌프는 전지에 비유할 수 있다. 때때로 비유물과 목표물 사이에 대응관계가 명확하지 않은 경우를 볼 수 있는 데 이것은 좋은 비유라고 할 수 없다.

넷째 조건은 비유물 자체에 대해 학생들이 오개념을 가지고 있지 않아야 한다는 것이다.

파이프를 흐르는 물을 생각할 때 일부 학생들은 유속이 점점 느려진다고 생각하기도 한다. 이러한 학생들에게 물 회로 비유물로 전기회로를 설명하면 전류가 소모된다고 생각하는 오개념을 유발할 수도 있다.

다섯째 조건은 비유물과 목표물은 체계성을 가지고 있어야 한다는 것이다.

이렇게 하기 위해서는 비유물 모형과 목표물 모형을 세우고 모형을 이루는 요소들과 서로 비유하는 것이 좋다. 예를 들면 물 회로 모형과 전기회로 모형을 세우고 물 회로 모형에서 파이프, 펌프, 가는 파이프, 물레방아 등의 요소들을 전기회로 모형의 도선, 전지, 저항, 전구 등의 요소들과 비유하도록 하는 것이다.

여섯째 조건은 목표물에 대한 설명가능성이 높아야 한다는 것이다.

목표물에 대한 설명 가능성을 높이기 위해서는 유사성의 정도가 높은 비유물을 사용해야 한다. 러더포드 원자 모형을 태양계 모형으로 비유할 때에는 러더포드 모형에서 핵이 있고 전자들이 그 주위를 회전한다는 개념을 설명하기 위해 태양계 모형을 도입하여 설명하는 것이 유사성의 정도가 높았으나 현대적 원자 모형인, 전자들이 구름처럼 덮고 있다고 설명하는 데에는 적절하지 않다.

제 6 장 과학 교과서 속의 비유와 은유

초등학교와 중등학교의 과학 수업에서는 추상적이거나 어려운 과학 개념을 설명하기 위해 비유가 많이 사용된다. 실제로 학교 수업이나 과학 개념을 설명하는 글에서 사용되는 비유들에는 어떤 것들이 있을까?

과학 교과서에서의 비유 사용 경향

틸과 트레거스트(Thiele & Treagust, 1995)는 호주의 생물 교과서 4권에서 174개(평균43.5개)의 비유와 화학 교과서 10권에서 93개(평균 9.3개)의 비유를 찾아냈다. 비유를 공유속성, 표현방식, 추상도, 대응방식 등의 기준에 따라 분류하였을 때, 구조적 비유(17%)보다는 기능적 비유(48%)가 많았고, 그 다음으로 구조적/기능적 비유(35%)가 많았음을 보고하였다. 표현 형태에서는 글만 사용한 비유(53%)와 글과 그림을 함께 사용한 비유(47%)가 거의 비슷한 비율을 차지하고 있다. 그러나 생물 교과서의 경우에는 전자 현미경과 컴퓨터 모델링의 발달로 인해 그림 비유(3%)가 매우 적었다고 한다. 목표물과 비유물의 추상도를 비교한 결과, 추상적인 개념을 구체적 수준의 비유물로 연결시킨 비유가 거의 대부분(88%)이었다. 비유물의 대응 정도는 단순 대응(45%)이 가장 많았으며 확장 대응은 18%

로 가장 적었다.

커티스와 라이겔루쓰(Curtis & Reigeluth)는 비유의 유형이나 배치 등과 같은 몇 가지 관점에서 미국의 과학교과서에 있는 비유를 정량적으로 분석한 바 있다. 이들은 26권의 교과서를 분석하였는데, 거기에는 총 216개, 즉 권당 평균 8.3개의 비유가 들어 있었으며, 그 중 기능적인 관계를 가지고 있는 비유가 약 70%를 차지하였고, 그러한 유형의 비유는 초등 과학 교과서의 경우(50%)에 비해 화학이나 물리 교과서(약 90%)에서 그 비율이 높았다고 한다.(노태희 등, 1997a)

우리나라에서도 유사한 연구들이 여러 편 수행되었다. 노태희 등(1997a)은 제6차 교육과정에 따른 중등 과학 교과서 화학 영역의 비유를 분석하고 이를 5차와 비교하였다. 중학교 과학교과서 24권, 공통과학 7권, 화학I 6권, 화학Ⅱ 12권을 분석하였다. 분석 결과 학생들의 인지 발달 수준이 고등학생에 비해 평균적으로 낮은 중학교에서 사용하는 과학 교과서에서 오히려 비유 사용 빈도가 적음을 알아냈고, 제5차 교육과정 과학 교과서(10쪽당 0.31회)보다 제6차 교육과정 과학 교과서(10쪽당 0.40)에서 비유 사용빈도가 증가하였다고 보고했다. 비유 분류에 따라서는 구조적 속성과 기능적 속성을 공유한 비유, 그림 · 글 비유, 일상적 상황을 이용한 비유가 많았다고 한다. 비유에 대한 설명은 거의 없었고, 부연 설명만 하는 수준이었으며, 사용된 비유의 종류는 186가지였다고 한다,

이선경과 김희백(1999)은 중학교 과학 교과서의 생물 영역에 포함된 비유를 유형별로 분석하였다. 제5차 교육과정과 제6차 교육과정 과학교과서에서 비유의 사용 빈도 수는 비슷하지만 제6차 교육과정 과학 교과서에서 기능적 비유, 그림을 포함한 비유, 추상적 목표물에 대한 비유, 부연된 비유가 제5차 교육과정 교과서 보다 증가하는 경향을 보였다. 제

6차 교육과정 과학 교과서에 나타난 비유를 학년별로 살펴보면 중학교 1학년 과학은 구조적 비유가 많았으나 2학년 과학과 3학년 과학은 기능적 비유, 그림으로 표현된 비유 등이 증가하였다고 보고하였다. 또한 대부분의 비유가 단순한 기억 보조 역할을 하고 있으며 비유물과 목표물의 공통점만을 제시하고 있어 학생들이 목표 개념에 대해 오개념을 가질 수 있음을 보고하고 있다. 그리고, 주소현과 김희백(2000)은 제6차 교육과정의 고등학교 생물 교과서에 있는 비유를 분류한 결과 구조적 비유가 기능적 비유보다 많았고, 그림과 언어로 표현한 비유보다 언어로만 표현된 비유가 많았음을 보고하였다.

김영민과 박희숙(2000)은 중학교 과학 교과서의 물리 개념 설명에 사용된 비유를 분석하고 학생의 이해도를 조사하였다. 제6차 교육과정에 따른 중학교 교과서 21권을 노태희 등(1997a)이 만든 6가지 분석틀을 가지고 분석하였다. 교과서 10쪽당 평균 0.44회의 비유가 사용되었다. 유형에 따라서 분류해 보았을 때, 기능적 비유(89%), 그림과 언어를 함께 사용한 비유(57.8%), 구체적 비유물에 추상적 비유물을 대응시킨 비유(97%), 부연비유(81%), 일상적 비유(67%)가 많이 사용되었다. 그리고 비유라고 언급된 경우가 27%밖에 되지 않았다. 이봉희(2003)는 제7차 교육과정에 따른 중학교 과학 교과서의 물리 영역에 사용된 비유의 분석을 교과서별로 정리하여 나타내었다. 분석한 결과를 살펴보면, 교과서 22권 중에서 비유는 71개가 있었다. 교과서 10쪽당 평균 0.49회의 비유가 사용된 것을 알 수 있다. 학년별로 비교해 보면, 중학교 2학년에서 가장 많이 사용되었다. 비유가 가장 많이 개발되고 사용되는 단원이 전기 단원이라는 것도 밝혀졌다. 그리고 제7차 교육과정에 따른 과학교과서에서는 중학교 1학년의 비유 사용이 제6차에 비해 증가하였는데, 이는 새롭게 도입된 단원인 "빛"에서 비유가 사용되었기 때문이다. 전반적으로 제7차 교육과정 과학 교과서에 비유의 사용이 많아졌음을 알 수 있다.

제7차 교육과정에 따른 중학교 교과서에 사용된 비유의 형태를 분석해 본 결과, 전기와 관련된 비유들이 많았고, 속담이나 이야기 등 다양하게 비유가 사용됨을 알 수 있다.(이봉희, 2003) 구체적인 비유는 〈표 6-1〉과 같다. 가장 많이 사용되는 비유는 전기회로를 공부할 때 사용되는 물 회로 비유였다. 이 비유는 형태도 다양하게 제시되어 있지만, 그 근원은 같았다. 그리고 비유의 대응관계를 명확하게 명시할 수 있도록 문제로 제시되어 있는 경우도 있었고, 그 한계를 논하는 경우도 있었다.

틸과 트레거스트(Thiele and Treagust, 1995)가 분류한 분석틀에 따라서 제7차 교육과정에 따라 개발된 중학교 교과서에 사용된 비유를 분석한 결과, 유형별로 보면, 표현 형태에 따라서는 글과 그림을 함께 제시한 경우가 83.1%(59개)로 가장 많았으며, 그림만 제시된 경우는 16.9%(12개)에 불과 했다. 대응관계 설명 정도에서는 부연비유가 59.3%로, 그 다음이 단순비유, 확장비유 순으로 나타났다. 비유물에 대한 설명이 포함된 비유가 대부분이었으나, 비유물에 대한 설명없이 비유한 경우가 25.4%나 되었다. 비유한계 언급 여부에 따라서는 94.4%가 비유의 한계에 대한 언급을 하지 않았다.

제7차 교육과정에 의해 개발된 물리I, 물리II 교과서에서는 파동의 형태를 파도, 빛 겹치기, 벼 등으로 비유하였고, 에너지 보존을 돈의 흐름으로, 에너지전환을 손오공 변신으로, 에너지 절약을 속담 혹은 흥부와 놀부로, 에너지 전달을 도미노로 비유한 것이 많았다. 이를 포함하여 그 밖의 내용에 대해 비유를 사용한 결과를 분석한 것은 〈표 6-2〉와 같다.

또한 고등학교 과학 및 물리I과 물리II 교과서에 사용된 비유들을 유형

〈표 6-1〉 제7차 중학교 교과서(8종)에 사용된 비유의 예

목표개념	비유물	사용 빈도
파동(빛)의 굴절	아스팔트길과 진흙길 위를 달리는 자동차 도로와 잔디밭을 달리는 장난감 자동차 바닷가에서 물에 빠진 사람을 구하기 통나무 굴리기	6
파동의 형태와 매질의 움직임	부채춤 파도타기 응원 불 끄는 방법(사람들이 줄서서 물통을 전달) 지렁이와 뱀의 움직임	8
전기 회로	물 흐름 회로	33
저항	전동차 안의 사람들 수 도로를 달리는 자동차의 수 못이 박힌 빗면에서 구슬 굴리기 빨대의 모양에 따른 공기의 통과 육상에서 허들 경기 진흙길과 아스팔트길에서 자동차의 속력 수도관 상태에 따른 물의 흐름	10
전하(인력, 척력)	남자와 여자의 끌림(그림 비유)	2
에너지 보존	용돈으로 책을 사는 경우 의좋은 형제 이야기	2
발열량	쇠구슬의 개수, 높이	2
눈의 구조	카메라의 구조	1
속담을 이용한 비유 • 몸이 천냥이면 눈이 구백냥 • 먼 친척보다 가까운 이웃이 낫다. • 백짓장도 맞들면 낫다. • 낮말은 새가 듣고, 밤말은 쥐가 듣는다.		7

〈표 6-2〉 제7차 교육과정에 따른 고등학교 물리 I & 물리 II 교과서에 사용된 비유

단원		내용	비유수
물리I	힘과 에너지	역학적 에너지 보존(은행)	1
		에너지 전달(도미노, 노래가사)	2
	전기와 자기	전류(구슬, 물의 흐름)	5
		전압(펌프, 빨대, 수압)	3
		저항(도로면, 통로, 수로, 빗면)	7
		옴의 법칙(나무토막, 불끄기, 빗면)	6
		전류에 의한 열(빗면, 일)	2
	파동과 입자	파의 굴절(속담, 악어와 오리)	3
		편광현상(밧줄과 나무판)	2
		광전효과(공던지기, 언덕)	2
		이중성(사진의 상, 반전그림)	3
물리II	운동과 에너지	인공위성의 운동(포탄, 달)	5
		중력(빛의 세기, 탄성력)	2
		비열(속담)	1
		분자운동(용수철, 구슬)	4
		열역학 2법칙(바둑알)	1
	원자와 원자핵	톰슨(건포도, 수박)	6
		러더퍼드(태양계, 인공위성)	14
		원자(구름)	1
		원자의 크기(개미와 축구장)	1
		질량분석기(풍구)	1
		질량결손(무게그림)	2
		핵분열(성냥갑, 비눗방울)	2
		반감기(나이테, 동전)	2
		결합에너지(친구사이)	4
		전자의 전하량(공깃돌의 질량)	1

〈표 6-2〉 7차 고등학교 물리 I & 물리 II 교과서에 사용된 비유(계속)

단원		내용	비유수
물리II	전기장과 자기장	전기회로(물회로)	2
		쿨롱의 법칙(만유인력, 명언)	4
		기전력, 전위(수위, 펌프, 높이차)	13
		전기장(중력장, 일, 자기장)	6
		등전위선(등고선, 등압선)	7
		전기적 위치에너지(중력 에너지)	5
		키르히호프의 법칙(물의 흐름)	1
		전기진동(용수철 진동)	7
		축전기(통의 넓이, 깊이)	4
		축전기의 에너지(일)	1
		진공기술 분류(수목도)	1
		전자기 유도(자석뛰기)	1
		교류회로(만화)	4
		정전기 유도(만화)	1
		전자기파의 종류(장파, 단파)	1

〈표 6-3〉 7차 고등학교 교과서에 사용된 비유 유형 분류

비유 유형		과학	물리I	물리II	계
표현 방식	글 비유	1	6	25	32(21.33%)
	그림 비유	11	30	80	121(78.57%)
대응관계 설명정도	단순 비유	4	3	42	49(31.82%)
	부연 비유	7	26	60	93(60.39%)
	확장 비유	1	7	4	12(7.79%)
비유물 설명	있음	11	32	73	118(76.62%)
	없음	1	4	31	36(23.38%)
비유한계 언급여부	언급함	0	0	4	4(2.60%)
	언급하지 않음	12	36	102	150(97.40%)

별로 분류한 결과는 〈표 6−3〉과 같다.

제7차 교육과정에 따른 중학교 과학(물리영역)과 물리I, 물리II 교과서에서는 글 비유보다는 그림 비유가 많이 사용되었고, 단순 비유보다는 부연 비유가 훨씬 많이 사용되었음을 알 수 있다. 그리고 대부분의 비유에서 비유물에 대한 설명이 제시되었다.

중학교든 고등학교든 전류를 비유할 때 물 흐름 모형으로 비유하는 경우가 많은데, 이것은 전류 개념의 역사적 발달과도 관련되어 있다. 여기서는 이에 대해 설명하고자 한다.

전류에 대한 물 흐름 비유 사용의 역사

전류에 대한 물 흐름 비유는 그 역사가 매우 깊다. 전기 현상을 발견한 초기에 이를 유체 현상으로 이해하려 한데서 비롯된 것으로 생각된다. 아래 내용은 스토클마이어와 트레거스트(Stocklmayer and Treagust, 1994)가 연구한 내용을 요약한 것이다.

1890−1915년 교과서를 보면, 유체이론이 과학 교과서에 크게 영향을 미쳤으며, 그 후의 비 유체이론적 설명이 많이 등장했음에도 불구하고 오래도록 과학 교과서의 지면을 차지하였다. 과거의 교과서에 수록된 내용을 보자.

처음의 전기는 두 개의 다른 종류, 송진과 유리로 된 유체로 간주되었다.(Stewart, 1888)

1915−1945에 개발된 과학 교과서에서도 초기에는 유체와의 비교 또는 그 자체로 설명한 것은 여전하다. 예를 들면, "빛과 열처럼, 전기의 본성이 만져서 알 수 있는 어떤 것과 비교해서 설명될 수는 없지만, 볼 수 있는 유체의 종류로 간주하는 것이 편리하다.……"(Maycock 1919, p.18)와

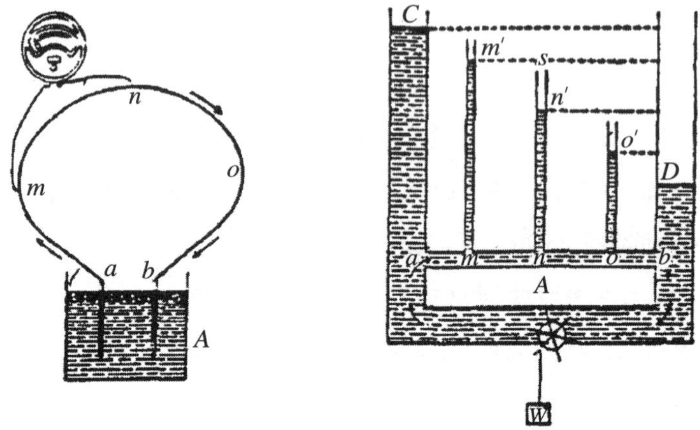

[그림 6-1] 밀리칸과 게일(Millikan & Gale, 1913)**에 따른 전기회로에서의 퍼텐셜 강하에 대한 유체정역학 비유**

같은 표현들이 그것이다.

1920년대에는 몇 몇 교과서가 전류에 대해 비교적 현대 모형과 근접한 아이디어들을 소개하기 시작했다. 눈에 띄는 예는 주로 미국 교과서에 실린 밀리칸과 게일(Millikan & Gale)의 것이었다. 그러나 전기가 유체가 아니라는 것을 명백하게 주장되었을 때조차도, 교과서들은 독자의 마음에 유체 아이디어를 유도하고자 하는 언어를 계속 사용했다. 예를 들면, "과거에, 과학자가 난해한 물질로 된 유체로서의 전기를 생각하게 했고 많은 전문 용어가 그때 사용된 유체이론에 기본을 두고 있다. 몇몇 전문용어는 지금도 여전히 사용되고 있다.…… 그러므로 학생들은 여전히 전기의 '흐름'이라고 생각할 것이고……".(Stewart, 1920, p.2)

교과서 저자들이 현재까지 이러한 용어들을 계속 사용해온 것은 분명하다. 유체 이론들이 무시되었을 때조차도 이 이론을 여전히 언급하고 있다. 1938−1955년까지 9번이나 출판된 '자기와 전기' 책 속에서, 매킨지(Mckenzie, 1955)는 '전하가 새나간다.(leaks away)' 그리고 '전류가 흐른다.' 등

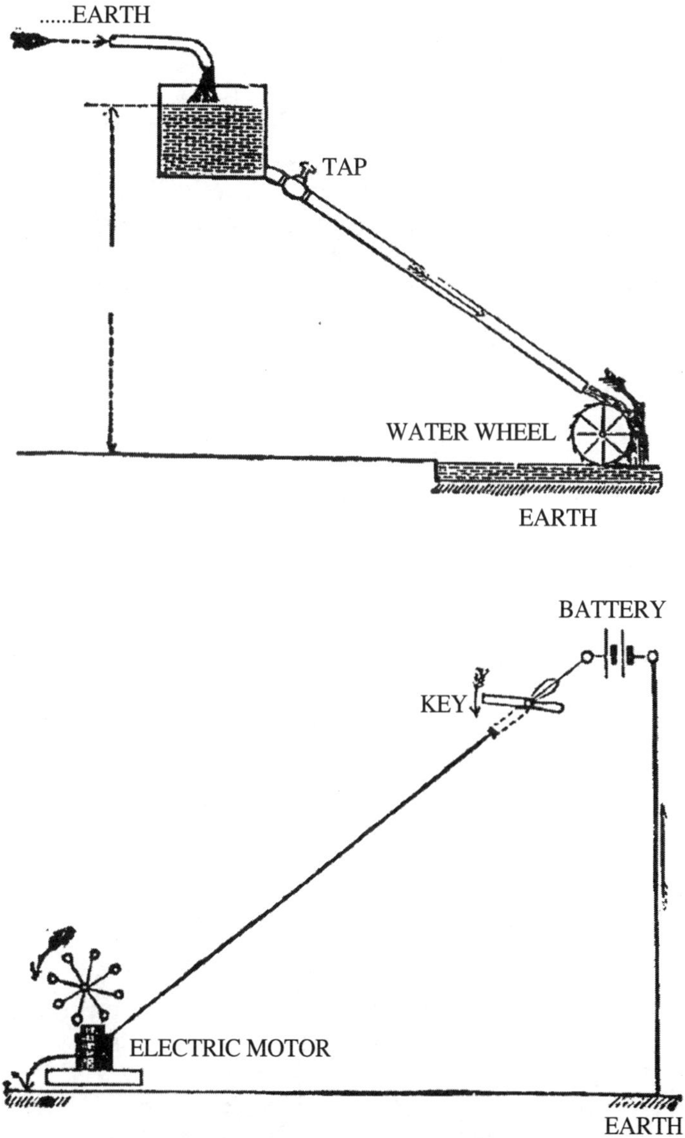

[그림 6-2] 재미슨(Jamieson, 1919)**에 따른 유체정역학적 비유**

을 여전히 사용하였다.

1890년부터 비유에 대한 맥스웰(Maxwell)의 지지는 줄곧 교과서 저자들에 의해서 활발하게 채택되었다. 특히 그의 물 회로 비유는, 확실하게 그가 처음 그것을 제안했을 때보다 발달되었고 정리되었다. 압력과 전압, 물 흐름과 전류 그리고 물이 흐르는 파이프를 가늘게 만드는 것과 저항 사이의 연결이 그것이다. 일찍부터 저자들은 '전기적 압력'이라는 용어를 곧잘 사용했다. 밀리칸과 게일(Millikan & Gale, 1913)은 전압 강하에 대한 유체 정역학적 비유(그림 6-1)를 보이기 위해서 도표를 만들기도 했다.

물 흐름 비유는 회로 주위의 전압 강하뿐 아니라 전지와 저항을 가진 전체 회로에서도 비유될 정도로 확장되었다. 이것은 메이콕(Maycock, 1919, p.39)의 초기 형태로 보여졌고 [그림 6-3] 이것은 '개념적 물리(Hewitt, 1987, p.513)'에 제시된 것 [그림 6-4]와 강한 관계성을 보인다. 구체적인 물 흐름 모형은 너필드(Nuffield) 과학 프로그램에서도 사용되었다.

1945년 이후 미국과 영국은 과학교육의 개혁을 시작했다. PSSC 물리와 같은 책의 창시는 1960년 초기에서부터 현재까지 물리를 교실에서 가

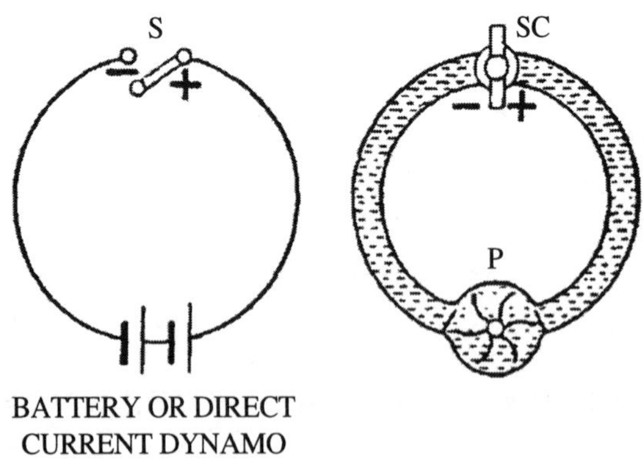

[그림 6-3] 메이콕(Maycock, 1919)**에 의한 유체정역학적 비유**

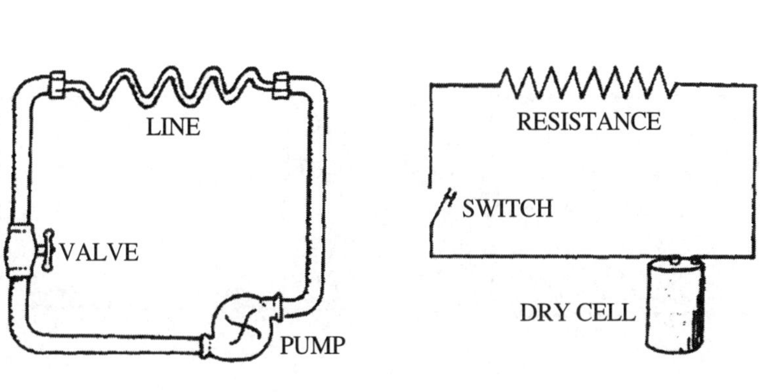

[그림 6-4] 휴이트(Hewitt, 1987)의 '개념물리'에 표현된 유체정역학 비유

르치는 방법과 교과서를 쓰는 저자들에게 크게 영향을 미쳤다. PSSC물리에서는, 전하들 사이의 전기력에 대해 조심스럽게 묘사하고 전류는 전기장에서의 운동의 한 종류로서 제시되었다. 그러나 유체에 대한 이미지는 여전히 남아 있어서 '전류가 끊임없이 흐르고 있다'와 같이 유체 아이디어를 강조하였다.

영국에서의 너필드 과학은 여전히 전류를 물 회로와 비유해서 제시했다. "지금 말할 수 있는 것은 '이 전기행동이 물 흐름의 행동과 같다.'는 것이다. 그러나 우리는 어떤 것이 정말 흐르고 있는지 어떤지를 알지는 못하고, 그것이 무엇인지도 확실하게 알지 못한다. 만약 무엇이 흐른다면, 그것은 회로를 흐르는 '주스'의 어떤 종류일지도 모른다." 일반적으로 '흐르는 전하'에 대한 어떤 생각은 회로 이론의 서론 중 한 두 페이지에 걸쳐 소개된다. 이 흐름에 필요한 힘들과 도선 속의 전자의 흐름에 대한 설명은 14세에서 15세 학생을 위한 교과서에서는 평범한 사항이었다.

전지의 전압을 설명하기 위해 중력을 이용한 비유도 있다.(Stocklmayer & Treagust, 1994) 이 비유는 현재의 물리 교과서에서도 발견된다.

(a) (b)

[그림 6-5] 헬리데이와 레스닉(Halliday & Resnick, 1988)에 따른 중력을 이용한 비유

대학의 물리 교재에 사용된 비유

다음은 서웨이(Serway, 1998)가 일반물리학 교재에서 유동속도(drift velocoty) 개념을 비유적으로 설명한 것이다.

"도선에 흐르는 전류는 철로 된 실뭉치로 가득 채워져 있는 파이프 속을 흐르는 물에 비유할 수 있다. 파이프 속을 흐르는 물 분자들이 철로 된 실뭉치에 부딪히면서 흐르게 되면 실뭉치가 들어있지 않은 파이프 속을 흐르는 경우보다 유속이 더 느린 것과 같이, 도선에 흐르는 전자들은 도선의 원자들과 충돌하여 유동 속도를 가지고 느리게 흐른다."

핼리데이와 레스닉(Halliday & Resnick, 1974)은 물리 개념 설명을 위해 여러 군데에서 비유를 쓰고 있다. 몇 가지 예를 들어 보자.

"도선의 단면이 도선의 각 점에서 달라지더라도 전류 i는 어떤 지점을 지나더라도 변하지 않는다. 이것은 파이프 속을 흐르는 물이 파이프의 굵기가 달라지는 어떤 단면을 지나더라도 1초당 흐르는 물의 양이 일정한 것과 같다. 파이프가 가늘어진 곳에서는 물이 빨리 흐르고 파이프가 굵어진 곳에서는 물이 천천히 흘러 결과적으로 단위 시간당 흐르는 물의 양이 변하지 않는 것과 같다."

이것은 물 회로의 '파이프를 흐르는 물'로 '전류'를 비유한 것이다. 한 회로에서 도선의 어느 위치에서 재어도 전류의 세기가 일정한 것을 파이프 속을 흐르는 물이 어느 단면을 지나더라도 단위시간당 흐르는 물의 양이 일정한 것으로 비유하고 있는 것을 볼 수 있다.

이들은 또, 전자들의 유동 속도(drift velocity)를 설명하기 위해 다음과 같은 비유를 사용하였다.

"도선의 전자들에게 전기장이 작용해도 전자들은 가속되지 않는다. 그것은 전자들이 도선을 이루고 있는 원자들과 계속적으로 충돌하기 때문이다. 이러한 충돌로 인해 가속된 전자들의 운동에너지의 일부가 격자들의 진동에너지로 전환되어 전자들은 일정한 평균 속도를 유지하게 된다. 이러한 현상은 계단을 굴러 내려오는 구슬에 비유할 수 있다. 구슬이 한 계단을 떨어질 때 중력장에 의해 얻어진 가속도는 다음 계단과 충돌할 때 상쇄되어 버리기 때문에 구슬은 일정한 평균 속도를 가지고 굴러 내려오게 되는 것과 같은 이치이다."

위의 두 가지 비유를 보면 일대일 대응 관계는 엄격하게 유지하고 있지만 현대적 비유에서 요구되는 체계성(systematicity)은 약하다. 첫 번째 비유에서는 물회로도 폐회로이고 전기 회로도 폐회로인 것을 은연중에 의미하고는 있지만 그러한 잠재적인 의미를 파악하지 못하는 학생들은 비유 추론에 어려움을 겪을 수 있다. 두 번째 비유의 경우에는 아예 한 체계에서 어느 일부만을 비유하고 있기 때문에 체계성은 무시되어 있다고 볼 수 있다. 전기 회로에서의 떠다님 속도의 경우는 순환적이지만 계단을 구르는 구슬의 경우는 일방향적이기 때문에 체계적인 것으로 볼 수 없다.

이들은 또, 축전기의 에너지 공식인 $U_E = \frac{q^2}{2C}$을 설명하기 위해 이미 학습한 단진동 에너지 공식인 $Up = \frac{1}{2}kx^2$을 대비시켜 비유하고 있는 것을 볼 수 있다. 이들은 이 공식의 비유에서 전하량 q를 거리 x에, 전기용량 C를 용수철 상수 k의 역수($1/k$)에 대응시켜 설명하였다. 이것은 형식적 비유의 한 형태로 일대일 대응관계와 체계성의 원칙이 잘 지켜진 비유에 속한다.

매리온(Marion, 1999)은 대학 일반물리학 책에서 광전 효과에서의 문턱에너지를 설명하기 위해 다음과 같은 비유를 사용하였다.

"아인슈타인의 제안에 의하면, 광전자의 운동에너지(T)는 쪼여준 자외선의 에너지(hν)와 물질의 일함수(ϕ)라고 하는 문턱에너지의 차이일 것이다. 이를 식으로 나타내면 다음과 같다.

$$T = \mathrm{h}\nu - \phi$$

이러한 광전 효과를 설명하기 위해 [그림 6-6]과 같이 골에 있는 질량이 m인 공을 생각해 보자. 공이 충분한 에너지 E를 받으면, 공은 골 위로 굴러 올라와서 속도 v로 도망할 수 있을 것이다.

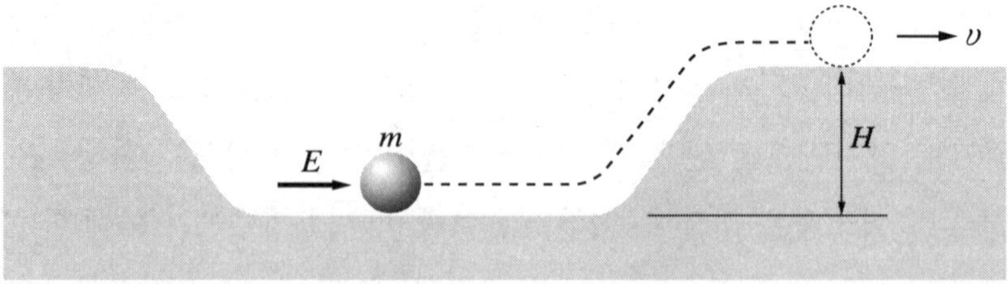

[그림 6-6] 광전 효과와 유사한 역학적인 예. 공이 골에서 빠져나오려면 최소 *mgH*의 에너지가 필요하다.

골을 빠져 나오는 데 필요한 에너지는 mgH이므로, 다음의 식이 성립한다.

$$\frac{1}{2}mv^2 = E - mgH$$

여기서 mgH는 일함수에 해당하고, E는 광자의 에너지에 해당한다."

'그리피쓰(Griffith, 1999)의 물리학'은 복잡한 수학을 사용하지 않고 우리 주변에서 흔히 볼 수 있는 현상들을 소재로 하여 아주 쉽게 물리학의 여러 개념들을 설명한 책인데, 이 책의 여러 부분에서 저자는 물리 개념을 쉽게 설명하기 위해 비유를 사용하고 있는 것을 볼 수 있다. "전자기파는 줄이 만드는 파동처럼 횡파이다"라든가, "전류는 시냇물이 갈라져 흐를 수 있듯이 갈라질 수 있다" 등과 같이 단순하게 비유한 예를 제외하고 그리피쓰가 이 책에서 사용한 비유들을 소개하면 다음과 같다.

다른 저작자들과 마찬가지로 그리피쓰 또한 이 책의 앞부분에 소개되는 뉴턴 역학 부분에서는 거의 비유를 사용하지 않고 있다. 단지 뉴턴 역학의 끝부분에 소개되는 강체의 회전 운동에서 약간의 비유를 사용하고 있다. 예를 들면,

"뉴턴의 제2법칙인 $F = ma$에 유추하여, 회전운동에 대한 제2법칙을 다음과 같이 기술하자: 주어진 축에 대한 물체에 작용하는 알짜 토크는 그 축에 대한 물체의 회전 관성을 물체의 각가속도로 곱한 것이다. 즉, $\tau = I\alpha$."가 있다.

또 다른 예를 들면,

"회전 운동과 선운동을 비교해 볼 때 회전관성은 질량의 역할을 하고 각속도는 선속도와 비슷하다. 이것에 유추해서, 각운동량을 다음과 같이 정의할 수

〈표 6-4〉 선운동과 회전운동 사이의 대응되는 개념들

개념	선운동	회전운동
관성	m	I
뉴턴의 제2법칙	$F = ma$	$\tau = I\alpha$
운동량	$P = mv$	$L = I\omega$
운동량 보존	만약 $F = 0$이면 $P =$상수	만약 $\tau = 0$이면 $L =$상수
운동에너지	$KE = \left(\frac{1}{2}\right)mv^2$	$KE = \left(\frac{1}{2}\right)I\omega^2$

있다: 각운동량은 회전관성과 각속도의 곱이다, $L = I\omega$, 여기서 L은 각운동량을 나타내는 기호이다.”

그리고 이러한 비유들을 종합하여 그리피쓰는 이미 설명한 선운동에 관련된 개념들을 비유하여 〈표 6-4〉와 같이 회전운동에 관련된 개념들을 설명하고 있다.

이상에서 그리피쓰가 사용한 비유 유형은 형식적 비유이며 모두 철저한 일대일 대응 관계를 보여주고 있다.

유체와 열 단원에서는 파스칼의 원리를 설명하기 위해 ‘압축된 유체’를 ‘용수철’로 비유하여 설명하였고, 냉장고나 에어콘의 원리를 설명하기 위해 ‘열펌프’를 ‘물펌프’로 비유하여 설명하였다. 한 가지 예를 들면 다음과 같다.

“외부로부터 공급받은 일을 이용하여, 차가운 열원으로부터 따뜻한 열원으로 열을 이동시키는 장치를 열펌프라고 한다. …… . 열펌프는 물펌프가 물을 높은 위치로 퍼올리는 것처럼, 자연스러운 열의 흐름과는 반대 방향으로 열이 흐를 수 있게 해 준다.”

이 비유에서 그리피쓰는 열펌프를 물펌프에, 열을 물에 비유하고 있음을 볼 수 있다.

전기와 자기 단원에 보면 그리피쓰는 상당히 많은 부분에서 비유를 사용하고 있음을 볼 수 있다. 특히, 전기 회로 부분에서 비유를 많이 사용하고 있는데 이러한 현상은 다른 물리학 저작자들에게서도 볼 수 있다. 그는 전류를 물 흐름과 유사한 것으로 보고 여러 가지 비유를 쓰고 있다. 몇 가지 예를 들면 다음과 같다.

"전하는 보이지 않기 때문에 전하의 흐름을 그리려면 약간의 상상력이 요구된다. 파이프 내에서 물의 흐름은 회로에서 전류의 흐름과 유사하므로 이와 유추해서 생각하면 전류를 시각화하는 데 도움이 된다. 그림은 낮은 탱크에서 더 높은 탱크로 물을 퍼 올리는 펌프로 물의 위치가 올라가면 앞에서 배웠듯이 물의 중력 위치에너지가 증가한다. 높은 탱크에 있는 물은 낮은 탱크로 되돌아 흐르는 경로를 제공하지 않는 한, 그 위치에 무한정 머물러 있을 수 있다. 만일 굵은 파이프로 이러한 경로를 만들어 준다면 물은 빠르게 낮은 탱크로 되돌아갈 것이다. 물의 흐름의 비율은 초당 리터로 측정할 수 있다. 펌프가 높이 있는 탱크에 계속해서 물을 퍼올려 손실된 물을 보충해 주지 않으면 높은 탱크는 곧 텅비게 될 것이다. 만일 물이 흐르는 경로의 한 지점에 좁은 관을 둔다면 이 좁은 관은 흐르는 물의 양을 제한해 줄 것이다. 좁은 파이프는 물의 흐름에 보다 큰 저항을 가진다."

[그림 6-7]에서 건전지에 대응하는 것이 펌프이다. 둘 다 한쪽에서는 물, 다른 한쪽에서는 전자의 퍼텐셜 에너지를 증가시킨다. 굵은 파이프는 회로에서 연결된 전선과 같고, 노즐은 전구의 필라멘트에 대응된다. 실제로 물이 파이프의 좁은 구멍을 통하여 흐를 때에도 전구의 필라멘트가

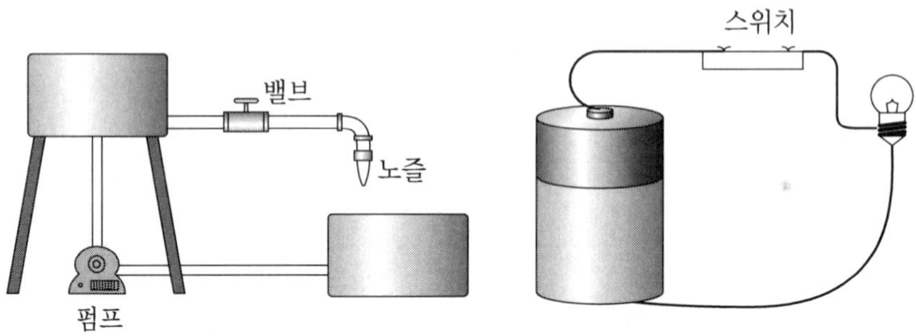

[그림 6-7] 수류 시스템과 단순 전기 회로의 비유

따뜻해지듯이 조금 따뜻해진다. 배관상의 한 점에 있는 밸브는 전기회로에서 스위치에 해당된다. 〈표 6-5〉는 대응되는 요소들을 정리한 것이다.

그리피쓰는 전압을 설명하기 위해 또한 수류시스템 비유를 사용하고 있다:

"수류시스템에서는 두 점 사이의 압력차가 클수록 물의 흐름은 커진다. 물 저장 탱크를 더 높은 위치에 올려놓은 것은 이러한 이유에서이다. 압력이 바로 물의 중력 위치에너지와 관계가 된다. 마찬가지로 건전지의 두 끝점 사이의 전기적 위치에너지 차이, 즉 전위차가 클수록 전하의 흐름도 커진다."

〈표 6-5〉 수류시스템과 전기회로의 유사성에서 대응되는 요소

수류 시스템	전기회로
물	전하
펌프	건전지
파이프	전선
좁은 파이프	가는 전선
밸브	스위치

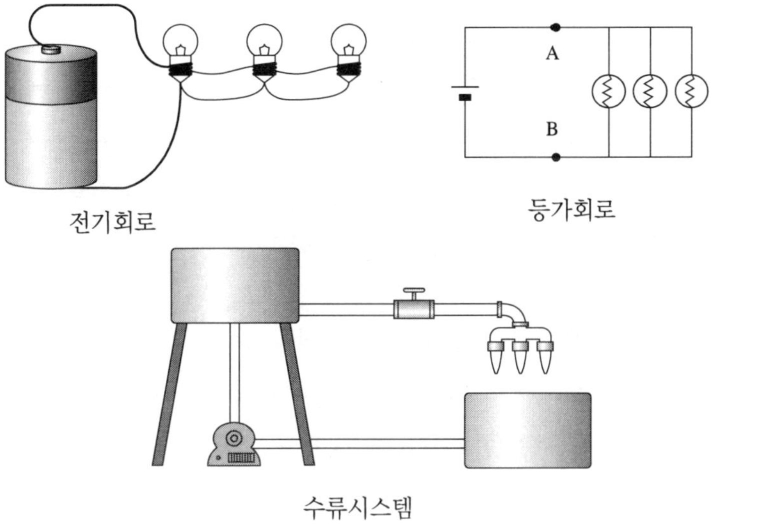

[그림 6-8] 수류 시스템과 전구 병렬연결 비유

이 비유에서는 위의 그림 외의 다른 그림은 제시하지 않고 있다.

그리피쓰는 또 저항의 직렬 연결과 병렬 연결의 설명을 위해서도 비유를 사용하고 있음을 볼 수 있다. 직렬 연결에 대한 비유를 보면,

"사람들은 가끔 직렬회로에서 전류가 저항을 통과하면서 그 일부가 소모된다고 생각한다. 그러나 그것은 사실이 아니다. 파이프 내에서 물이 연속적으로 흐르는 것처럼 회로의 각 소자들에는 같은 크기의 전류가 통과해야 한다."

이 비유는 직렬 연결의 모양이나 그때의 전류 세기를 비유한 것이 아니라 최근에 많이 소개되었던 학생들의 전류 소모 생각을 고려하여 그에 대한 설명을 하고 있음을 알 수 있다. 그러나, 다음에 제시되는 저항의 병렬 연결 비유에서는 병렬 연결시의 특징에 대해 비유적으로 설명하고 있다.

"만일 파이프를 병렬로 연결한다면 이는 효과적으로 물이 흐르는 총 단면적

을 증가시켜서 흐름에 대한 저항을 감소시키므로 물의 흐름을 증가시킨다. 전기회로에서 저항을 병렬로 연결하는 것도 마찬가지이다. 저항들을 병렬로 연결하면 그들은 같은 점 사이에 연결되어 있기 때문에([그림 6–8]에서 점A와 B) 각 저항 양단에 걸리는 전위차는 같다. 총 전류의 일부가 각 지류를 통해 흐르며 각 부분의 전류를 모두 더하면 총 전류가 된다."

그리피쓰는 에너지 변환에 관한 설명을 위해서도 수류시스템을 이용한 비유를 사용하고 있다. 이 부분에서는 상당히 길게 비유적 설명을 하고 있음을 볼 수 있는데 그 구체적인 내용은 다음과 같다.

"전기회로와 수류시스템은 여기에서도 훌륭한 유사성을 가진다. 어떤 외부 공급원으로부터 에너지를 받은 펌프에 의해 수류시스템에 에너지가 공급된다. 전기, 가솔린 및 바람이 물을 퍼 올리는데 흔히 사용되는 에너지원이다. 펌프는 높이 있는 탱크로 물을 퍼 올림으로써 중력 퍼텐셜에너지를 증가시킨다. 물이 파이프를 통하여 낮은 탱크로 흘러 내려감에 따라 중력퍼텐셜에너지는 물의 운동에너지로 바뀐다. 일단 물이 낮은 곳에 있는 탱크에 저장되면, 운동에너지는 물 내에서의 혹은 물과 파이프나 탱크의 내벽과의 마찰력이나 점성력에 의해서 흩어진다. 마찰력은 열에너지를 발산한다. 펌프에 의해 시스템에 더

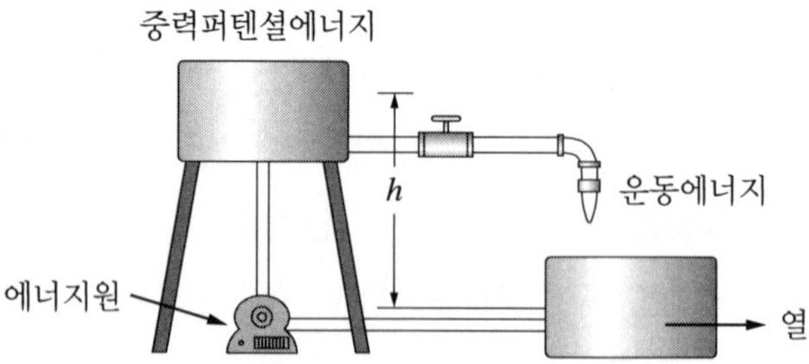

[그림 6–9] 수류 시스템에서의 에너지 전환

해진 에너지는 궁극적으로 물과 이를 둘러싸고 있는 파이프와 공기의 내부에너지를 증가시키며 이는 곧 물과 그 주위의 온도 증가로 나타난다.

이 유사성은 전기회로에서도 적용될 수 있다. 건전지에 의해 공급되는 에너지는 화학반응물에 저장된 퍼텐셜에너지로부터 추출해 낸 에너지이다. 펌프와 마찬가지로 건전지는 양전하를 양극 단자로, 음전하를 음극 단자로 이동시킴으로 전하의 퍼텐셜에너지를 증가시킨다. 이 때 양극에서 음극까지 외부에 전도경로를 제공함으로 회로를 완성하는데, 전하는 전선과 저항을 통하여 퍼텐셜에너지가 높은 점에서부터 낮은 점으로 흐른다. 전류를 이루며 흐르고 있는 전하들은 전기적인 퍼텐셜에너지를 잃어버림에 따라 운동 에너지를 얻는다. 결국 이 운동 에너지는 회로에서 저항 내에 있는 다른 전자 또는 원자들과의 충돌에 의해서 무질서하게 되며, 이는 곧 저항의 내부 에너지를 증가시켜 온도가 올라가게 된다. 결국 운동에너지는 이 충돌에 의해 열에너지로 변환되는 것이다.

수류시스템과 전기회로 둘 다 다음과 같은 에너지 변환이 일어난다

에너지원 → 퍼텐셜에너지 → 운동에너지 → 열

물이나 전류가 흐름에 따라 파이프나 저항은 따뜻해진다. 전기회로에서는 종종 전기 에너지로 램프를 켠다든지, 빵을 굽는다든지, 혹은 난방을 한다든지 하는 등의 목적을 위해 열로 전환하여 사용한다.”

이후에도 그리피쓰는 여러 가지 물리 개념 설명을 위해 비유를 사용함을 볼 수 있다. 몇 가지 간략하게 소개하면 다음과 같다. 자기력을 설명하기 위해 전기력에서의 쿨롱의 법칙을 비유하고 있으며, 사람의 눈이 하는 일을 설명하기 위해 카메라의 렌즈의 성질을 비유하고 있고, 원자 모형을 설명하기 위해 태양계의 모습을 비유물로 쓰고 있으며, 우주 팽창을 설명

하기 위해 풍선 위의 점들이 풍선을 불 때 멀어짐으로 비유하고 있고, 컴퓨터의 인공 지능을 설명하기 위해 인간의 신경망을 비유물로 쓰고 있다. 이처럼 그리피쓰는 그의 물리학 책에서 여러 가지 물리 개념을 설명하기 위해 상당히 많은 비유를 쓰고 있음을 볼 수 있다.

파인만(Feynman, 1965)은 그의 강의록인 '물리법칙의 특성'에서 몇 가지 비유를 사용하고 있다. 먼저 그는 에너지 보존 법칙을 설명하기 위해 벽돌 비유를 사용하고 있는 데 그 내용은 다음과 같다.

"어머니가 아이를 28개의 부서지지 않는 벽돌이 있는 방안에 두고 외출했다고 상상해 봅시다. 아이는 하루 종일 벽돌과 장난을 할 것입니다. 그리고 어머니가 돌아왔을 때 역시 28개의 벽돌이 그대로 있는 것을 발견합니다. 그녀는 벽돌이 보존되어 있음을 확인합니다. 이런 일이 며칠 동안 계속됩니다. 그러던 어느 날 그녀가 돌아와 보니 벽돌이 27개만 있습니다. 그녀는 벽돌 한 개가 창밖에 놓여져 있는 것을 발견합니다. 아이가 창밖으로 벽돌을 던져버린 것입니다. 보존의 법칙에서 첫째로 여러분이 주목해야 할 것은 관찰하고자 하는 재료가 창문 밖으로 나갔는가 하는 것입니다. 이상한 경우가 또 발생할 수 있습니다. 만약 다른 소년이 찾아와 같이 놀다가 벽돌을 가지고 가는 경우 등입니다. 이러한 사건들도 여러분이 보존 법칙들에 대해 말하고자 할 때 생각해야 할 문제들인 것입니다. 어느날 어머니가 돌아와 벽돌의 수를 세어보니 25개밖에 없다고 상상해 봅시다. 그러나 이때 아이가 다른 장난감 상자에 세 개의 벽돌을 숨겼을 것이라고 의심해 보아야 합니다. 그래서 어머니가 '그 상자를 열어봐야겠다.'고 말할 때 아이가 '안돼요, 열지 마세요.'라고 한다면, 현명한 어머니는 '저 상자가 비어 있을 때는 무게가 500g이었는데 벽돌 하나당 80g이니까 저 상자의 무게를 재어보면 되겠지.'라고 생각할 것입니다. 그러면 벽돌 세 개의 무게를 계산을 통해 합하면 총 벽돌 28개를 얻게 됩니다."

바아네트(Barnett, 1985)는 아인슈타인의 물리학을 설명하면서 매우 많은 비유를 사용하고 있다. 다음은 그의 설명 중의 하나이다.

"광전 효과는 1905년에 아인슈타인이 해명하였다. 빛이 금속판에 떨어지면, 금속판은 자유 전자를 방출한다. 이 현상은 고전적 파동설로는 설명되지 않는다. 아인슈타인은 빛이 에너지의 연속적 흐름이 아니라, 그가 광자라고 부르는 에너지의 개별적 입자로 되어 있다고 단정하였다. 광자가 전자를 때리면, 그 작용은 [그림 6-10] 당구공들이 부딪히는 것과 비슷하다."

위의 설명에서와 같이 전자와 광자의 충돌을 아인슈타인은 두 당구공이 충돌하는 것과 같은 것으로 비유하였다는 것이다(Barnett, 1985) 바아네트는 과학자들이 쓴 비유를 인용하기도 하였지만 자신이 비유적으로 설명하기도 하였다. 그는 다음과 같은 설명에서 자신이 비유를 만들어 사용하고 있음을 볼 수 있다.

"빛에는 파동설에 의하여야 비로소 설명될 수 있는 몇 가지 현상이 있는 것이 사실이다. 예를 들면, 건물, 나무, 전선주와 같은 통상의 물체의 그림자는 선명하게 보이지만, 아주 가는 철사나 머리털을 광원과 스크린 사이에 두면, 그것은 확실한 그림자를 나타내지 않는다. 이것은 아주 작은 암석에 구비치는 물결과 같이 빛도 굽는다는 것을 암시한다. 마찬가지로, 둥근 구멍을 통과하는 빛은 스크린 위에 뚜렷한 원반 모양의 그림자를 만들지만, 구멍이 바늘 구멍만한 크기로 줄어들면, 그 원반은 과녁과 같이 명암이 교대로 된 동심원을 이룬다. 이 현상을 회절이라 부른다. 만일, 한 바늘 구멍 대신에 두 개의 바늘 구멍이 아주 가깝게 있으면, 회절의 모양은 나란한 줄무늬로 바뀌어진다. 마치 수

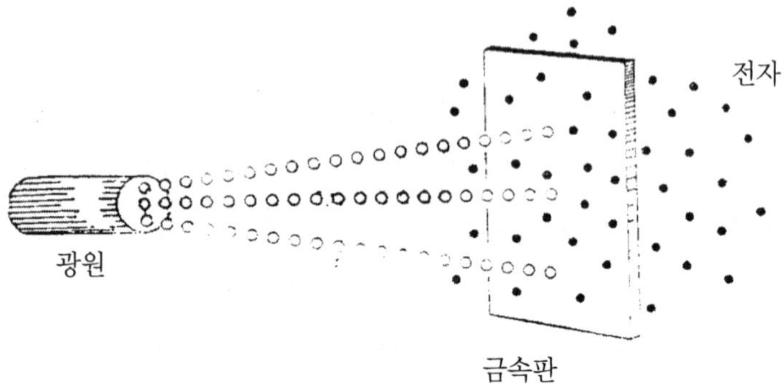

[그림 6-10] 광전 효과 비유

영장에서 부딪히는 두 물결이 마루와 마루가 만나면 서로 강해지고, 한 물결의 마루와 다른 물결의 골이 만나면 지워지는 것처럼, 두 바늘 구멍이 인접해 있을 경우, 두 광파가 서로 강화될 경우에는 밝은 줄무늬가 나타나고, 두 파동이 상쇄될 경우에는 어두운 줄무늬가 나타난다."

위의 설명에서 바아네트는 여러 가지 비유를 사용하고 있다. 빛이 회절하는 현상은 아주 작은 암석에 구비치는 물결과 같다고 했고, 동심원형 회절 무늬를 과녁에 비유하였으며, 빛의 간섭에서 명암의 무늬가 나타나는 원리를 수영장에서 두 파동이 만나 파가 강해지거나 소멸되는 것으로 비유하여 설명하고 있다. 한 페이지의 물리 개념 설명에서 바아네트는 세 종류의 비유를 사용하고 있는 것을 볼 수 있다.

그가 다른 과학자의 비유를 인용한 것으로는 앞에서 설명한 아인슈타인이 인용한 당구공 비유 외에 다음과 같은 것을 들 수 있다.

"영국의 물리학자 제임스 진스(James Jeans)경은 이렇게 언명하였다-딱딱한 공은 일정한 크기의 장소를 차지한다. 그러나, 전자가 얼마나 많은 장소를 차지하는지를 논하는 것은 무서움, 걱정, 또는 불확실성이 얼마나 많은 장소를 차지하는가를 논하는 것처럼 무의미할 것이다."

비터(Bitter, 1985)는 일반인을 대상으로 하는 물리학 설명에서 반자성체에 자기가 유도되는 현상을 변압기에 비유하여 쉽게 설명하고 있다. 다음과 같은 그의 설명에 대해 생각해 보자.

"반자성체에 유도된 자성 효과의 원리는 변압기의 작용과 비슷하다. 전류가 변압기의 1차 코일에 흐르면 다른 전류가 2차 코일에 유도된다. 2차 코일에 유도된 전류는 단지 2차 코일로 둘러싸인 철심 내부에서의 변화하는 자기장 때문에 일어난다. 2차 코일 속의 전류는 2차 코일의 도선의 저항 때문에 감소하여 버린다. 원자 속에서도 비슷한 효과가 있다. 우리는 전자의 구름을 저항-코일이 아니고-이라고 생각할 수 있다. 원자를 자기장 속에 가지고 올 때 원자 속에는 변화하는 자기장이 있게 되고, 이것이 전자 구름 속에 전류를 유도한다. 이 구름 속의 전자의 운동은 방해없이-즉, 저항이 없으므로-진행되고 유도된 자기화는 자기장이 제거될 때까지 유지된다. 자기장이 제거되면 원자의 자기화는 없어진다. 이 유도된 반자성적인 자기화가 가지고 있는 중요한 일면은 이 자기화가 유도하는 자기장과 반대 방향을 향한다는 것이다. 따라서 반자성체는 자석의 근처에서는 반발한다."

과학 교과서 속의 은유

과학 교과서 속의 은유에 대해 설명하기 전에 과학에서의 은유들에 대해 생각해 보자.

과학 개념의 생성과 은유

페퍼(Pepper, 1973)는 "철학에서의 은유는 문학에서의 은유와 구분된다. 그것은 철학에서의 은유는 심미적 도구이기보다는 설명적 도구이기 때문이다. 철학에서 은유의 설명적 기능은 개념적으로 명확하게 하고, 이해를 도우며, 철학적 사고나 철학적 문제에 관련되는 통찰을 얻도록 돕는 것이다."라고 말했다. 철학에서와 마찬가지로 과학에서의 은유도 문학적인 은유와는 구별되며, 과학적인 개념을 명확하게 하고, 개념이나 원리에 대한 이해를 도울 수 있으며, 과학적 사고나 과학적 문제에 관련된 통찰을 얻도록 돕는 역할을 한다.

언어인지학자들은 일반적으로 과학의 용어들은 원천적으로는 모두 은유라고 주장한다. 왜냐하면, 자연철학 이후 '과학(science)'이라는 학문 분야가 생겨나면서 과학적 현상이나 개념, 원리, 이론에 붙여진 과학 용어들은 그 이전에 사용해 오던 용어들로부터 은유적으로 취한 것들이기 때문이다.

한 가지 예로 '전자기학'이라고 이름 붙여진 학문 분야를 가지고 생각해 보자. 전자기학의 어원에 대해 생각해 보자. '전자기학'이란 학문 명칭은 영어에서 온 것이고, 'electro−magnetics' 라고 쓴다. 이 단어는 합성어로 'electro'와 'magnet'이라는 단어를 합한 것에 '학문'이라는 뜻을 갖는 접미사로 'ics'를 덧붙여 만든 것이다. 즉, 'electro−magnetics = electro + magnet + ics'이다. 여기서 'electro'는 원래 'electricity', 즉 '전기'를 가리키는 말이다. 그리고 'electricity'의 어원은 'electron'으로, 기원전 600년경 철학자인 탈레스(Thales, B.C. 624−547)가 보석의 일종인 호박(amber)을 문지르면 깃털 같은 가벼운 물체를 끌어당기는 신기한 현상을 발견하면서 생겨난 용어였다. 즉, 'electron'이라는 용어는 지금의 '전자'가 가지는 개념과는 전혀 다른 의미를 가지고 있었다. 이 호박을 그리스어로 elektrum(또는 electron)이라고 하는데, 후에 서기 1600년경 길버트(William Gilbert, 1544-1603)가 이 단어로부터 은유하여 '전기'를 'electricity' 라고 이름을 붙였으며, 현대 과학에서 '전자'를 뜻하는 'electron' 이라는 단어도 이 그리스어에서 유래한 것이다. 그리고 'magnet'의 어원은 분명하진 않지만 기원전 7세기경 마케도니아에서 철을 끌어당기는 돌(자철광-magnetite Fe_3O_4)이 다량으로 산출되었는데 이 지방의 이름인 마그네시아(Magnesia)를 은유하여 magnet이라고 불리게 되었다는 설이 유력하다. 이렇게 보면, 전자기학이라는 개념을 구성하고 있는 용어들은 물체나 지방 이름에서 은유하여 붙여진 것을 알 수 있다. 그러나 현재 과학을 연구하는 과학자나 과학을 공부하는 학생들 누구도, 일부러 어원을 파헤쳐보지 않는 한, 'electro-magnetics'를 호박과 마그네시아 지방의 산물로 생각하거나 이해하는 사람은 거의 없다. 다시 말하면, 'electro-magnetics'를 은유라고 생각하지 않고, 바로 과학적 개념을 떠올린다는 것이다. 언어인지과학에서는 이러한 용어들을 '죽은 은유'(dead metaphor)라고 말한다.(Black, 1993) 이러한 예들은 과학에서 얼마든지 많이 있다. 그리고 은유에 의한 개념적 용어의 파생은 과학뿐만 아니라 거의 모든 학문 영역에서 이루어지고 있다. 그것은 '전자'를 뜻하는, 'electron'이라는 개념적 은유로부터 'electricity'뿐만 아니라, electronics[23], electronic, electric, electrician, electrolytic, electrocardiogram, hydroelectric, anelectric 등과 같이 많이 있다.

과학에는 이렇게 이미 오래된 개념적 은유들만 있는 것이 아니라, 새로

---

23) 'electron'으로부터 'electronics'로 은유되는 과정도, electr(호박/전기"amber"의 어원) + on(물리/화학"particle"의 명사 접미사(Greek)) + ics(기술/학문"art/science"의 어원), 즉 'electr(=amber) + on(=suffix) + ics(=suffix) ⇒ 전기의 학문'으로 설명되기도 한다.

생겨나는 개념적 은유들도 많이 있다. 이들에 대해서는 앞에서 많이 설명하였으며, 한 가지만 더 설명하고자 한다. 베타트론(Betatron)은 1940년에 일리노이 대학의 도널드 W. 커스트에 의해 발명된 순환입자 가속기로 전자들을 가속시키기 위해 만들어졌다. 이렇게 새로운 기구나 과학적 현상이 발견되면, 그 기구나 현상의 개념에 적절한 명칭을 부여하기 위해 개념적 은유가 필요해진다. "베타트론(Betatron)"(베타 입자로 부터 따왔다)이란 이름은 공모전을 통해 선정되었다고 한다. 이 공모전에서 나온 이름은 베타트론 이외에도 "rheotron", "induction accelerator", "induction electron accelerator", 심지어는 독일협회에서 제안한 "Ausserordentlichhochgeschwindigkeitelektronenentwickelndenschwerarbeitsbeigollitron"와 같은 긴 이름도 있었다고 한다.(http://ko.wikipidea.org/wiki/) 이처럼 과학의 발달 과정에서는 개념적 은유를 만들어내는 활동들이 일어나게 되며, 이는 과학의 창의적 활동과 크게 관련되어 있다.

과학 교과서 속의 은유와 과학교육

얼마 전 인터넷의 묻고 답하기 코너에 "넘원자(아원자)의 어원이 뭔가요? 특히 넘이 무슨 말인지 모르겠네요."라는 질문이 올라와 있었고, 그 답변으로, "넘과 아, 모두 '같다'는 뜻으로, 같은 말이며 버금이라는 뜻"이라는 답변도 되어 있었다. 2005년판 한국물리학회의 물리학 용어집을 보니, '넘원자'는 subatomic을 의미하는 것으로 나와 있었다. 좀 더 다른 의미가 있는가를 알아보기 위해 위키백과를 찾았더니 〈표 6-6〉과 같은 논의들이 진행되고 있었다.

이러한 논의는 영어권에서는 할 필요가 없지만 비영어권에서는 심각하

〈표 6-6〉 소립자/넘원자 알갱이 관련 용어 정리

elementary particle – "소립자"/"씨알갱이": "기본입자"로 할 것을 제안합니다. 소립자의 소素라는 말은 구성원이라는 뜻으로 작을 소와 헛갈리기 때문입니다.
subatomic particle – "넘원자 알갱이"/"넘원자 입자"/아원자 입자: 아원자나 넘원자나 단어 길이는 비슷하니 우리말을 택하고 싶은데, 알갱이란 말은 사실상 안 쓰니. 넘원자 입자라는 말도 어색합니다만.

fermion
fermion – "페르미온" – "페르미 입자" – "페르미 알갱이"
quark – "쿼크" top/bottom/up/dowm/charm/strange quark – 꼭대기/바닥/위/아래/맵시/야릇한 쿼크
valence quark – 원자가 쿼크 (영한기초과학표준용어집(2005) 참조)

nucleon
nucleon – "핵자"
proton – "양성자"
neutron – "중성자"
hardron – "강입자" "하드론" / "센알갱이"
baryon – "바리온", "중입자": 중입자는 무거운 입자란 뜻인데, 가운데와 헛갈립니다.
meson – "중간자", "메존"

힘/상호작용
gravitation – "중력"
strong interaction – "강한 상호작용", "강한 핵력": 강력이란 말은 좋지 않습니다.
weak interaction – "약한 상호작용", "약한 핵력"
electromagnetism – "전자기력"
electroweak force – "약전자기력": 역시 물리학 용어집에 있음. 전약력도 좋지 않습니다.

기타
field – "마당", 장 : 장이라는 용어가 더 좋습니다. 거의 완료되어가는 한국물리학회 용어조정안을 참조하세요.
quantum field theory – "양자 마당 이론" : 다시 '양자장론'으로 굳어지는 추세입니다. 한국물리학회 용어조정안을 참조하세요.

따옴표로 둘러쌓은 것은 한국 물리학회 용어집의 단어임

게 논의될 필요가 있다. 왜냐하면 어떤 은유적 개념을 담아서 용어를 설정할 것인가는 그 개념을 학습하게 되는 학습자들에게 매우 중요하기 때문이다. 어떤 과학 개념에 대한 과학 용어가 만들어지면 그것이 만들어진 국가의 언어는 다른 국가에서는 번역해서 쓰거나 그 용어의 원어를 그대로 쓰는 수밖에 없다. 앞의 위키백과에서 논의한 내용들에서 보는 바와 같이, 쿼크, 보존, 페르미온 등은 그대로 쓰자는 의견들이고 다른 용어들은 번역해서 쓰자는 노력을 보이고 있다. 이것은 어떤 과학 개념에 대한 과학 용어가 만들어지면, 그 언어를 사용하는 학습자들보다는 그 용어를 자국어로 번역하여 학습해야 하는 학습자들은 이중의 어려움을 겪게 됨을 의미한다.

앞에서 예를 들었던 'electro−magnetics'를 가지고 다시 생각해 보자. 'electro−magnetics'는 우리말로 '전자기학'으로 번역하여 쓰고 있다. 사실상 이 용어는 한자어에 의한 은유이기 때문에 학습자들은 우리의 언어로 다시 번역해야 한다. 전자기학은 한자로 쓰면 '電磁氣學'이다. 이 의미를 찾아보면, 電(번개 전, 전기 전), 磁(자석 자, 사기그릇 자), 氣(날씨 또는 기후 기, 숨기, 힘 기, 공기 기, 생기 또는 정기 기), 學(배울 학, 공부 학) 등, 그 의미도 다양하다. 그래도 나름대로 이 용어를 만들 당시에 적절한 은유적 개념을 만들기 위해 노력한 흔적을 느낄 수 있다. 과학 개념을 이해하기 위해 이중적인 어려움을 겪을 학생들을 생각한다면 외국말로 개념화된 과학 용어들을 우리말로 적절한 은유적 개념을 만드는 것은 참으로 중요한 일이다. 그러기 때문에 물리학회를 비롯한 여러 학회에서 기존의 과학 용어들을 다시 점검하여 새로운 은유적 개념을 만들고자 노력하는 것이라고 생각한다.

과학의 은유들은 개념적 은유들(conceptual metaphors)이기 때문에, 기본적으로는 영구적으로 사용되는 은유들이다. 과학에서 만들어진 은유가 영구적으로 사용되지 않는 경우는 그 과학 개념이나 원리가 가지는 기본적인 내용들을 잘 못 표현한 경우이거나, 개념의 통합 또는 조절에 의해 사용할 필요가 없어진 경우이다. 앞에서 설명했듯이 패러데이가 많은 실험을 통해 여러 가지 과학 개념을 발견하고 그것들에 대해 명칭을 부여했지만, 이들 중에서 이온, 아노오드, 캐소오드 등과 같은 용어들은 여전히 사용되고 있지만, '자기적 텐션', 'anions', 'cathions' 등은 사용되지 않는다. 전기의 종류도 볼타 전기, 동물 전기 등 여러 가지가 사용되었지만 지금은 그 원리가 한 가지임이 밝혀지면서 이들을 구분하여 사용할 필요가 없어졌다. 이와 마찬가지로 지금도 과학 용어들은 계속 창조되고 있으며, 과거에 쓰였던 과학 용어들은 여전히 쓰이기도 하고 없어지기도 하였다.

새롭게 과학계에 등장하거나, 과학교육과정에 등장하게 되면 과학자나 과학교사들에게 생소한 느낌을 주고, 은유적 개념이라는 것을 느끼게 되듯이, 학교에서 새로운 과학 개념에 접하게 되는 학생들은, 과학자나 과학 교사들에게는 개념화 되어 있어서 '죽은 은유'에 속할지 모르지만, 학습자 입장에서는 살아있는 은유에 속할 수 있으며, 은유가 타나내는 대로 해석할 가능성이 높다. 예를 들면, 전력, 소립자, 전자기파 같은 용어들은 과학자나 과학 교사 입장에서 보면 전혀 은유적이라고 느껴지지 않는다. 그러나 이 개념이나 용어를 처음 접하는 학생들 입장에서 보면, 전력은 에너지가 아니라 힘의 한 종류이고, 소립자는 우리가 일상생활에서 보는 작은 모래알 같은 입자이고, 전자기파는 파도와 같은 파동이라고 은유적으로 해석하게 된다. 이들이 가지는 이 은유적 개념을 과학자나 과학 교사들이 가지고 있는 과학 개념으로 바꾸는 것은 오개념을 바꾸는 개념 변화만큼이나 어려울 수 있다.

홍성희와 김영민(2012)은 물리 교과서에서 사용되는 과학 용어들 중에서 은유적 용어라고 말할 수 있는 용어들을 선정하여 학생들이 이해하는 정도를 조사하였다. 2009 개정 교육과정에 따라 개발된 물리 교과서에는 과거에 수록되지 않았던 새로운 용어들이 많이 포함되었기 때문에 이에 대한 조사는 의미가 있었다. 몇 가지 예를 들어 보자. '중력파' 개념은 2009 개정 교육과정에서 처음 등장했다. 다시 말하면 제7차 교육과정까지는 제시되지 않았던 개념이다. 이 개념에 대해 전혀 배운 적이 없는 학생들은 용어만 접한 후에 중력파 개념에 대하여 과학적으로 이해한 학생은 한 명도 없었고(시사적인 정보를 통해서도 이해하지 못했음을 의미함), 거의 모든 학생들이 중력에 의한 파동, 중력에서 나오는 파동, 중력끼리 부딪혀서 생기는 충격파 등으로 중력과 관련된 파동으로 이해하거나, 중력이 미치는 에너지, 중력이 최대가 될 때에 나오는 에너지 등으로 중력과 관련된 에너지로 이해하거나, 중력이 주는 힘 등으로 중력과 관련된 힘으로 이해하거나 중력이 미치는 범위, 중력이 미치는 범위를 선으로 이은 것 등으로 중력의 영향이 미치는 범위로 이해하거나, 중력의 영향, 중력을 모두 합한 것, 중력을 모아 발사하는 것 등으로 중력이라는 단어 그대로의 의미로 은유적으로 이해하였다. 그렇다면 개정교육과정에 의한 교과서를 통해 중력파를 학습한 학생들은 어떤가? 이 경우에도 응답자 74명 중에서 35(41%)명이 중력의 파장이라고 응답했고, 14명(19%)이 행성에서 나오는 에너지라고 했고, 12명(16%)이 중력이 미치는 범위라고 응답했으며, 그밖에도 중력이 내는 파, 중력에서 발생하는 파, 중력에 의해 생긴 파동 등으로 중력과 관련된 파동의 의미로 이해하거나 중력에서 미치는 에너지, 중력에서 나오는 에너지 등으로 중력과 관련된 에너지의 의미로 이해하거나, 중력의 영향이 미치는 범위로 단어의 의미 그대로 은유적으로 이해하고 있었다. 개념을 알고 있다고 응답한 학생들도 대부분 은유적으로 이해하고 있었다. 즉, 학습한 후에도 과학자적 개념을 가진 학생은 1~2% 정도이며, 여전히 은유적 개념을 가지고 있음을 알 수 있다.

2009 개정 교육과정에 새로 도입된 개념인 업쿼크(up quark)에 대해서도 이에 대해 학습하지 않은 학생이든 학습한 학생이든 위쪽에 있는 쿼크, 위로 올라가는 쿼크, 위의 쿼크, 쿼크가 커짐, 쿼크 중 하나, 다운 쿼크의 반대말, 위로 올라가는 점, 가벼운 입자 등으로 영어 단어의 의미 그대로 은유적으로 이해하고 있었다. 다른 개념들에 비해 특이한 것은 이 경우에는 전혀 생소한 개념이어서 그런지 업쿼크에 대해 학습한 학생들은 응답한 학생 중에서 12% 정도가 과학자적 개념을 보였다는 것이다. 또 한 가지 특이한 것은 학생들의 많은 수가 업쿼크를 위로 올라가는 점, 다운쿼크의 반대말이라고 응답했다는 점이다.

이번에는 은유적 개념 중에서 2009 개정 교육과정에서뿐만 아니라 제7차 교육과정에서 학습한 개념에 대해서도 이해도를 조사하였다. 그 중 한 가지는 '간섭'에 대한 것인데 그 응답 결과를 보면 매우 놀랍다. 우리는 늘 가르쳐 오던 개념이기 때문에 개념 이해도가 높을 것으로 생각했지만 두 집단 모두 10~15% 학생만이 과학자적 개념을 가지고 있었으며, 대부분의 학생들이 남의 일에 집적대는 것, 어떤 것을 방해하는 것, 영향을 줌, 옆에서 뭐라고 하는 것, 남의 일에 심하게 신경 쓰는 행위, 방해하는 것 등 은유적 개념을 보였다. 그밖에도 '광자'라는 용어에 대해서는 빛나는 원자 또는 빛 인자라고 생각하는 학생들이 가장 많았고, 그 외에 미친 아들, 미친 사람, 광랜 전자 등 단어의 의미 그대로 은유적으로 해석한 학생들이 많이 있었으며, 광전자와 혼동하는 학생들도 다수 있었다.

최근 한국 고등학교 과학교육과정에서 위치에너지를 퍼텐셜에너지로 바꾸거나, 대학 물리학에서도 회절 현상을 에돌이 현상으로, 전기장을 전기마당으로 표현하는 등 은유적 용어의 적절한 선택을 위해 노력하고 있다. 이에 대해 비판적인 의견도 많이 있지만 과학 용어가 은유적인 경우가 많은 만큼, 그리고 과학에서의 은유는 시적 은유와 달리 개념 또는 이론 구성적 은유여야 하기 때문에 용어의 선정과 창조에 신중을 기할 필요가 있다.

제 7 장 비유를 통한 학생의 과학 개념 이해 및 비유 한계

비유를 사용하면 과학 개념 이해가 잘 되는가? 그리고 비유는 정확하게 목표 개념을 이해시킬 수 있는가?

비유를 통한 학생들의 과학 개념 이해[24)]

[그림 7-1]을 잘 살펴보자. 이 그림은 무엇을 그린 것이라고 생각되는가?

이것은 중학교 교과서에 표현된 "전기 저항은 개울에서 물이 흐를 때, 개울에 바위가 많이 있으면 물은 쉽게 흐르지 못하고 바위를 돌아서 천천히 흘러내리게 되는 것과 마찬가지이다."라고 비유적으로 설명된 전류와 전기 저항의 관계에 대한 글을 읽고 어떤 학생이 자신이 이해한 바 대로 그린 것이다. 이렇게 학생들이 이해하고 있다면 우리는 과학교육에서 비유를 정말 의미 있게 쓰고 있는 것일까?

과학 수업에서 비유를 쓰고자 할 때에는 몇 가지 고려해야 할 사항들이 있다. 우선 학생들은 비유와 목표를 구분할 수 있어야 한다. 즉, 학습해야

24) 이 내용은 '김영민 · 박승재(2001), 비유론과 과학교육, 원미사'에서 발췌하였음.

하는 대상이 비유물이 아니라 목표물은 따로 있다는 것을 인식할 수 있어야 한다. 그 다음으로는 비유물이 학생들에게 친숙할 뿐만 아니라 학생들이 충분히 이해할 수 있는 성질의 것이어야 한다. 어떤 과학 개념의 설명을 위해 도입된 비유물들을 보면 학생들에게 친숙하지 않은 것들이 많이 있다. 비유물이 학생들에게 친숙한가 친숙하지 않은가의 문제는 학생들의 경험 정도와 관계가 있다.

비유에 있어서 두번째로 고려해야 할 것은 학생들이 비유물과 목표물을 혼동할 수 있다는 점이다. 일부의 학생들은 비유물이 마치 학습해야 하는 과학 개념으로 인식하여 과학 개념을 설명하라는 요청을 받았을 때 비유로 썼던 것들을 설명하는 경우가 있다. 그러므로 비유를 쓸 때에는 그것이 실제로 배워야 하는 목표 개념이 아니라 비유일 뿐이라는 것을 인식시켜야 한다.

비유를 쓰고자 할 때 세 번째로 고려해야 할 것은 학생들이 비유물 자체에 대해 잘 이해하고 있는지의 문제이다. 필자는 우리나라 중학생들을 대상으로 이들이 과학의 기본 개념의 하나인 전류를 설명하기 위해 제시

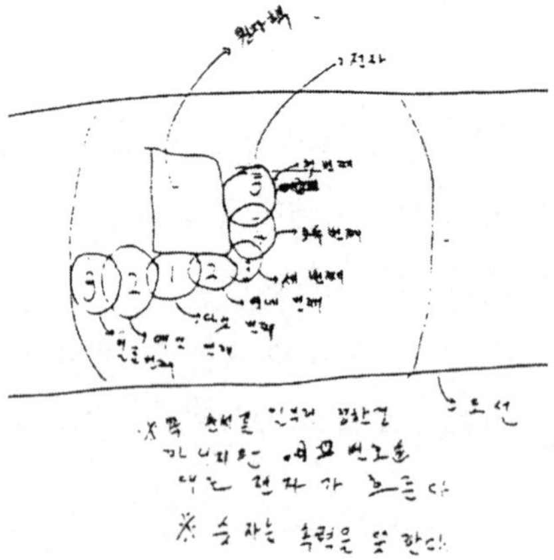

[그림 7-1] 전기저항에 대한 비유적 설명을 읽고 학생이 그린 그림

된 비유들을 어떻게 이해하고 있는지를 조사 분석한 바 있다. 이 연구에서는 그림으로 표현된 비유가 제시된 경우 이러한 비유에 대해 학생들이 어느 정도 이해하고 있는지, 또, 글로 표현된 비유가 제시된 경우 이러한 비유에 대해 학생들이 어느정도 이해하고 있는지를 조사하였다. 조사 대상 학생들은 서울의 S중학교 1학년과 2학년 학생들이며 1학년은 전류에 관해 학습하기 전의 학생들 7명이었고 2학년은 전류에 관해 학습을 마친 학생들 8명이었다. 각 학급 학생 중 학업 성취도에 있어 기말 성적 평균 80점 이상의 학생들을 대상으로 하였다. 이들을 각각 두 집단으로 나누어 그림으로 표현된 비유와 글로 표현된 비유에 대해 이들이 어느 정도로 이해하고 있는지를 조사하였다.

그림으로 표현된 비유에 대한 이해

먼저 물 회로에 장애물이 있을 때의 물 흐름 모형을 그림으로 그려 놓고 전류의 흐름을 비유하는 경우가 많은데 이런 경우 학생들은 이 비유물에 대해 어떤 이해를 가지고 있을까? 다음의 조사를 가지고 생각해 보자.

아래 그림은 일정하게 회전하는 펌프(P)에 의해 굵기가 일정한 유리관 속을 물이 순환하는 모양을 나타낸 것이다.

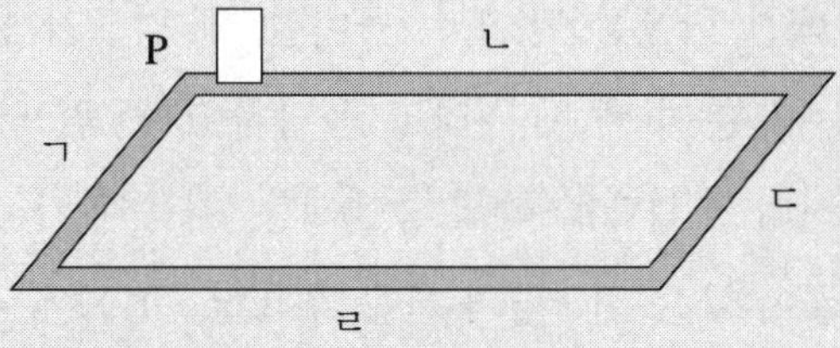

[그림 7-2] 물 순환 회로

> 위의 그림을 보여 주고, 물이 펌프의 오른쪽 방향으로 순환한다고 할 때, 이 상황을 놓고 두 가지 질문을 하였는바, 먼저 물 회로의 파이프 속에 아무런 장애물이 없는 경우 '물이 흐르는 속력은 ㄱ~ㄹ 각 부분이 어떠할까?'라고 물었을 때 학생들은 어떤 응답을 보일까? 독자 여러분은 어떻게 생각하는가?

이 모형을 전류 흐름에 대한 비유물로 사용하고자 할 때 기대되는 응답은 '물의 흐름 속력이 어느 부분에서나 같다'이다. 그러나 우리가 기대하는 것과는 달리 많은 학생들이 이 비유물 자체를 잘못 이해하고 있는 것으로 나타났다. 실제로 이 질문에 대해 기대되는 응답을 한 학생은 학습 전 학생이 2명, 학습 후 학생이 4명뿐이었고, 학습 전 학생의 경우는 '펌프에서 나오는 부분이 가장 빠르고 다른 부분은 모두 같다.'라는 응답이 가장 많았고, 학습 후 학생들의 경우는 '어느 부분에서나 같다'라는 응답이 가장 많았으나 그 수는 전체 학생의 반에 불과하다. 심지어 학습후 학생들의 경우는 '펌프에서 나온 후 물의 속력이 점점 느려진다.'라고 생각하는 학생도 3명이 있었다. 그렇게 생각하는 까닭에 대해서는 펌프에서 나오는 부분이 가장 빠르고 다른 부분은 모두 같다고 선택한 학생 중에서는 '펌프에서 나올 때만 힘을 받아 빠르다'라고 응답한 학생이 1학년 4명, 2학년 1명이었고, 펌프로 들어가는 부분이 가장 빠르고 다른 부분은 모두 같다고 선택한 학생은 '펌프로 들어갈 때 펌프가 물을 빨아들이기 때문에 들어가는 부분이 빠르다.'라고 응답하였다. 펌프에서 나온 후 속력이 점점 느려진다고 선택한 학생 중에서는 '처음에 가졌던 속력을 점점 잃어버리기 때문'이 학습 전 1명과 학습 후 1명, '펌프에 가까울수록 미는 힘의 영향을 크게 받기 때문'과 '육상에서 스타트할 때 처음의 속력이 빠른 것과 같다.'가 각각 1명씩이다. 맨 끝의 이 학생은 비유를 자신이 생성한 비유적 추리로 이해하려한 것이다.

이 학생들의 응답에서 우리는 많은 시사를 얻을 수 있다. 첫째는 교사는 비유물 자체에 대해 학생들이 모두 바른 이해를 가지고 있을 것으로 기대하고 그 비유를 쓰지만 실제 학생들은 특히 전류 개념을 학습하기 전의 학생들은 비유물 자체에 대해 기대와는 전혀 다른 생각을 가지고 있다는 것이다. 그리고 그 수가 절반을 넘는다는 것이다. 물론 조사 대상 학생수가 적어 일반화하기 어렵지만 이 학생들의 성취도가 높은 학생들이란 점을 감안하면 많은 수의 학생들이 이렇게 기대와는 다른 생각을 가지고 있을 것이라고 유추할 수 있다. 또 한 가지 문제는 이러한 비유를 써서 전류 개념을 학습한 학생들조차도 상당수의 학생들이 이 비유물에 대해 기대와는 다른 응답을 보였다는 점이다. 이 학생들의 이해를 전류에 대한 이해와 비교하여 보면 상당히 유사한 것을 발견할 수 있을 것이다. 이러한 점을 감안한다면 비유를 쓰는 것은 매우 조심스러워야 하며 비유는 어디까지나 비유일 뿐 실제로 학습해야 하는 것은 아니라는 것을 강조할 필요가 있다. 또, 비유물 자체에 대한 이해를 돕기 위해 비유가 의도하는 것을 비유 사용 전에 정확히 설명해 주어야 한다.

같은 모형에 대한 두 번째 질문으로,

'다음 ㄱ~ㄹ에서 1초 동안 지나가는 물의 양은 어떠할까?'라고 물으면 학생들은 어떤 응답을 보일까? 독자 여러분은 어떻게 생각하는가? 이 모형을 전류 흐름에 대한 비유물로 사용하고자 할 때 기대되는 응답은 '1초 동안 지나가는 물의 양은 어느 부분에서나 같다'이다. 이 질문에 대해 기대되는 응답인 '유리관의 어느 부분에서나 같다'를 선택한 학생은 학습 전 3명, 학습후 5명이었고, 그 선택이유로 '물 흐름의 속력이 일정하기 때문'과 '관의 굵기가 같기 때문'이 각각 3명(학습 전 1명, 학습 후 2명)과 2명(학습 후), '일정량의 물을 내보내고 일정량을 받기 때문'이 3명(학습 전 2, 학습 후 1)이었다. 학습 전 학생의 경우는 '펌프에서 나오는 쪽에 가까울수록 많다.' 라는 응답도 3명을 차지하였고 그렇게 선택한 이유로 3명 모두 '속력이 느려지므로'라고 응답하였다. 학습후 학생들의 경우는 '펌프에서 나오는 쪽에 가까울수록 많다.'라고 생각하는 학생도 3명이 있었으며 그 선택 이유에 대해서는 '펌프에서 나오는 세기가 커서 더 많다.'라고 설명한 학생이 2명이었다.

물회로 비유를 전기 저항에 비유하고자 할 때 가느다란 관 비유를 많이 쓴다. 그래서 다음으로는 물 회로에 가느다란 관이 연결되었을 때의 물 흐름 모형에 대한 이해도를 조사해 보았다.

아래의 두 질문은 물회로 관의 한 부분을 가는 관으로 대치했을 때 물이 흐르는 속력과 각 부분에서 1초 동안 지나가는 물의 양을 묻는 것이었다.

아래 그림은 위의 회로에서 'ㄹ' 부분에 굵기가 가느다란 유리관을 끼웠을 때, 물이 순환하는 모양을 나타낸 것이다. 물이 펌프의 오른쪽 방향으로 순환한다고 할 때, 아래 물음을 읽고 옳은 설명의 ( ) 속에 ○표 하시오.

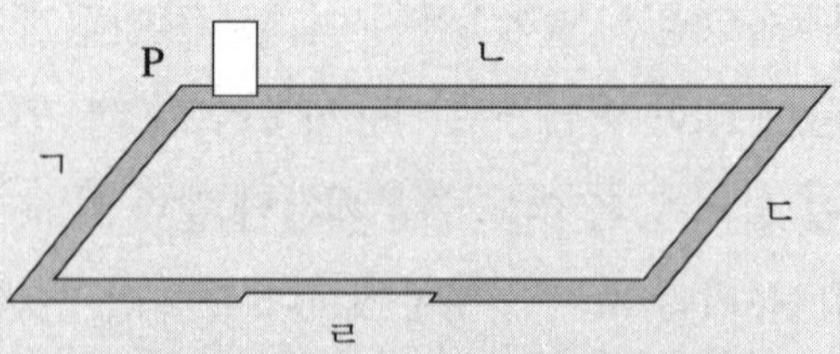

[그림 7-3] 가느다란 관이 있을 때의 물 순환 회로

여기서의 질문은 '물이 흐르는 속력은 각 부분이 어떠할까?'였으며, 이 질문에 대해 과학적으로 옳은 응답을 한 학생은 학습전 학생은 1명, 학습 후 학생은 4명이었으며, 그렇게 생각하는 까닭으로는 학습 전 학생 1명은 '좁은 통로를 많은 양이 통과하려면 빨라야 한다'라고 하였고, 학습 후 학생들은 '굵은 데서 가는 데로 갈 때 압력이 높아져 미는 힘이 커짐'(2명), '가는 관에서 압력이 낮아져 속력이 빨라짐'(1명), '좁은 통로를 많은 양이 통과하려면 빨라야 한다'(1명) 등을 제시하였다. 학습전 학생들의 경우는 그밖의 응답에 각각 2명씩이었고, 그 이유로 ' 가는관에서 느려지지만 펌프가 빨아들임으로 같아짐'(1명), '가는 관은 공간이 작아 속력이 느려진다'(2명), 펌프를 나온 후 속력이 점점 느려지므로'(2명) 등을 제시하였다. 학습 후 학생들의 경우는 'ㄱ, ㄴ, ㄷ 부분은 같고 ㄹ 부분은 가장 느리다'라는 응답이 3명으로 두번째로 많았으며, 그 이유로 '가는 관은 공간이 작아 속력이 느려진다'(1명), '가는 관에서 저항이 세게 작용'(1명) 등을 제시하였다.

여기서 일부의 학생들은 물 흐름을 방해하는 물체가 있는 곳에서 물 흐름의 속력이 느려진다는 직관을 가지고 있음을 알 수 있으며, 다른 한편으로는 가느다란 관과 철솜이 모두 물 흐름을 방해하는 것인데도 철솜이 있을 때는 느려지고 가는 관이 있을 때는 빨라진다는 상황에 따라 다른 생각을 하는 학생들도 있음을 알 수 있다. 즉, 일부의 학생들은 가는 관을 물 흐름을 방해하는 것으로 생각하지 않고 있다. 이것은 상당수의 학생들이 저항 무관 생각을 가지고 있는 것을 설명해 줄 수 있다. 상당수의 학생들은 저항이 있든 없든 전류의 흐름에는 영향을 미치지 않는다고 생각하고 있다.

그 다음 질문은 '유리관의 각 부분에서 1초 동안 지나가는 물의 양은 어떠할까?'였으며, 이 질문에 대해 과학적으로 옳은 응답을 한 학생은 학습전 학생은 2명, 학습후 학생은 2명뿐이었고, 그렇게 생각하는 까닭으로는 '가는관 부분에서 느려지지만 펌프가 빨아들이므로 같아짐'(학습전 1), '가는관에서 빨리 지나가므로 1초 동안의 양은 같다'(학습전1, 학습후1), '물의 속력과 양은 펌프의 압력에만 관계한다'(학습후1) 등을 제시하였다. 학습전 학생들이든 학습후 학생들이든 'ㄱ, ㄴ, ㄷ 부분은 같고 ㄹ부분(가는 관)은 가장 적다' 라는 응답이 각각 3명과 5명으로 가장 많았고, 그렇게 생각하는 까닭으로는 '속력이 느린 곳은 1초 동안의 물의 양도 적다'(학습전 1), '가늘므로 지나갈 때도 조금씩 지나감'(학습후 2), 속력은 같지만 가늘기 때문에 1초 동안의 물의 양은 적다'(학습전 1), 속력은 빠르지만 굵기가 가늘므로'(학습후 2) 등을 제시하였다. 각 부분이 모두 다르다를 선택한 학습전 학생들은 둘 다 그 이유를 '각 부분의 속력이 모두 다르기 때문'으로 응답하였다.

여기서 일부의 학생들은 물 흐름을 방해하는 물체가 있는 곳에서 같은 시간 동안에 흐르는 물의 양이 적다는 생각을 가지고 있음을 알 수 있다. 이러한 학생들의 생각은 전류의 흐름에 대한 생각과 유사하다. 학생들은 저항이 있는 곳에서 전류가 약하게 흐른다는 생각을 가지고 있기 때문이다. 학생들은 저항이 있을 때 회로 전체의 전류가 같이 약해진다는 생각을 가지고 있는 것이 아니라 많은 학생들이 저항을 지난 전류가 약해진다는 생각을 가지고 있다. 그러므로 이러한 가는관 비유는 학생들의 전류 개념을 변화시키는 데 크게 도움이 되지 못한다고 생각된다. 오히려 물의 흐름을 측정해 볼 수 있는 가시적인 장치를 보여줄 수 있다면 이해에 크게 도움이 될 수 있을 것이다.

글로 표현된 비유에 대한 이해

다음으로는 물 회로에 장애물이 있을 때의 물 흐름 상황을 그림없이 글로만 설명한 후 이것을 가지고 전류의 흐름을 비유하는 경우가 많은데 이런 경우 학생들은 이 비유물에 대해 어떤 이해를 가지고 있을까? 다음의 조사를 가지고 생각해 보자.

중학교 과학 교과서에는 다음과 같은 비유가 그림 없이 글로만 제시되어 있다.

> 〈설명 1〉은 "전류가 흐르는 것은 마치 물탱크의 물이 순환 모터를 돌려 주면 수도관을 거쳐 다시 물탱크로 되돌아가는 것과 같이 (–)전하를 띤 전자가 전지에 의하여 도선을 따라 움직인다."이다.

이 글에 대해 학생들은 어떤 이해를 가지고 있는지를 알아보기 위해 이것을 그림으로 그려보도록 하였다. 그랬더니 본 비유에서 의도하는 바와 같이 두 현상을 모두 그리고 비유적으로 설명한 학생은 1학년 7명 중 2명뿐이었으며 2학년은 3명이었다. 본 학습의 목적이 비유를 통해 목표물을 가르치고자 하는 것이므로 목표물 모형만을 올바로 그린 경우도 포함시킨다면 1학년 3명, 2학년 6명으로 나타났다. 즉, 전류에 대한 학습이 끝난 학생들이 더 잘 이해한다고 볼 수 있다. 그러나 비유적으로 그렸다고 해서 그 학생들이 모두 그 비유에서 뜻하고 있는 바를 이해하고 있는 것은 아니었다. 즉, 그 비유와는 다른 뜻의 해석을 하는 학생들도 있었다. [그림 7–4]는 그 한 예를 보여주는 것이다.

이 학생은 두 현상을 비유하여 그린 1학년 학생인데, 그의 그림 속에는 전구에 해당하는 가정집이 나타나 있으며, 그의 설명에서는 수도관을 흐

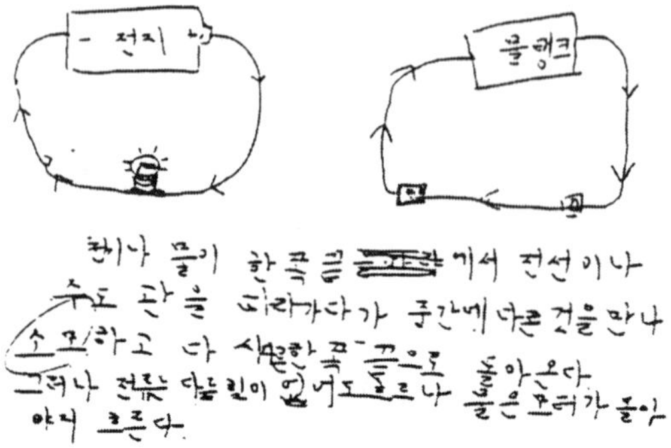

[그림 7-4] 〈설명 1〉을 그림으로 그리고 설명한 한 학생의 예

르는 물이 집에서 소모된다고 하는 표현을 볼 수 있다. 이 학생은 비유 문장에 없는 전구를 등장시켜 그것을 집과 비유하고 있다. 다른 학생들도 전기 회로의 전구를 꼭 등장시키고 있으며 물 회로 비유에서 그에 대응하는 무엇인가를 그리려고 한 흔적을 볼 수 있었다.

이러한 이들의 생각은 가정에서 물을 소비하는 것을 연상하여 전기회로에서 전류가 소모된다는 생각으로 연결짓고 있음을 시사하고 있다. 즉, 물 회로 비유를 잘못 사용할 경우 오히려 학생들에게 전류가 회로에서 소모된다는 생각을 가지게 할 수 있음을 보여주고 있다.

1학년 학생들 중에는 비유물 모형만을 그렸든지, 두 현상을 복합적으로 나타내 무슨 그림인지가 불분명한 학생도 각각 1명씩 있었다. 또, 1학년 학생 중에는 다른 비유물을 가지고 목표물을 설명하려 했던 학생도 있었는데, 그 비유가 적절하지는 않았다. 이 학생은 '학교 공부를 마치고 집에 온 아이들이 다음날 아침 다시 학교가는 길'로 목표물을 설명하려 하였다.

〈설명 2〉는 "파이프 속을 흐르는 물의 세기는 파이프의 한 단면을 1초 동안에 흘러가는 물의 양으로 나타낼 수 있는 것처럼, 전류도 도선의 한 단면을 1초 동안에 흘러가는 전하량을 측정하면 알 수 있다. 이 양을 전류의 세기라고 한다"이다.

이 설명에 대해 학생들이 그린 그림을 분석하였더니, 본 비유에서 의도하는 바와 같이 두 현상을 모두 그리고 비유적으로 설명한 학생은 1학년 7명 중 1명뿐이었으며 2학년은 4명이었다. 본 학습의 목적이 비유를 통해 목표물을 가르치고자 하는 것이므로 목표물 모형만을 올바로 그린 경우도 포함시킨다면 1학년 2명, 2학년 4명으로 나타났다. 즉, 전류에 대한 학습이 끝난 학생들이 더 잘 이해한다고 볼 수 있다. 학생들 중에는 비유물 모형만을 그렸든지(각 학년 2명), 두 현상을 복합적으로 나타내 무슨 그림인지가 불분명한 학생(1학년 1명)도 있었다. 또, 1학년 학생 중에는 다른 비유물을 가지고 목표물을 설명하려 했던 학생도 있었는데, 그 비유가 적절하지는 않았다. 이 학생은 앞의 〈설명 1〉에서도 다른 비유를 썼던 학생으로 여기서는 '자동차의 속력은 단위 시간 내에 간 거리인 것과 같다'로 목표물을 설명하려 하였다.

〈설명 3〉은 "도선에 흐르는 전류는 파이프 속을 흐르는 물에 비유할 수 있다. 마치 물의 분자가 파이프 속을 흐르는 것과 같이, 도선에는 전자가 흘러간다"이다.

이러한 설명에 대해 학생들이 그린 그림들을 분석하였더니, 본 비유에서 의도하는 바와 같이 두 현상을 모두 그리고 비유적으로 설명한 학생은

1학년 7명 중 1명뿐이었으며 2학년은 5명이었다. 본 학습의 목적이 비유를 통해 목표물을 가르치고자 하는 것이므로 목표물 모형만을 올바로 그린 경우도 포함시킨다면 1학년 3명, 2학년 5명으로 나타났다. 즉, 전류에 대한 학습이 끝난 학생들이 더 잘 이해한다고 볼 수 있다. 학생들 중에는 비유물 모형만을 그렸든지(각 학년 1명), 두 현상을 복합적으로 나타내 무슨 그림인지가 불분명한 학생(1학년 1명)도 있었다. 또, 1학년 학생 중에는 다른 비유물을 가지고 목표물을 설명하려 했던 학생도 있었는데, 그 비유가 적절하지는 않았다. 이 학생은 앞의 〈설명 1〉과 〈설명 2〉에서도 다른 비유를 썼던 학생으로 여기서는 '터널 속으로 차가 지나가는 것'으로 목표물을 설명하려 하였다.

〈설명 4〉는 "전기 저항은 개울에서 물이 흐를 때, 개울에 바위가 많이 있으면 물은 쉽게 흐르지 못하고 바위를 돌아서 천천히 흘러내리게 되는 것과 마찬가지이다"이다.

이 설명에 대한 학생들의 그림을 분석하였더니, 본 비유에서 의도하는 바와 같이 두 현상을 모두 그리고 비유적으로 설명한 학생은 1학년 7명 중 1명뿐이었으며 2학년도 3명이었다. 본 학습의 목적이 비유를 통해 목표물을 가르치고자 하는 것이므로 목표물 모형만을 올바로 그린 경우도 포함시킨다면 1학년 1명, 2학년 1명으로 나타났다. 즉, 전류에 대한 학습이 끝난 학생들이 더 잘 이해한다고 볼 수 있다. 학생들 중에는 비유물 모형만을 그렸든지(1학년 4명), 두 현상을 복합적으로 설명한 학생(2학년 2명)도 있었다. 두 현상을 복합적으로 그린 학생의 경우를 예로 들면 [그림 7-5]와 같다.

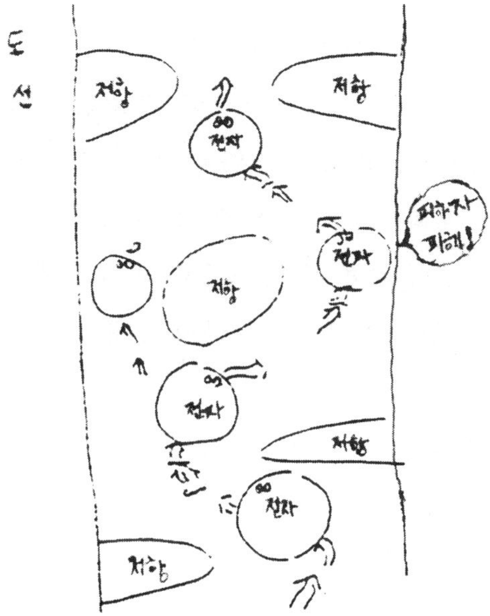

[그림 7–5] 〈설명 3〉을 그림으로 그린 한 학생의 예

이 학생은 물분자들을 눈이 달린 전자들로 표현하고 있으며, 바위들을 저항으로 표현하여 전자들이 바위를 피해 지나가는 모양을 그리고 있다. 또, 1학년 학생 중 1명은 원자핵을 전자가 돌아 지나가는 모양을 그리고 지나가는 속력도 원자핵 주위를 돌 때 느리고 지난 후 빨라지는 것으로 표현하였다

또, 1학년 학생 중에는 다른 비유물을 가지고 목표물을 설명하려 했던 학생도 있었는데, 그 비유가 적절하지는 않았다. 이 학생은 앞의 〈설명 1〉~〈설명 3〉에서도 다른 비유를 썼던 학생으로 여기서는 '그냥 달리는 것보다 장애물을 놓고 달리는 것이 더 어렵다'로 목표물을 설명하려 하였다.

이상의 연구 결과를 종합해 볼 때, 학생들이 교과서에 설명된 비유를 이해하는 정도는 비교적 낮은 것으로 나타났다. 그 내용을 학습한 학생들조차도 교과서에 사용된 비유의 의미를 파악하지 못하는 학생들이 상당수 있다. 그리고 이 학생들이 학습 성취도가 상위에 속하는 학생들임을 감안하면 그 이하의 학생들이 비유를 이해하는 정도는 더 낮을 것으로 예측된다.

복합 비유에 대한 이해

김영민과 박희숙(2000)은 중학교 교과서에 사용된 비유에 대한 학생들의 이해도를 조사한 바 있다. 이 연구에서 이들은 첫째, 중학교 교과서에서 물리 개념 설명을 위해 사용된 비유에 대해 학생들은 어느 정도 이해하고 있는가, 둘째, 비유의 유형에 따라서 학생들의 이해도에 차이가 있는가를 중학교 2학년 학생 46명을 대상으로 조사하였는 바 그 결과를 보면 다음과 같다.

이 연구에서는 비유에서 많이 쓰는 유형을 중심으로 조사 문항의 수 및 유형을 〈표 7-1〉과 같이 설정하였다.

검사 도구 중에서 한 가지 예를 들면 다음과 같다. 이 문항은 그림 비유이면서 단순 비유에 속하는 것이다.

〈표 7-1〉 비유 유형에 따른 조사 문항 수

	그림 비유	언어 비유	계
단순 비유	2	2	4
부연 비유	2	2	4
전체	4	3	8

문제 1-1 다음 글을 읽고 아래 제시되어 있는 세 가지의 물회로 중에서 가늘고 굽은 수도관의 중간 부분에서 1초당 흐르는 물의 양이 가장 많은 물회로가 어느 것인지 고르세요.

그림은 물의 흐름을 방해하는 굽은 수도관과 전류의 흐름을 방해하는 전기 저항이 큰 니크롬선을 비교한 것이다.

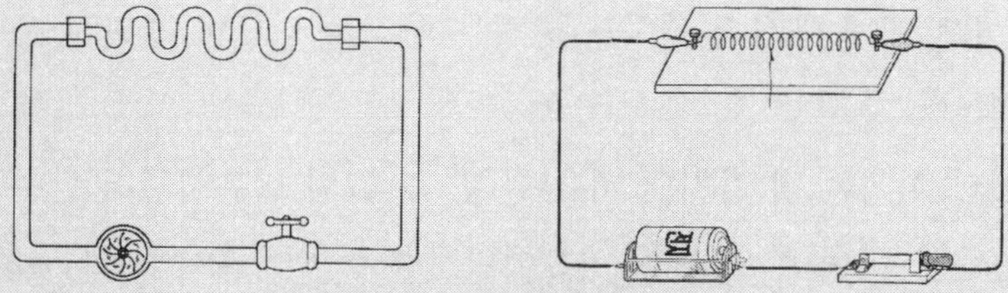

[그림 7-6] 굽은 수도관과 니크롬선 비유

펌프의 성능이 같다 하더라도 물의 흐름을 방해하는 저항이 크면 물이 세게 흐를 수 없는 것과 마찬가지로, 전지가 가지고 있는 전류를 흐르게 하는 능력, 즉 전압이 같다 하더라도 도선의 전기 저항에 따라 전류의 세기가 달라진다.

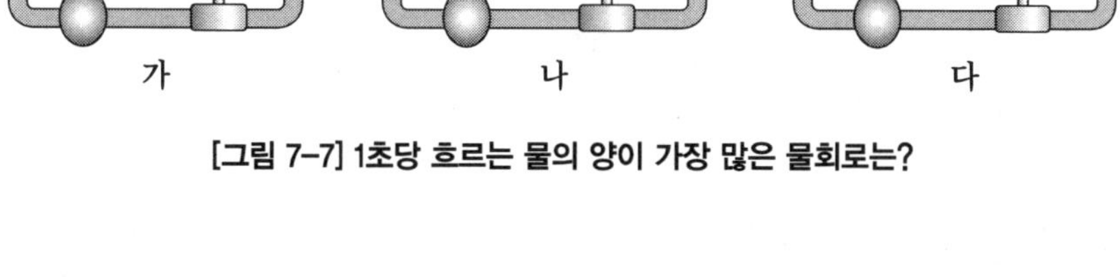

[그림 7-7] 1초당 흐르는 물의 양이 가장 많은 물회로는?

그렇게 생각하는 까닭을 쓰세요.

그림 비유이면서 단순 비유 유형과 그림 비유이면서 부연 비유 유형의 이해도 조사 문항은 객관식 응답과 서술형 응답을 모두 쓰도록 하였고, 언어 비유이면서 단순 비유 유형과 언어 비유이면서 부연 비유 유형에 대한 이해도 조사 문항은 그 비유 내용을 그림으로 그리도록 한 다음 그 그림에 대해 다시 설명하도록 하는 방식을 썼으며 객관식 응답은 요구하지 않았다.

위에서 설정한 네 가지의 비유 유형, 즉 그림 비유이면서 단순 비유(이하 '그림/단순 비유'로 표기), 그림 비유이면서 부연 비유(이하 '그림/부연 비유'로 표기), 언어 비유이면서 단순한 비유(이하 '글/단순 비유'로 표기), 언어 비유이면서 부연 설명이 있는 비유(이하 '글/부연 비유'로 표기)에 대한 학생들의 이해도는 다음과 같다.

그림/단순 비유 이해도

그림/단순 비유에 대한 이해도는 객관식 응답의 경우는 평균 76%의 이해도를 보였다. 그러나 서술형 응답을 분석했을 때는 이해도가 60% 정도로 떨어졌다. 그것은 객관식 응답을 보면 이해한 것처럼 보이지만 그 중에는 비유물과 목표물을 혼동하여 설명하는 경향을 보였거나 비유물 자체를 제대로 이해하지 못하고 응답한 학생이 여러 명 포함되어 있었기 때문이다. 예를 들면, 객관식 응답을 옳게 한 40명 학생들 중에서 "많이 굽은 수도관일수록 굽은 곳을 물이 통과하는 데 긴 시간이 필요하다"라고 비유물 자체에 대해 잘못된 이해를 보이는 학생이 9명이나 되었다.

그림/부연 비유 이해도

그림/부연 비유에 대한 이해도는 객관식 응답의 경우는 평균 61%의 이해도를 보였으나 서술형 응답을 분석했을 때는, 평균 50% 정도로 낮아졌다. 그것은 비유와 과학 개념을 혼동하여 설명하거나 비유와는 관계없는 설명으로 응답한 학생들이 포함되어 있었기 때문으로, 예를 들면, 객관식 응답을 옳게 한 학생들 36명 중에서 "전지를 직렬 연결하였을 때 수면의 높이가 높아서 물줄기가 세게 나온다"(6명), "직렬 연결이 병렬 연결의 전류의 양보다 크고 전기 저항도 없고 더 빠른 속도로 간다"(1명) 등으로 응답한 학생들이 그 예에 속한다.

글/단순 비유 이해도

글/단순 비유에 대한 이해도 조사 문항에서는 객관식 응답을 요구하지 않고 직접 그림을 그려 설명하도록 하였기 때문에 학생들이 그린 그림과 설명식 응답의 경우만 있다. 이 문항에 대해 응답한 학생들의 그림과 설명을 분석해 본 결과 학생들은 평균 52%의 이해도를 보임을 알 수 있었다. 문제는 "전류가 흐르는 것은 물탱크의 물을 순환모터로 돌려주면 수도관을 거쳐 다시 물탱크로 되돌아가는 것과 같이, (−)전하를 띤 전자가 전지에 의하여 도선을 따라 움직이고 있는 것이다"에 대해 그림을 그리고 비유적으로 설명하는 것이었다.

이 문항에서 비유물과 목표물을 모두 옳게 그린 다음, 과학자적으로 설명한 학생은 22명이었다. 그런가 하면 운동회 때 달리기를 하는 새로운 비유를 설정하여 목표물을 설명하려는 학생도 있었다.

글/부연 비유 이해도

글/부연 비유에 대한 이해도 또한 객관식 응답을 요구하지 않고 직접 그림을 그려 설명하도록 하였기 때문에 학생들의 그림과 설명식 응답만 있다. 이 문항에 대해 학생들의 그림 및 설명식 응답을 분석해 본 결과 학생들은 평균 30%의 이해도를 보였다.

문제는 "전지에 전구를 연결하면, 도선을 따라 전류가 흘러서 불이 켜진다. 도선에 흐르는 전류는 관 속을 흐르는 물에 비유할 수 있다. 즉, 물의 분자가 관 속을 흘러가는 것과 같이 전선 속에는 전자가 흘러간다. 따라서, 전구에 불이 켜지는 것은 물통에서 물이 관을 따라 흘러나와서 물레방아를 돌리는 현상과 같다. 이 때, 통 속의 물의 높이가 높아져 수압이 커지면 관 속의 물이 더 세게 흐르게 되는데, 이와 마찬가지로 도선에 흐르는 전류는 전지가 전류를 흐르게 하는 능력에 따라 달라진다. 그러므로 물을 흐르게 하는 수압과 같이, 전류를 흐르게 하는 능력이 크면 전류가 많이 흐르고, 작으면 적게 흐른다. 전지의 이와 같은 능력을 전압이라고 한다"에 대해 그림을 그리고 비유적으로 설명하는 것이었다.

이 문항에서 비유물과 목표물 두 경우를 모두 그리고 과학자적으로 설명한 학생은 23명이었고, 목표물만을 그린 학생 8명을 합하면 31명의 학생이 이해했다고 할 수 있다. 그 외에 빌딩에서 공을 떨어뜨리는 경우나 댐에서 물을 방류하는 경우처럼 다른 비유물을 설정하여 설명하려는 학생들도 있었으나 설명이 과학적이지는 못했다.

이 연구에서는 전체적인 분석에서 비유에 대한 학생들의 평균적인 이해도는 51%로 매우 낮았고, 객관식 응답의 경우만 보더라도 69%로, 높다고 볼 수 없없다고 결론을 맺었다. 그리고 언어만을 써서 비유한 경우보다는 그림을 이용한 비유의 경우에 이해도가 좀더 높음을 보여주었으나 이는 통계적으로 유의미하지는 않았으며, 부연 비유보다는 단순 비유에 대해 이해도가 좀더 높음을 보여주었으나 이또한 통계적으로 유의미한 차이는 아닌 것으로 나타났다고 밝혔다. 그러나, 같은 부연 비유인 경우에는 그림 비유의 경우가 언어 비유인 경우보다는 이해도에 있어 더 높고 통계적으로도 유의미한 차이가 있는 것으로 나타났으며, 또한 언어비유이면서 단순 비유가 글 비유이면서 부연 비유인 경우보다는 이해도에 있어 더 높고 통계적으로도 유의미한 차가 있는 것으로 나타났다고 주장하였다.

그런가 하면 류경란과 김영민(2000)의 또 다른 조사에서는 비유에 대한 학생들의 이해도가 수업 전 뿐만 아니라 수업 후에도 크게 증가하지 않았음을 밝혀내었다. 그 정도는 수업 방식에 따라 약간씩 다른 것으로 조사되었다. 이 연구에서는 전류 개념을 설명하기 위해 애니메이션 비유 방식을 처음으로 제안하고, 그림 비유 방식과의 이해도 차이를 비교하였는데, 애니메이션 비유 수업에서는 수업 전에 비유에 대해 31%의 학생들이 이해하였는데 수업 후에는 45%로 증가하였으며, 그림 비유 수업에서는 수업 전에 비유에 대해 22%의 학생들이 이해하였는데 수업 후에는 31%로 증가하였다고 보고하였다. 그런가 하면 비유를 쓰지 않고 실험만을 한 경우에는 수업 전에 그림 비유 이해도에 대해 조사된 결과에서 23%의 학생들이 이해하고 있었으며, 수업 후에는 35%의 학생들이 이해하는 것으로 조사되었다. 이처럼 수업 후조차도 비유에 대한 이해도가 낮은 것은 비유의 긍정적 효과에도 불구하고 과학 수업에서의 비유 사용에 대해 매우 조심해야 함을 시사하고 있다.

비유의 한계와 사용시 유의점

비유의 한계에는 여러 가지가 있지만 그 중 중요한 몇 가지를 제시하면 다음과 같다.

첫째, 비유물의 친숙성이 필요조건이긴 하지만 충분조건은 되지 못한다. 예를 들면 전기회로를 물 회로를 이용하여 비유하는 경우, 학생들을 대상으로 한 연구를 통해 얻어진 사실 중의 하나는 비유물 영역에의 친근

성만으로는 전류 개념 이해에 충분하지 않다는 것이 있다. 즉, 비유물을 사용하든 하지 않든 개념 이해 결과가 같을 수 있다는 것이다. 의심할 바 없이 비유에의 친숙함이 비유 추론이 일어나는데 필요조건으로 나타나기는 하지만, 충분한 것은 아니다. 테니와 젠트너(Tenny & Gentner, 1985)는 전기회로의 물 비유에 대한 연구의 발견 사항을 다음과 같이 요약했다.

"비유물의 증가된 친숙함이 잠재적으로 유용한 비유추론 생성을 보장하는데 충분하지 않다. 그러나 증가된 친숙함을 감지할 수 있다면 유추의 사용을 증가시켰다. 결과는 비유물 영역에서의 친숙함이 유추로의 접근 가능성보다는 그 능력에 영향을 준다는 것을 시사한다."

친숙함 조건을 만족했더라도 다음과 같은 조건들을 추가적으로 만족할 때 개념 이해에 성공적일 수 있다. 첫째는 학습자의 주의가 유추로 향해 있어야 한다. 왜냐하면 "자발적인 유추적 문제 해결은 일반적이지 않다." 라고 긱과 홀리오크(Gick & Holyoak, 1980)의 발견 사항들을 글린 등(Glynn, et al, 1989)이 요약한 것을 볼때 특별한 주의 집중이 필요하기 때문이다. 예를 들면, 이 연구들에 관련된 75%의 대학생들은 그것을 적용하는데 실마리를 받은 후에야 앞에서 학습한 정보를 사용하여 이야기 문제를 풀 수 있었다. 리드 등(Reed, et al, 1974)의 연구와 이미 언급한 테니와 젠트너(Tenny & Gentner, 1985)의 연구도 역시 유비 추론에서 실마리의 중요성을 지적했다. 유추의 자발적 사용에 관한 연구를 고려할 때 유추의 자발적 사용이 문제해결에 아주 일반적이지만 의미 있는 유추의 사용을 위해서는 상당한 지도를 필요로 한다는 것이다.

둘째로, 목표 영역은 학습자 수준에서 충분히 이해 가능한 것이어야 한다. 학습자에게 목표 영역의 "난이도"는 비유 사용과 관계가 있다는 것이 명백하다. 로여와 케이블(Royer & Cable, 1976)은 비유는 목표가 이해하기 어려울 때 즉 학생들이 이해의 보조물로서 유추를 찾아야할 요구를 느낄 때만 의미 있게 작용한다는 것을 발견했다. 즉, 목표 개념이 충분히 새롭고 도전적이어야 한다는 것이다.

셋째, 비유물과 목표물은 총체적으로 일대일 대응관계를 가지는 경우는 거의 없다. 물 회로로 전기회로를 설명하는 비유에서 보면, 일대일 대응관계가 명확한 것으로 보이지만 물은 파이프 속을 흐르지만 전자들은 속이 꽉 찬 도선을 흐르며, 물 분자는 전하를 띠지 않았지만 전자들은 전하를 띠고 있는 등 대응되지 못하는 것이 더 많을 수도 있다. 비유를 쓸 때에는 이러한 한계를 어떻게 취급할지에 대한 계획이 있어야 한다.

넷째, 비유는 학습에 도움을 주지 않을 수 있다. 즉, 학생에 의해 능동적인 비유 추론이 일어나지 않거나 못 할 수도 있다. 친숙한 것과 좋아하는 것은 다르다는 것이다. 물 회로가 친숙하긴 하지만 물 회로 자체에 관심이 없거나 물 회로 시스템에 대해 이해하려고 하지 않는 학생들에게는 도움이 되지 못한다.

세그레 등(Segre, et al, 1987)은 수송과정을 다루는 비유 추론에 대한 발견사항을 다음과 같이 요약했다.

"우리의 학생들은 수송과정 분야에서 서로 다른 현상에 관련된 유사한 문제를 푸는데 있어 거의 비유 추론을 하지 못하고 있다."

클레멘트(Clement, 1987)는 학습 상황에서 비유를 사용하는 시도는 학습자가 비유를 "볼" 수가 없기 때문에 하지 않는다고 보고했다. 학생들의 개념에 대한 연구에 따르면, 교사(혹은 과학자)에게는 분명히 유사해 보이는 만큼이나 많은 것들이 학생들에 의해서는 주로 다르게 보여 지는 영역이 있음을 시사한다.

다섯째, 비유를 잘 못 사용하면 학생들을 오개념으로 이끌 수도 있다. 물 회로 시스템에서 파이프에 진입하는 물분자들이 파이프 끝 부분에 있는 물분자들보다 빠르게 운동한다고 생각하는 학생들은 전기회로에서도 전지의 (+)극에 가까운 전자들일수록 더 빠르게 운동한다는 오개념을 가지게 할 수도 있다. 여섯째, 비유 추론은 학습자의 학습 능력에 의존한다.

서로 다른 능력 수준의 학생들에 대해 유추사용을 조사한 몇몇 연구들이 있다. 가벨과 쉬우드(Gabel & Sherwood, 1980)는 그들의 비유 수업이 보다 낮은 형식적 추론 능력의 학생들에게 좀 더 효과적이고, 보다 능력 있는 학생들에게는 특별히 유용하지 않다는 경향을 보고했다. 목표가 충분히 어려워야 하고 학습자에게 도전적이어야 한다는 측면(Royer, Cable, 1976)과 이것이 관계가 있는 것으로 보인다. 수틀라와 크래직(Sutula & Krajicik, 1988)의 연구는 유사한 방향을 가리키고 있다. 그들은 낮은 능력의 학생들은 교사가 유추적 관계를 만들어 그들을 돕도록 함으로써 좀 더 도움을 받는 반면, 높은 인지 능력의 학생들은 그들 자신이 유추적 관계를 창조함으로써 좀 더 도움을 받는다는 것을 발견했다. 김종천(1997)은 중학교 183명의 학생들을 이용하여 비유물에 대한 학생들의 친숙도와 인지발달 단계와의 관련성, 비유물의 목표물에 대한 전이에 대해서 검사하였다. 연구한 결과 중학교 2학년 과학 교과서에 사용되고 있는 비유물 중에서 실제로 경험하지 못하고, 직접 보지 못한 것에는 친숙하지 않은 것으로 나타났다. 볼트와 너트, 클립의 비유물을 과학 개념으로 전이할 때, 비공유 특성을 목표물로 전이하기도 하였다. 또한 같은 과학개념인데도 사용하는 비유에 따라서 전이의 차이가 있었다. 구체적 조작기의 학생들은 비유를 사용할 때가 더 효과적이었지만, 형식적 조작기의 학생들은 오히려 도움이 되지 못하였다, 그러므로 교과서에 제시된 비유를 학생들이 잘못 사용할 수도 있으므로 교사가 제한점을 고려하여 비유적 전이를 잘 할 수 있도록 도와야 한다고 하였다.

비유의 단점 혹은 잠재적 위험

비유의 사용으로 얻을 수 있는 이점에도 불구하고, 그 사용에 충분히 주의하지 않으면 도움보다는 해가 될 위험이 원천적으로 존재한다는 것도 사실이다. 비유로부터 이끌어낸 추론이 많은 경우에 유용하게 되면, 사람들은 그 비유에 맞지 않는 상황을 받아들이는데 주저하게 된다. 그렇게 옳지 않고 "부정적인" 비유에 매달리게 되면, "발전"을 위한 좀 더 유용한 경로를 도외시하게 되므로 발전을 저해할 수도 있다. 이러한 상황은 논리적 의미의 비유가 가진 강점에 너무 치우치게 되는 예 중의 하나이다. 이것은 한 이론이 이미 오래전부터 더 이상 유용하게 현상들을 설명할 수 없게 됨에도 불구하고 과학자들은 그 이론을 고수하려고 하는 상황과 비슷하다.

비유는 양날의 칼(two edged swords)이다.(Harrison & Treagust, 2006)

비유는 전적으로 학습을 잘못 이끌 수 있다는 것을 늘 염두에 둘 필요가 있다. 왜냐하면 첫째, 비유는 비유물과 목표물 간에 총체적으로 일 대 일 대응을 만들지 않는다. 항상 목표 구조와 서로 다른 비유 구조의 특징이 있다. 이 특징들이 사고를 잘못 이끌 수 있다. 둘째, 비유 추론은 의도된 유추가 정말로 학생들에 의해 도출 되어야 만이 가능하다. 만약 학생들이 비유물 영역에서 오개념을 보유하고 있다면, 비유 추론은 이 오개념들을 목표 영역으로 연결할 것이다. 그러므로 비유 사용은 항상 의도된 비유가 정말로 학생들에 의해 도출된다는 것을 보장해야 한다. 셋째, 비유 추론이 다른 문맥에서와 같이 일상생활에서 꽤 일반적인 것처럼 나타난다 해도 교사나 학습 매체에 의해 준비된 유추의 자발적 사용은 드물게 일어난다. 학습상황에서 비유 추론은 상당한 지도를 필요로 한다. 준비된 유추로의 접근은 깊은 구조면에 의해서가 아니라 피상적 유사에 의해서 주로 용이해진다.

모형이나 비유는 자신들이 나타내고 있는 이론과 혼돈될 수도 있다.

비유를 발견의 도구로 사용할 때 존재했던 것과 똑같이 비유를 수업의 도구로 사용하는데도 위험이 존재한다. 사실상 이 위험은 과학자들보다는 학생들에게 더 크게 작용하는데, 그 이유는 학생들은 이론을 훨씬 덜 경험했고 잘못된 가정과 해석을 인식할 기회가 적었기 때문이다.

툴민(Toulmin)은 경솔하게 비유를 사용함으로써 생겨나는 또 다른 위험을 지적하였다. 이것은 한 주제에 정통한 과학자들이 그렇지 못한 사람들과 의사교환을 할 때, 일어나기 쉽다. 이론과 비유의 차이를 완전하게 이해하고 있는 과학자들의 모임에서는 효용성을 위해 그들이 마치 같은 것처럼 모형의 용어로써 이론에 대해 이야기할 수 있다. 이 경우에는 이론과 모형의 차이가 항상 명백히 드러나지 않기 때문에 비전문가들은 그 모형이 바로 이론이라는 인상을 가지게 된다. 따라서 이것을 들은 비전문가들이 물리적 현상을 설명하게 되면, 그들은 모형을 이론에 대한 비유로 말하기보다는 이론 그 자체로 말하게 된다.

이러한 함정에 빠지지 않도록 하는 유일한 보호책은, 비유를 사용할 때 충분한 주의를 가지고 그 한계를 인식해야 하며, 잠재적인 차이점들을 계속해서 찾아보아야 하는 것이다.(Weller, 1970)

과학에서의 은유에 대한 학습

리브스(Reeves, 2005)는 과학에서의 은유를 예시하는 것뿐만 아니라, 다음과 같은 전략을 써서 과학에서의 은유에 대한 학습을 유도하였다.

다음 글들에서 쓰인 은유들을 찾아보라. 그 은유의 목적은 무엇인가? 입증하려는 것인가, 모형을 제시하려는 것인가? 아니면 교육을 위한 것인가? 은유는 다른 과학자를 대상으로 고안되어 이론화를 돕는 구실을 하고 있는가, 아니면 비 과학자를 위해 고안되어 설명의 구실을 하고 있는가?

1. 여러분의 몸은 보이지 않는 적들에 대항해 내내 싸운다. 걷는 동안에 당신의 발에는 상당수의 토양 박테리아가 묻는다. 그리고 못이 당신의 피부에 찰과상을 낸다면 수천 마리의 박테리아가 피부 속에 옮는다. …… 이들의 박테리아의 대사산물은 여러분의 세포 기능에 개입하고 있다. 만일 그런 침공이 제지되지 않는다면 여러분의 생명은 위협받을 것이다.

   여러분이 그 박테리아에 처음으로 노출된 것이라면, 부름을 받고 몰려드는 B세포와 T세포들은 거의 없을 것이다. 그러나 어릴 적에 여러분의 몸은 이런 침략에 맞서 싸워 침략자를 물리쳤으며, 그래서 지금도 그 투쟁의 흔적(기억세포들)을 간직하고 있다. 염증이 진행될 때 B세포와 T세포는 혈류에서 벗어나기도 한다. 이들 대부분은 다른 항원에 반응하는 특정한 것이기에 이번 전투에는 참여하지 않는다. 하지만 이제 기억세포들이 항원과 결합해 활성화한다. 처음 이틀 동안에 박테리아들은 승리자처럼 보인다. 그것들은 식세포들보다 더 빠르게 번식하며 식세포들을 파괴한다. 사흘째 되던 날에,

항체 생산이 정점에 이르면서 전세는 역전된다. 이후 2주 동안에 항체 생산이 지속될 것이며 마침내 침략자들은 싹슬이될 것이다. 반응이 완결된 뒤에 기억세포들은 계속 돌아다니면서 앞으로 또 있을지 모를 미래의 투쟁에 대비할 것이다.(Darian, 2003, p.99)

2. 그러나 사실, 사투리 언어가 그렇듯이 품종마다 별개의 기원를 지닌다. 사람은 약간의 구조 차이를 지닌 개체를 보존하고 거기에서 씨를 얻는다. 또 자신이 갖고 있는 최상의 동물끼리 짝짓기 하도록 아주 세심한 주의를 기울이는 방식으로 품종을 개량한다.(Darwin, 1859, p.40)

이것에 대해 해석을 붙여보면 다음과 같다.(Reeves, 2005)

1. 우리가 이미 보았듯이 전투 은유는 면역 반응을 연구하는 면역학에서 표준적인 은유다. 이 은유는 면역세포가 몸에 침입한 바이러스, 박테리아들과 벌이는 상호작용에 관한 훌륭한 이론을 제공한다. 여러 가지 의미에서 그 과정은 방어력과 공격력이 참여하는 전투와 같다. 이 문장에서 저자는 그 은유를 극적으로 사용하여 청중에게 항체 반응에 관한 교육을 하고 있다.
2. 이 문장에서 찰스 다윈은 사투리 언어의 은유를 사용한다. 그럼으로써 그는 사투리와 마찬가지로 동물 품종이(암시적으로는 인간을 포함해 다른 종들도 마찬가지로) 단일 창조 사건이 아닌 어떤 유형의 힘이 선택했기 때문에 시간이 지날수록 진화한다는 논증을 편다. 그의 저서. 『종의 기원』에서, 다윈은 동물 육종 같은 유비, 사투리 같은 언어의 은유를 사용해, 지상에서 생명체는 자연선택의 결과로 시간이 지나며 진화했다고 독자를 설득하고 있다.

은유의 한계와 사용시 유의점

은유 또한 수업에서 조심스럽게 사용되어야 한다. 먼저 학생들의 머릿속에 무엇이 있는지를 생각해야 한다. 즉, '은유 배경(metaphor background)'과 '은유 준비(metaphor readiness)'가 되어 있는지를 생각해야 한다. 실제로 학생들의 머릿속에는 새로운 은유 용어들과 오래된 은유 용어들이 순서없이 뒤섞여 있다. 즉, 오래된 은유인 북두칠성(the Big Dipper)과 새로운 은유인 블랙 홀, 빅뱅, 대 위기(the big crunch) 등등이 얽혀 있을 수 있다. 좀 더 확장하면, 천체들의 조화(the harmony of the spheres), 팽창하는 우주, 톱니바퀴 우주(the clockwork universe), 인력과 척력(attraction and repulsion), 관성, 슈레딩거의 고양이, 왼손 뉴트리노(left-handed nutrinos), 홀짝성 깨짐(parity breakdown), 색깔과 향기의 쿼크들(colored and flavoured quarks), 글루온, 참(charm), 깨진 대칭성(broken symmetry), 원소 족(family of elements), 방사성 붕괴에서의 딸과 손녀딸 동위원소들(daughter and grand-daughter isotopes), 부정적 피드백(negative feedback), 혈액 순환, 이기적 유전자(the selfish gene) 등이 뒤섞여 있을 것이다.(Holton, 1984)

은유는 과학자에게는 효과적인 도구일 수 있으나, 학생들에게는 감상의 허구(the pathetic fallacy)일 수 있다. 메드(Mead, 1959)는 용어와 상상이 개발되고 있는 첨단 분야에서 일하는 과학자들은 대부분 그들 자신의 이해 수준에서 다른 과학자들에게 설명한다고 지적했다. 이렇게 해서, 과학적 언어는 '자연적 언어' 영역에서 점점 멀어지고 있다. 이것은 결국 그것을 알지 못하는 사람들로부터 그것을 아는 사람들을 분리시키는 일을 한다. 이러한 세계관 사이의 상호 조절을 하지 않는다면 과학 수업은 아마도 형식적인 것이 될 것이다. 이러한 관점들에 대한 상호조절이 없이는 과학을 가르친다는 것은 피상적인 것으로 남아있게 될 것이다.

이론의 확장에 은유가 해온 역할의 결과로, 많은 이론적 용어들이 은유를 통하여 자신들이 가진 의미들을 부여받을 수 있게 된다. 그러나 그들이 원하지 않는 의미를 전하지 않도록 충분히 주의해야 한다. 예를 들면, 핵물리에서 사용되는 "창고(barn)"와 "알갱이(particle)", 그리고 양자역학에서 사용되는 "꾸러미(packet)"와 "다발(bundle)" 등은 일상생활이나 거시물리학에서 사용되는 용어와 같은데, 그 둘 사이에는 어떤 유사점이 있기는 하지만 그 뜻이 전혀 다르다. 처음에 그러한 일상적인 용어를 사용하고자 하는 의도가 생긴 것은, 새로운 상황에서의 의미를 줄 수 있는, 그러한 용어들이 가지고 있는 의사소통적 가치 때문이다. 그러나 만약 바람직한 암시가 학생들의 마음속에 자리 잡고 있지 않으면, 은유의 사용은 순간적으로 새로운 용어를 창조하여 사용하는 것보다 더 나은 의사소통의 가치를 가질 수는 없다. 그러므로 타당한 주의를 기울여 은유를 사용하면, 은유는 시간을 절약할 수 있는 아주 훌륭한 도구가 되겠지만, 부주의하게 사용하면 그와 똑같은 만큼 학습에 장애를 제공하게 될 것이다.(Weller, 1970)

제 8 장 과학 수업에서 비유 사용 전략

문제해결에 관한 문헌(Gick & Holyoak, 1980)에서 많이 나타나는 일반적인 주장은 학생들이 한 상황에서 그들이 접한 해결방법이, 유사한 두 번째의 상황에 적용될 수 있다는 것을 잘 깨닫지 못한다는 것이다. 테니와 젠트너(Tenny & Gentner, 1985)의 연구에서는 학생들이 물리를 배우는 과정에서 접하는 유형의 문제들을 사용하여 유추적 전이(analogical transfer)를 기를 수 있는 가능한 방법을 연구하였다. 여기서의 가정은 문제 해결자가 첫 번째 문제의 영역(비유물)과 친숙할수록 두 번째 문제(목표물)가 이미 풀려진 첫 번째 문제에 유사하다는 것을 잘 알아차릴 것이라는 것이다. 이러한 친숙성(familiarity) 가정은 전기에 대한 물 비유를 사용하여 시험되었다. 두 가지의 실험을 통해 이 연구에서는 전기에 대해서 거의 알지 못하는 학생들을 대상으로 전기의 물 비유 접근도(accessibility of analogy)를 고찰하였다.

첫번째 실험에서는 학생들의 반은 물 문제를 먼저 받고 비슷한 전기 문제를 나중에 받았으며 나머지 반은 반대의 순서로 문제를 받았다. 만약 친숙성이 접근도(accessibility)의 중요한 결정요소라면 학생들은 반대의 경우보다는 물로부터 전기로의 경우에 더 많은 전이를 보여야 할 것이다. 이 실험에서는 대학 물리를 수강하지 않은 48명의 학생들이 연구에 참가했다. 그들은 임의로 물 우선 혹은 전기 우선 집단에 할당되었다. 초보자들이 직관적으로 전기에 대해서보다는 물 흐름의 성질에 대해 더 많이 안다는 가정은 옳은 것으로 증명되었다. 비록 두 테스트의 문제가 거의 비슷했지만, 두 조건 모두 (water-first, electricity -first) 물 흐름 문제에 대한 점수가 전기 문제에 대한 점수보다 10%가량 높았다.

그러나 흥미로운 문제는 학생들이 물 흐름에 대한 그들의 지식을 덜 친숙한 영역인 전기에 전이했느냐 하는 것이다. 이 문제에 답하기 위하여 물 테스트에서 전기 테스트로 연장된 응답수와 반대 경우의 응답수를 조사하였다. 예상은 물에서 전기로의 경우가 반대 경우보다 응답의 연장이 (맞든 틀리든)더 많을 것이라는 것이다.(물 영역과의 친밀성 때문에) 이 예측은 확증되지 않았다. 비록 전기로부터 물로의 경우보다 물에서 전기로의 경우, 조금 많은 응답이 있었지만(65% 대 60%) 이 차이는 통계적으로 유의미하지 않았다. 이러한 결과는 학생들이 대체로 친숙하지 않은 전기 문제를 물 비유에 의해 푸는 것을 시도하지 않는다는 것을 암시한다.

이러한 결과는 비유의 "단순한 노출"만으로는 충분하지 않다는 것을 제시한다.

유추적 전이와 전문지식의 발달 모두에서 중요하게 보이는 것은 친숙성 자체가 아니라 적절한 교차관계에 관심을 돌리는 기회이다(Gibson, 1969) 전문지식을 기르고 유추적 사고를 고무시키기 위해서는, 훈련 프로그램에서 단지 노출을 제공하기 보다는 관심의 방향을 바꾸는 것을 강조해야 한다. 또 추상적 관계도 직접 가르쳐 질 수 있다는 점을 인식할 필요가 있다. 예를 들면 수학적 형태를 통해서 추상적 관계도 직접 가르쳐질 수 있다. 그러나 이러한 종류의 훈련은 초보자들에게는 어려워서 결과적으로 좋은 직관적 이해보다는 문제해결에 공식을 끼워 맞추는 기계적 접근을 하게 된다. 그러므로 이러한 비유에 관한 연구 결과들을 보면 비유를 수업에서 사용할 때 어떤 전략이 필요하다는 것을 시사한다.

비유 수업 모형의 개발과 적용

비유를 핵심으로 하는 수업 모형을 개발하여 적용하는 경우, 모형의 요소들은 그들이 비유하는 이론이나 개념의 요소들과 같은 구조적 관계를 나타내야 한다.

모형의 목적은 학생들에게 구조적 틀, 브루너(Bruner)의 용어에 의하면, "범주의 체계"를 환기시키거나 제공하여 상대적으로 적은 노력을 들여 그것에 친숙하게 하는 것이다. 만약 몇 가지 용어들이 비유 모형과 이론에 동시에 존재한다면, 이러한 범주들은 바로 옛 것으로부터 새로운 체계로 전이하게 할 수 있을 것이다. 학생이 처음으로 이론을 대면하게 되면, 그는 종종 "나무는 보되 숲은 볼 수 없을 것이다." 이러한 점을 보완하기 위한 것이 바로 모형이다. 모형의 도움으로 학생들은 나무를 변별하기 전에 "숲"의 윤곽을 잡을 수 있을 것이다. 그리고 나서 나무와 직면하게 되면, 그는 타당한 조감 아래 그 나무들의 위치와 모양을 인식할 수 있게 될 것이다.

자이툰(Zeitoun)의 비유 수업 모형(GMAT)

자이툰(Zeitoun, 1984)은 비유를 사용하는 수업모형을 개발했으며 그 이름을 비유 수업의 일반모형(General Model of Analogy Teaching)이라고 했다. 이 모형은 루멜하트와 노만(Rumelhart & Norman, 1981)에 의해 제시된 도식 이론에 기반을 둔다. 이 모형은 9단계로 구성되어 있다[그림 8-1].

〈단계 1〉은 비유 추론 능력, 시각적 이미지를 다루는 능력, 인지적 복합

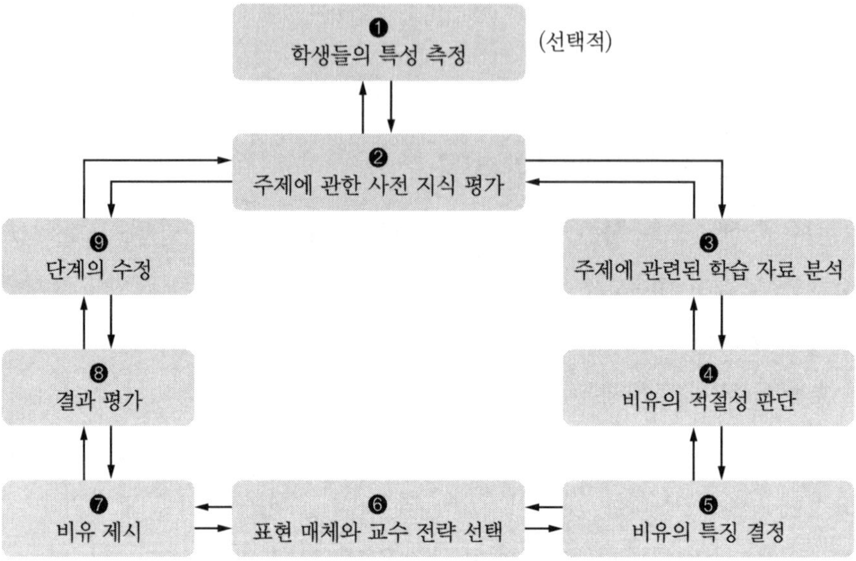

[그림 8-1] 자이툰(Zeitoun, 1984)의 GMAT 단계

성을 요하는 일들과 관련된 학생 특성을 측정하는 단계이며, 이 단계는 선택적이다. 그러나 실제로 이 단계를 고려한 유용한 연구가 충분하지 않다.

〈단계 2〉는 비유가 유용한가 유용하지 않은가를 결정하기 위해 주제와 관련된, 학생들이 가지고 있는 선수 지식을 측정하는 단계이다. 선수 지식의 측정을 위해 수업 중 토론, 임상적 면담, 또는 설문지들을 사용할 수 있다. 구성주의적 관점에서 볼 때 이 단계는 학습과정에 대한 모든 계획에서 필수적으로 요구된다. 학습해야 할 것에 대해 학습자가 이미 알고 있는 것이 무엇인가를 점검하는 것이 중요하기 때문이다.

〈단계 3〉은 주제에 관련된 학습 자료를 분석하여 그것들이 이미 비유를 포함하고 있는지 또는 새로운 비유가 고안되어야 하는지를 검토한다. 만약 학습 자료에 비유가 존재하지 않는다면 교사들은 적절한 비유를 찾거나 새로운 비유를 고안하거나 하도록 한다.

〈단계 4〉는 비유의 적절성을 판단하는 단계이다. 즉 비유물이 친근한 것인가, 또는 목표 영역에 상응하는 많은 속성들을 가진 것인가를 판단해야 한다.

〈단계 5〉는 학생들의 특성과 관련지어 비유의 특성을 결정한다. 이것은 교사가 비유의 구체성 수준과 물리적인 모형을 사용할 필요성 여부를 결정하는 데 도움을 준다.

〈단계 6〉은 교수 전략과 발표 매체를 선택하는 단계이다. 학생 스스로 개발, 안내된 수업, 그리고 설명적 수업 중에서 선택한다. 발표 매체와 관련된 부가적인 선택도 이루어진다. 교사의 강의, 음향기기, TV, 슬라이드 발표(멀티미디어 방법 포함), 시연, 게임, 조작 모형, 그림과 도표 등에서 적절한 발표 매체를 선정한다.

〈단계 7〉은 비유가 제시되는 단계이다. 비유의 제시는 몇 가지 단계를 가진다. 목표 개념 소개, 비유물 소개(그것이 학생들에게 친근하지 않다면 설명이 필요하다), 목표물과 비유물의 연결, 가장 중요한 것부터 먼저 시작하여 비유적 속성들을 제시하기, 무관한 속성들을 제시하기, 무관한 속성들에 관하여 토론하기 등이 그것이다.

〈단계 8〉은 결과를 평가하는 단계이다. 주제에 관한 속성들에 대하여 학생들이 가지고 있는 지식을 결정하고, 그들이 비유 사용을 통하여 갖게 될지 모르는 오인을 확인하면서 결과를 평가한다.

〈단계 9〉는 단계를 수정하는 단계이다. 부가적인 토론, 대안적 비유, 또는 다른 전략이 필요한지를 결정하기 위하여 모든 단계의 결과를 평가한 후에 필요하다면 모든 단계들을 수정한다.

자이툰(Zeitoun, 1984)은 그의 논문에서 관련문헌을 요약하고 몇몇 주요 발견 사항을 이용하여 그의 모형을 개발하였다. 그러나 이 모형에 대해서는 이론적 기초가 부족한 점, 비유 사용의 몇몇 중요한 측면이 모형화 되지 않았다는 점, 예를 들면 사전 지식의 중요성이 다소 모호한 방법으로 다루어졌다는 점, 비유와 관련해서 필수적인 것으로, 비유물 영역에 대한 사전 지식이 의미 있는 비유를 허락하는지 혹은 비유추론이 비유물에서 목표 개념까지 심각한 오개념을 가져가지 않는지를 확인하는 단계가 결여되어 있다는 비판이 있다.

TWA(Teaching With Analogy) 모형

조지아 대학의 과학교육 그룹은 과학 교과서에 제공된 비유의 가치에 흥미를 가지고 실태를 분석하였으며(Glynn, et al, 1989), 과학 수업에서 비유를 가치 있게 사용하고, 통찰력을 가지도록 하기 위한 모형을 개발하였다. 그 내용은 다음과 같다.(Glynn, 1989)

TWA모형은 다음과 같은 여섯 단계를 가진다.

〈단계 1〉 목표 개념 도입: 학습할 목표 개념을 학생들에게 소개하는 단계로, 가르치고자 하는 내용에 대하여 정확하게 그 의미를 설명해 준다.

〈단계 2〉 비유물 소개: 비유물이 학생들에게 친숙해지도록 한다. 이전에 직접, 간접으로 경험했던 다양한 소재를 가지고 학생들끼리 이야기를 나누고 질문도 할 수 있도록 한다.

〈단계 3〉 비유 상황 인식: 비유를 구체적으로 설명하는 단계로 비유 상황을 설명하고 특징을 제시한다.

〈단계 4〉 유사성 대응: 비유물과 목표개념을 연결시키는 단계로 둘 사이의 유사성을 대응시킨다. 비유물과 목표 개념 사이의 유사한 특징들을 찾아 투영시킨다.

〈단계 5〉 목표 개념 이해: 목표 개념에 대한 결론을 이끌어 내는 단계로 목표 개념의 핵심을 설명하고 학생들에게 발표를 하도록 하여 잘 이해했는지 점검한다.

〈단계 6〉 비유 한계 지적: 비유물과 목표 개념과의 차이점을 지적한다. 즉, 비유가 맞지 않는 점이나 확대 해석되는 곳을 지적하여 학생들이 가지게 될지 모르는 오개념에 주의하도록 한다.

해리슨과 트레거스트(Harrison & Treagust, 1993)는 종이 위에서 카페트 위로 굴러가는 수레를 비유로 사용하여 빛의 굴절에 대한 10학년 광학 수업을 TWA 모형에 따라 실시하였다. 이들은 TWA 모형의 5단계와 6단계의 순서를 바꾼 변형된 TWA 수업 모형의 각 단계별로 교사의 활동과 학생들의 반응을 기술하면서 과학 수업에서 TWA의 적용 가능성을 검토하였다. TWA 수업 모형은 경력 교사의 연습과 대학의 지원으로 고등학교에서 충분히 사용 가능하고, 비유를 체계적으로 사용하면 학생의 개념 이해도가 향상될 수 있음을 제안하였다.

트레거스트 등(Treagust, et al, 1996)은 10학년 2개반 25명을 통제 집단과 처치 집단으로 할당한 후, 상이한 매질의 경계면에서 모형 자동차의 움직임을 비유물로 사용하여 빛의 굴절에 대하여 TWA 모형으로 수업을 실시하였다. 성취도 검사에서 처치 집단의 평균이 유의미하게 높았으며, IAI(Intervew About Instance)를 이용하여 학생들의 수업 후 개념 상태를 조사한 결과 유용하고 그럴듯한 개념 상태에 있는 학생들이 TWA 수업 집단에 더 많았다.

이 모형이 초등학교 학급에서 사용되어 졌을 때, 교사와 학생 간 그리고 학생 자신들 사이에서 계속 일어나는 토론은 몇 가지 이로운 결과를 가져왔다. 비유에 관한 토론은 교사가 지나쳤을지 모르는 지식의 간격이나 학생들의 오개념을 알아차리도록 했다. 토론은 역시 그들이 앞에서 관련 없다고 본 개념들을 함께 연결시키도록 학생들을 고무시켰다(Glynn, 1989)고 한다.

그들은 구성주의적 입장을 취했으며, 이 작업의 몇몇 주요 특징은 다음과 같다. 비유 수업을 통해 비유의 설명적이고 창조적인 기능을 발견하였다: "새 개념과 원리를 친근한 언어로 제시할 때 그것은 설명적 기능을 제공한다. 기존 문제의 풀이, 새 문제의 동일화, 가설의 발생을 자극할 때 그것은 창조적 기능을 한다."(Glynn, et al, 1989)는 것이다.

또한 상위 개념에 대한 탐색이 가능하다는 것이다. 예를 들면, 물 회로와 전기회로는 모두 회로이다라는 상위 개념을 탐색하게 한다는 것이다. 그리고 Glynn(1994) 등은 상위 개념에 대한 그런 탐색에서 창조적 기능을 볼 수 있다고 주장했다.

김희정과 조연순(2001)은 초등학생의 광합성 개념 학습에서 TWA 비유 수업 모형의 효과를 조사하였다. 초등학교 5학년 73명의 학생들을 대상으로 광합성의 개념에서 TWA수업 모형을 사용하여 수업을 실시하였다. '식물의 잎은 요리가 만들어지는 식당과 같다'는 비유를 사용하여 5차시에 걸쳐 수업을 실시하였다. TWA비유 수업 모형은 초등학교 아동의 학습내용에 대한 이해도를 증진시키고, 개념 학습을 하는데 효과가 있다. 또한 비유모형은 학습자의 과학적 반응에 긍정적인 영향을 미친다고 하였다.

태버(Taber, 2001)는 원자모형에 대한 태양계 비유의 사용을 고려하여 TWA의 잠재적 어려움과 이점을 조사하였다. 비유는 교사의 래퍼토리에서 가장 잠재적인 도구 중의 하나이고, 과학 교수의 일반적 특징을 깨닫게 해준다. 그러나 효과적으로 비유를 사용하기 위해서는 많은 주의와 계획이 요구된다. 과학적 아이디어를 설명하기 위해서 사용되는 비유의 제한점을 강조하는 것이 중요하다. 또한, 비유는 교사가 가정하는 것과 같이 학생들에게 친근하지 않을 때의 다른 잠재적 어려움을 고려해야 한다.

FAR(Focus-Action-Reflection Guide) 전략

교사들이 비유 수업에서 비유를 사용하는 것을 돕기 위하여 트레거스트(Treagust, 1993)는 자신의 연구 결과에 근거하여 '비유를 사용한 과학 교수 학습을 위한 지침'이라는 것을 만들었다. 이 모형은 준비(Focus), 행동(Action), 반성(Reflection)의 세 단계로 되어 있으며 머리 글자를 따서 FAR 지도 전략이라고 한다. FAR 지도전략의 목적은 교사들이 교실 수업이나 교과서에서 비유를 사용할 때 발생할 수 있는 장점을 최대화하고 제한점

〈표 8-1〉 FAR 전략 구성

단계	대상 항목	점검 내용
준비 (Focus)	개념	이 개념은 어려운가, 친숙하지 않은가, 추상적인가?
	학생	학생들은 이 개념에 대해 어떤 생각들을 가지고 있는가?
	비유물	이 비유물은 학생들에게 친숙한 것인가?
실행 (Action)	유사한 점	비유물과 과학 개념의 특성들을 논의한다.
	유사하지 않은 점	비유물이 과학 개념과 유사하지 않은 점을 논의한다.
반성 (Reflection)	결론	비유가 명확하고 유용했는가? 계획한 목표들을 성취했는가?
	개선점	결과적으로, 다음번에 이 비유를 사용하고자 할 때 변경해야 할 점들이 있는가?

을 최소화하도록 돕는 것이다. 이 전략은 여러 시간 동안 교사와 학생을 관찰하고 면담한 결과 만들어진 것으로 숙련된 교사들이 과학 교수에서 비유를 사용하는 방식을 가능한 한 반영하도록 고안되었다. FAR 전략의 단계들은 교사들에게 쉽게 익숙해졌고 비유 교수에 유용하게 적용되었으며, 무엇보다도 이것이 교사와 학생들에게 유익하고 과학 교수와 학습에서 비유를 즐긴다고 예비 연구에서 보고하였다.

FAR 전략은 비유의 제시 능력과 해석 능력을 증진시키기 위해 고안되었다. 준비(Focus) 단계는 학생들이 이미 가지고 있는 지식이 무엇이고 비유가 왜 사용되어야 하는지에 대해 확인하는 단계이다. 실행(Action) 단계는 비유에서 사용하고자 하는 경험이나 사물에 대해 학생들이 이해하고 있는지 그리고 가르치고자 하는 과학 개념과 비유물이 유사성은 무엇이고 비 유사성은 무엇인지를 확인하는 단계이다. 반성(Reflection) 단계는 비유의 유용성에 대해 되짚어 보고, "이 설명을 다시 할 필요가 있는가? 다음 번에는 이 비유를 더 낫게 사용하는 방법이 있는가?"를 생각해 보는 단계이다. 이를 좀 더 상세하게 설명하면 다음과 같다.

해리슨과 콜(Harrison & Coll, 2008)은 비유를 이용하여 과학을 가르치는 방법으로 FAR(Focus–Action–Reflection, 준비–실행–반성) 모형을 이용한 구체적인 비유 수업 자료를 개발하여 소개하였다. 다음은 FAR 전략을 사용한 실제 예들이다.

세포에 대한 도시 비유

대부분의 세포들은 현미경을 가지고서만 볼 수 있다. 실험실 활동에 참여하여 현미경으로 세포를 관찰하는 학생들은 매우 신기해 하고 재미있어 한다. 이러한 활동들은 권장되어야 한다. 그러나 불행하게도 학교

〈표 8-2〉 세포 개념에 대한 도시 비유

<table>
<tr><td rowspan="3">준비
(Focus)</td><td>개념</td><td colspan="2">세포 소기관들의 기능과 그들의 상호작용은 추상적이며 학생들이 이해하고 의사소통하기 어렵다. 인간 게놈에 대한 흥미와 기본적인 세포 소기관들의 기능에 대한 이해의 필요성 증가는 세포 생물학에 대한 관심을 증가시키고 있다. 학생들은 또한 세포에 대해 많은 의문을 가지고 있다. 세포는 독립된 섬도 아니고 독립된 개체도 아니다.</td></tr>
<tr><td>학생</td><td colspan="2">어린 학생들은 세포에 다세포적 기능 (multicellular function)과 행동(activity)이 있다(예를 들면, 세포들이 생각할 수 있다.)고 생각하고, 어떤 학생들은 세포적 특성과 분자적 특성을 혼동한다. 중학교 학생들은 원형질(protoplasm)을 분화되지 않은 찐득거리는 어떤 것(goo)으로 본다. 어떤 학생들은 단백질, 지방, 탄수화물이 세포로 만들어져 있다고 생각한다.</td></tr>
<tr><td>비유물</td><td colspan="2">한 개 세포를 한 개 도시와 비교하는 것은 세포들이 도시와 같은 기능을 하는 행동 측면들이 있음을 이해시키는데 도움을 준다. 그 기능에는 원료의 수입자, 공장, 분배(운송), 그리고 쓰레기 처리 시설 같은 것들이다. 도시들과 세포들은 통제 센터들을 가지고 있고, 통신 시스템 및 저장 영역을 가진다.</td></tr>
<tr><td rowspan="3">실행
(Action)</td><td colspan="3">유사성–비유물을 목표 개념에 대응시키기</td></tr>
<tr><td colspan="2">비유물–
투입과 산출을 가진 도시</td><td>목표 개념–
투입과 산출을 가진 세포</td></tr>
<tr><td colspan="2">도시 카운실은 도시를 통치하고 통제한다.
발전소는 전기를 공급한다.
건설업체는 집을 짓는다(build).
도로, 자동차, 버스 및 트럭은 운송을 담당한다.
창고는 식료품, 옷, 하드웨어를 저장한다.
공장은 수출을 위한 물건들(예를 들면, 신발과 화장품)을 만든다.
음식 프로세서는 빵과 같은 음식물을 준비해 준다.</td><td>핵은 모든 세포의 행동들을 통제한다.
미토콘드리아는 화학 에너지(ATP)를 공급한다.
리보좀은 단백질을 구성한다(construct).
내부원형질 망상조직(Endoplasmic reticulum)은 하나의 운송 시스템이다.
색소체(Plastids)는 녹말과 같은 물질을 저장한다.
골기체(Golgi bodies)는 다른 세포들에게 수출되는 물질들(예를 들면, 호르몬, skin oils)을 만든다.
클로로플라스트(Chloroplasts)는 세포의 포도당(cell's sugar)을 만든다.</td></tr>
</table>

〈표 8-2〉 세포 개념에 대한 도시 비유(계속)

<table>
<tr><td rowspan="2">실행
(Action)</td><td colspan="2">비유사성-비유가 적용되지 않는 부분</td></tr>
<tr><td colspan="2">• 클로로플라스트는 태양빛 에너지를 포획하지만 베이커리는 보리와 전기를 사용한다.
• 도시 행정부는 선거에 의해 방향을 바꾸고 매우 적응적이지만 핵으로부터의 세포 통제는 고정되어 있다.</td></tr>
<tr><td rowspan="2">반성
(Reflection)</td><td>결과</td><td>학생들은 도시와 세포 기능 사이의 계획된 연결을 만들었는가? 학생들은 그 기능들이 통합되어 있고 상호 의존적임을 깨달았는가? 나는 이들 중의 일부 요점들을 다음 수업에서 명확히 할 필요가 있는가? 세포를 집과 비교하는 더 깊은 비유가 학생들의 이해를 확장하고 공고히 하는데 유용한가?</td></tr>
<tr><td>개선점</td><td>학생들은 집단 세포-도시 모형들을 만들어야 할까? SimCity 프로그램이 도움을 줄까?</td></tr>
</table>

현미경의 대부분은 세포의 내부 구조를 잘 보여주지 못하고 세포의 구획지어진 본성을 이해하기 어렵게 한다. 또한 학생들은 세포 소기관들(organelles)이 특수한 기능을 가진다는 것을 이해하는 것이 어렵다는 것을 알게 된다.

도시를 이용한 비유는 세포의 내부 구조와 세포 소기관 각각의 기능을 설명하는 데 사용될 수 있다. 가장 중요한 것은 이 비유가 한 세포에 대한 서로 다른 측면들 사이의 상호의존을 생각해 보도록 확장될 수 있다는 것이다. 대부분의 학생들은 도시를 잘 알고 있고, 약간의 도움만 주면 정부와 통제, 건설, 운송, 에너지 생산, 쓰레기 처리와 같은, 도시의 중요한 개념들을 세포에 대한 이해를 증진시키는 데 사용할 수 있다.

이 수업은 소집단 수업으로 잘 될 수 있다. 교사는 각 집단에게 세포 소기관들 목록표와 기능을 주고, 소집단이 협력하여 도시에 대한 지식을 바탕으로 그들 자신의 비유를 개발하도록 요구한다. 소집단들은 수업의 끝

부분에서 자신들의 아이디어를 공유하고 오개념을 갖지 않도록 교사는 학생들의 논의를 모니터한다. 전체 학생을 대상으로 교사는 도시 비유물과 세포에 대한 목표 개념 사이의 유사성과 비유사성을 논의하면서 잘못된 이해를 갖지 않도록 유도한다. 이 과정을 요약하면 〈표 8-2〉와 같다.

빛의 굴절에 대한 바퀴 비유

이 비유를 통해서는 다음 개념을 가르치고자 한다.

첫째, 빛은 장애물에 수직에서 들어가면 휘지 않고 곧바로 통과한다. 둘째, 광선은 밀도가 작은 곳에서 밀도가 더 큰 투명한 물질을 통과할 때, 법선 쪽으로 휘어진다. 셋째, 광선은 밀한 곳에서 소한 매질로 지나갈 때 법선으로부터 벗어난 곳으로 휘어진다.

여기서 제안된 교수 전략은 다음과 같다.

첫째, 만약 충분한 장비가 있다면 학생들이 집단으로 비유를 반복하도록 하라. 둘째, 시연할 때 법선 쪽으로 휘어지는 것을 보여주라. 그리고 반대방향으로 그들이 바퀴를 굴릴 때 무엇이 일어나는지를 찾도록 학생들에게 물어라. 셋째, 바퀴가 그들의 축을 따라 쉽게 구르는지 확인하라.

〈표 8-3〉 빛의 굴절에 대한 바퀴 비유

준비(Focus)	개념	• 학생들은 빛이 유리 또는 물을 통과하면서 휘는 것에 친숙하다. • 굴절은 유리블륵, 프리즘 등을 가지고 쉽게 설명할 수 있다. • 현상 그 자체를 설명하기는 어렵다.
	학생	• 학생들은 아마 빛을 파도와 같다고 알고 있을 것이다. • 그들은 해변이나 물결 통 안에서 파도의 방향이 변하는 것을 보았을 것이다. 물 밑의 경사면이 파도의 속도가 느려지거나 빨라짐과 관련이 있다는 것을 알고 있을 것이다. • 어떤 학생들은 빛의 반사와 빛의 굴절을 혼동할 것이다.

〈표 8-3〉 빛의 굴절에 대한 바퀴 비유(계속)

<table>
<tr><td>준비(Focus)</td><td>비
유
물</td><td colspan="2">• 많은 학생들이 유모차, 장난감, 또는 차의 바퀴 하나가 딱딱한 표면에서 모래, 카펫, 혹은 풀 위와 같은 부드러운 표면으로 굴러갈 때 생기는 방향의 변화를 경험했을 것이다.
• 방향의 변화는 부드러운 표면 위의 바퀴는 느린 반면 딱딱한 표면 위의 바퀴가 쉽게 굴러가기 때문에 발생한다. 이런 현상은 장난감 바퀴 한 쌍을 딱딱한 표면에서 부드러운 표면 위로 비스듬히 굴려 봄으로써 설명할 수 있다.(그리고 학생들에 의해 실행할 수 있다.)
• 하나의 바퀴가 느려짐에 따라 바퀴 한 쌍은 방향을 바꾼다. 방향의 변화를 보여주기 위해서 바퀴를 밝은 포스터 칼라 페인트로 칠한다.</td></tr>
<tr><td rowspan="7">실행
(Action)</td><td colspan="3">유사성–비유물을 목표 개념에 대응시키기</td></tr>
<tr><td colspan="2">비유물–바퀴 트랙</td><td>목표 개념–빛의 굴절</td></tr>
<tr><td colspan="2">수직한 경로에서는 편향이 없다.</td><td>수직 광선은 방향이 변하지 않는다</td></tr>
<tr><td colspan="2">비스듬한 경로에서는 수직선 쪽으로 휘어진다</td><td>비스듬한 광선은 법선 쪽으로 휘어진다.</td></tr>
<tr><td colspan="2">하나의 바퀴가 느려짐에 따라 트랙은 방향이 변한다.</td><td>광선은 밀한 매질에서 느려지기 때문에 휘어진다.</td></tr>
<tr><td colspan="2">카펫의 마찰이 증가함으로 바퀴는 느려진다.</td><td>유리가 광학적으로 공기보다 더 밀하기 때문에 빛은 느려진다.</td></tr>
<tr><td colspan="3">비유사성–비유가 적용되지 않는 부분
• 바퀴는 아주 넓은 반면에 광선은 매우 좁다
• 두 바퀴의 진행으로 하나의 가느다란 광선을 표현한다.
• 마찰이 바퀴를 느려지게 함에 비하여 유리의 광학적 밀도가 빛을 느리게 한다.
• 바퀴는 축으로 연결되어 있지만 빛의 광자는 서로 연결되지 않는다.</td></tr>
<tr><td>반성
(Reflection)</td><td>결
과</td><td colspan="2">• 굴절 모형은 학생들에게 명확한가?
• 학생들은 굴절모형이 설득력 있다는 걸 알아내었는가?
• 이해력에 대한 좋은 평가는 빛이 유리에서 나갈 때 법선으로부터 더 멀리 휘어지는 것을 설명하기 위해서 학생들이 그 모형을 사용할 수 있는지의 여부이다.</td></tr>
</table>

〈표 8-3〉 빛의 굴절에 대한 바퀴 비유(계속)

반성 (Reflection)	개선점	• 나는 이 모형을 사용하기 전에 물결파 실험을 통해 또는 비디오를 이용하여 물결파의 휘어짐을 보여줄 필요가 있을까? • 양쪽 방향에서 비유를 실행해야 하는가? • 역방향과정을 생각해 보도록 그들을 내버려둬야 하는가?

체계적 비유 수업 모형과 적용

김영민(1991b)은 체계적 비유 수업의 모형을 구안해서 수업 모형에 따른 수업의 효과를 조사하였다. 중학교 2학년을 대상으로 6그룹으로 나누어서 각각에 다른 프로그램을 적용하여 효과를 알아보았다. 사용된 비유는 물회로 비유와 석탄차 비유를 사용하여 전류 개념에 대해서 알아보았다. 전류 개념 변화를 위한 수업의 모형에서 갈등 상황을 제시하는 것이 특징이다. 한국 학생들에게 가장 우세하게 나타나는 전류 개념은 전류의 순차 흐름과 전류의 저항 무관 생각이 있다. 일반적으로 전류의 순차 흐름 생각을 가진 학생의 경우를 제외하고는 비유를 사용하는 것이 효과적임을 보였다. 또한 비유를 쓰는 경우 학생의 사전 개념이 고려되어야 하고 친숙한 비유물을 사용하며, 갈등 상황을 유발하는 경우가 비유를 수시로 사용하는 것보다 효과적임을 보였다. 이때 개발된 모형은 [그림 8-2]와 같다.

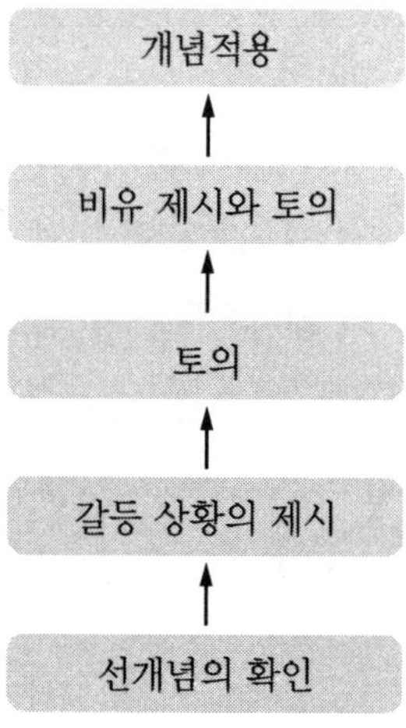

[그림 8-2] 비유 수업 모형

그리고 이론적이고 경험적인 논의에서 볼 때 과학 수업에서 비유를 적용하기 위해서는 일반적으로 다음의 몇 가지 조건들이 고려될 필요가 있다. 즉, 비유물로서의 조건과 비유 사용의 상황을 고려해야 하는데 그 구체적인 조건들은

다음과 같다.(김영민, 1991)

비유물로서의 조건으로는,

첫째, 비유물과 목표 모형이 가급적 유사한 대응 관계를 가져야 한다.

둘째, 비유물은 학생의 사전 개념이 고려되어 그것을 변화시킬 수 있어야 한다.

셋째, 비유물은 목표 모형보다 학생들에게 친숙해야 한다. 비유를 사용하는 중요한 목적 중의 하나는 친숙한 것을 친숙하지 않은 것에 관련지음으로써 학습에 도움을 주고자 하는 것이기 때문이다.

넷째, 비유물의 구조와 속성이 목표 모형에 비해 학생들이 이해하기 쉬워야 한다. 비유물의 속성과 구조 자체가 학생들이 이해하기 어려운 것이라면 학생들로서는 목표 모형을 학습하기 이전에 비유물에 대한 학습이 선행되어야 하기 때문이다.

다섯째, 비유물은 그림이나 모형으로 나타내질 수 있어야 하고 실제 학습에서도 그림 비유(pictorial analogy) 또는 모형 비유(model analogy)가 이루어져야 한다. 언어로 표현된 비유는 그 자체를 학생들이 상상하는데 어려움이 있다.

비유 사용의 상황으로는,

첫째, 갈등 상황의 도달 후에 비유가 적용되어야 한다.

둘째, 비유의 한계에 대해 학생들과의 논의를 거쳐야 한다.

셋째, 목표 개념이 추상적인 경우에 사용되어야 한다. 구체적인 개념에 다른 비유를 사용하는 것은 비유 사용의 목적에 비추어 볼 때 별 의미가 없다.

이것을 종합하여 모형으로 제시하면 [그림 8-3]과 같다.

김영민(1991b)은 이러한 조건들을 만족하는 비유를 체계적 비유라고 하

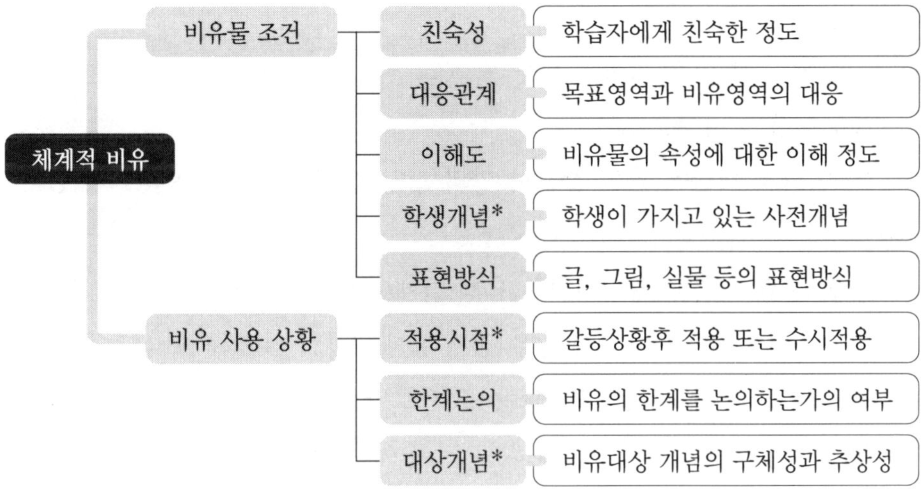

*표는 기존의 연구 결과들을 정리한 외에 연구자가 추가한 조건들임

[그림 8-3] 체계적 비유 모형

였다. 이러한 체계적 비유를 전류 개념 변화를 위한 수업에 적용하고자 할 때 그 조건들을 좀 더 구체화하였는데, 그것은 다음과 같다.

비유물로서의 조건으로는,

첫째, 목표 모형이 전자의 흐름 모형, 전류의 보존, 저항에 의한 전류의 영향, 전압에 의한 전류의 세기이므로 전자, 에너지 변환, 전자의 이동, 전자들의 반발력을 대칭시킬 수 있는 비유 모형이어야 한다.

둘째, 전류의 비유 모형은 학생들의 사전 개념인 전류 소모 생각, 전류의 저항 무관 생각, 전류의 순차적 흐름 생각 등이 고려된 것이어야 한다.

셋째, 고안된 비유 모형은 전자 흐름, 전류 보존, 저항과 전류, 전압과 전류 등의 목표 모형에 비해 학생들에게 친숙해야 한다.

넷째, 고안된 비유 모형은 그 각각의 속성이 학생들에게 이해하기 쉬워야 한다.

다섯째, 전류 비유 모형은 실물 또는 그림으로 표현할 수 있어야 한다.

비유 사용의 상황으로는,

첫째, 전류 개념에 관한 갈등 상황의 도달 후에 비유가 적용되어야 한다.

둘째, 전류 개념에 대비시킨 비유의 한계에 대해서도 학생들과 논의를 거쳐야 한다. 석탄차 회로의 경우 전자에 대응시킨 석탄차 크기의 차이, 석탄차 회로에서는 석탄이 떨어지는 것으로 에너지의 소모를 설명하지만 전기 회로에서는 에너지가 소모되는 것이 아니라 열이나 빛으로 전환된다는 것을 설명하지 못하는 점 등을 논의해야 한다.

셋째, 전류는 추상적 개념이다.

김영민 등(1995)은 체계적 비유 수업을 받는 중학생의 전류 개념이 시간이 지남에 따라 어떻게 변화되는지를 연구하였다. 체계적 비유를 사용한 집단, 비체계적 비유를 사용한 집단, 비유를 사용하지 않은 집단, 이렇게 세 집단으로 나누어서 수업 전, 수업 직후, 9개월 뒤 개념 변화를 살펴보았다. 전류개념 수업에서 비유를 쓰는 것이 쓰지 않는 것보다 단편적인 응답에서는 효과적이었으나 서술형 응답에서는 유의미한 차이가 없었다. 그러나 체계적 비유를 쓰는 것이 장기적 기억에 도움을 준다고 할 수 있다.

노태희 등(1997b)은 중학교 과학 수업에서 비유물을 체계적으로 사용한 수업의 효과를 조사하였다. 중학교 2학년 86명을 대상으로 10차시에 걸쳐 화학변화, 혼합물과 화합물, 화합물의 분해, 질량보존의 법칙, 일정성분비의 법칙 등에 대해서 수업을 하였다. 사용된 비유는 식빵 만들기, 독수리 5형제, 라디오의 분해, 레고 블록 조립, 손전등과 건전지 등이었다.

과학 개념 이해도에 대한 비유물을 체계적으로 사용한 수업은 개념 이해에 효과적이었으며, 학생들이 이해하기 어려운 개념에 더 효과적이었다. 또한 비유 추론 능력이 낮은 학생들이 이해하기 어려운 개념에 효과적이었으며 학생들의 자신감 측면에서 학습 동기를 향상시켰다.

노태희 등(1998)은 비유물의 체계성과 표현방식이 개념 회상 및 응용에 미치는 효과에 대해서 조사하였다. 중학교 1학년 137명을 대상으로 하여 '제한 물질이 들어 있는 화학반응식의 양적 관계'라는 주제로, 식빵 만들기 비유를 포함한 교재를 20분간 학습 한 후 개념 검사를 실시하였다. 체계성은 인과 구조를 어느 정도 명확하게 포함하느냐에 따라서 구분하였고, 표현방식은 언어, 언어+그림으로 구분하였다. 연구 결과 비유물의 체계성과 표현 방식에 따른 집단별 논리적 사고력은 유의미한 차이가 없었다. 목표 개념을 새로운 상황에 응용하는 경우에는 비유물이 그 표현방식에 관계없이 목표 개념의 인과 관계를 체계적으로 제시할수록 효과적이다. 표현 방식에서는 언어+그림의 형태로 제작한 체계적인 비유물이 개념 응용에 가장 효과적이었다.

연결 유추(Bridging Analogy) 전략

이것은 학생들의 오개념을 과학자적 개념으로 변화시키기 위한 한 가지 교수 전략으로 클레멘트(Clement, 1993)에 의해 개발된 것이다. 이 교수 전략은 기본적으로 [그림 8-4]와 같이 세 단계로 이루어져 있다. 먼저 학생들의 정착개념을 확인한 다음, 목표 개념을 직접 제시하지 않고, 목표 개념으로 연결될 수 있는, 좀 더 구체적이고 쉬운 개념을 다리로 놓은 다음, 목표 개념에 도달하도록 하는 것이다.

[그림 8-4] 연결 유추 전략의 단계

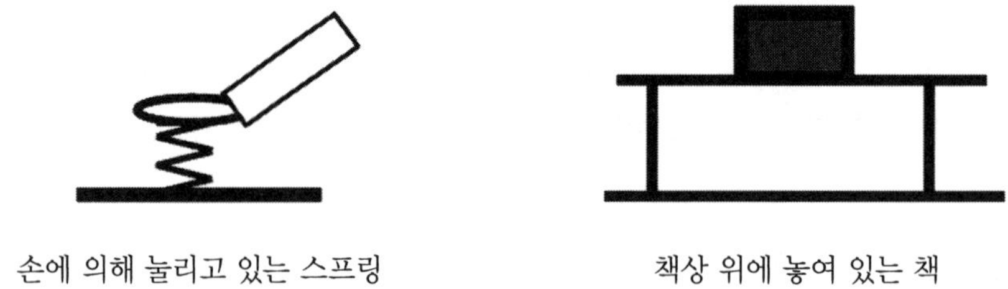

[그림 8-5] 스프링 위의 손과 책상 위의 책(Clement, 1993)

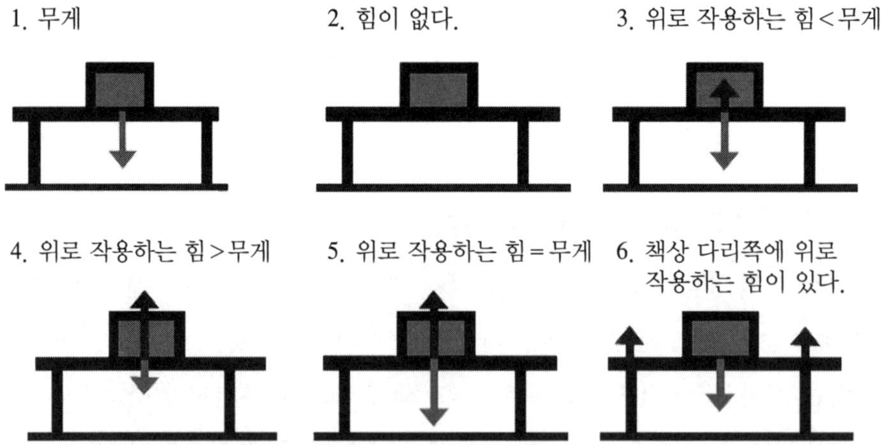

[그림 8-6] 책상과 그 위의 책 사이에 작용하는 힘에 대한 학생들의 생각

클레멘트는 이 과정을 적용하는 첫 번째 개념으로 '수직 항력'을 선정하였다. 수직 항력을 나타내는 예로 [그림 8-5]와 같이 '스프링을 누르고 있는 손'과 '책상 위의 책'을 선정한 다음, 두 경우에 대해 학생들의 힘 개념을 조사하였다.

책상 위의 책의 경우, 작용한 힘들이 어떤 것들이 있는가에 대해 조사한 결과, 일반적으로 학생들이 가지고 있는 개념은 [그림 8-6]과 같다.

클레멘트(Clement, 1993)의 연구에서는 실험집단으로 150명의 고등학교 1학년 학생들(물리 과목을 수강하는)이 참여하였는데, 이 학생들 중의 75%가 사전 평가에서 '책상이 그 위에 놓인 책을 밀지 않는다.'고 응답했다. 학급토의와 개인교수면담에서 많은 학생들이 정지된 물체는 물체 자신의 무게 외에 다른 힘이 작용하지 않는다는 믿음을 보였다. 그러나 대부분의 학생들이 한 손으로 스프링을 누를 때, 스프링이 그 손을 밀어올린다고 믿고 있었다. 그러므로 이 경우에는 '스프링을 누르는 손'의 경우가 정착 개념(anchoring concept)으로 선정되었다. 스프링 상황에서 손에 작용하는 힘은 학생들에게 옳은 직관을 이끌어 주기 때문에 이 수업에서 유용한 시작점이 된다. 이런 이유로 그것을 "정착 직관"을 이끌어 내는 "정착 예시"라고 부른다.

학생들의 대부분은 책상은 스프링과 유사하지 않고 책상은 단단하지만, 스프링은 신축성이 있기 때문에 스프링은 힘을 작용할 수 있으나 책상은 그럴 수 없다고 말한다. 그러므로 학생들이 스프링과 책상 사이의 비유가 어떻게 타당화 될 수 있는지를 알도록 돕는 노력이 필요하다. 이 노력은 포스너 등(Posner, et al, 1982)의 연구에 의해 지지를 받고 있는데, 그들은 학생들에게 그럴듯하면서도(책상이 민다는 것이 사리에 맞다고 생각) 이해할 수 있는(책상이 미는 것을 아는 것) 과학적 개념을 만들어 주는 연구를 하였다.

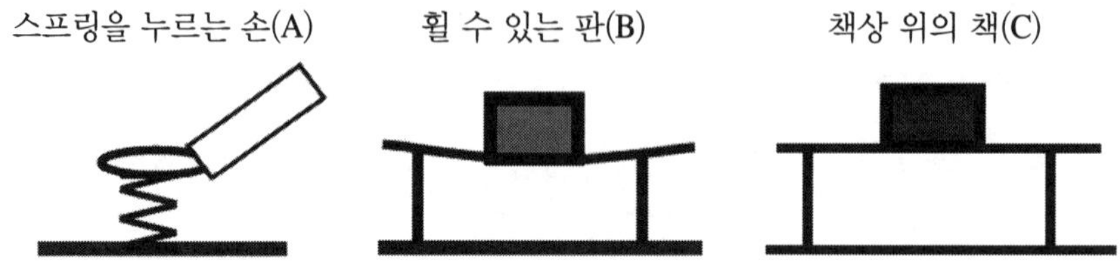

[그림 8-7] '스프링을 누르는 손'에 작용하는 힘과 '휠 수 있는 판에 놓인 책'에 작용하는 힘을 유비하여 '책상 위의 책'에 작용하는 힘 유추

이 경우에는 목표물(책상 위의 책)과 정착 예시(스프링을 누르는 손) 사이의 중간매개체를 찾는 시도가 필요하다. 이를 연결 유추(bridge analogy)라고 부른다. [그림 8-7]은 '스프링을 누르는 손'과 '책상 위의 책' 사이의 유추가 타당하다는 것을 학생들이 확신하도록 도와주는 '휠 수 있는 판(board)'의 경우를 보여준다.

여기서 '휠 수 있는 판'(B)에 놓여 있는 책에 대한 생각을 '책상 위'에 놓여 있는 책(C)에 대한 생각과 '스프링 위'의 손(A)에 대한 생각으로 연결하여 공유하도록 한다. 학생들은 같은 측면에 대하여 A와 B가 유사하다는 것과 B와 C가 유사하다는 것을 알게 되고, 그러므로 A와 C가 유사함을 확신하게 된다. '먼' 것 보다는 '가까운' 비유를 이해하기 쉽기 때문에 이런 연결은 의미 있다고 생각된다. 이 연결은 한 단계의 사고 연결을 이해하기 쉽도록 두 개의 작은 단계로 구분해 주는 것이다. 이 학습에서의 개념 연결을 전체적으로 보면 [그림 8-8]과 같다. 연결 유추는 스티로폼 위에 책을 놓은 경우를 쓸 수도 있고 두 가지를 모두 사용할 수도 있다.

클레멘트 연구(Clement, 1993)에서 두 번째 예는 마찰력에 관계된 것이고, 세 번째 예는 뉴턴의 제3법칙인 작용–반작용 법칙에 관계된 것이다. 여기서는 세 번째 예인 뉴턴 제3법칙에 대한 수업을 소개하고자 한

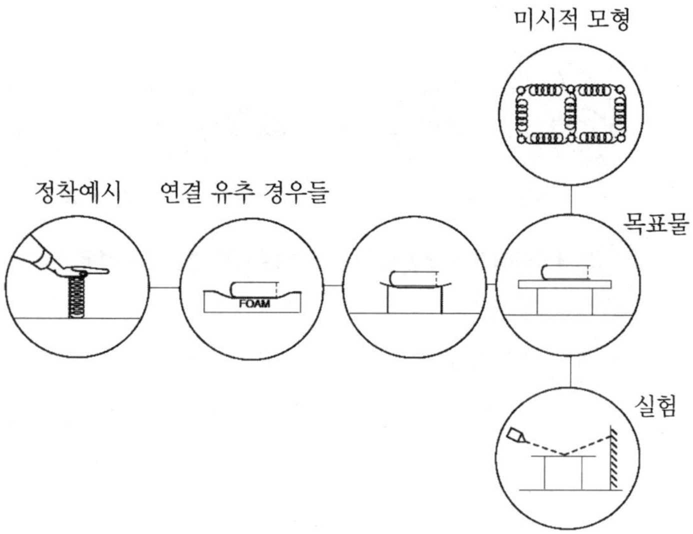

[그림 8-8] 정착 예 제시로부터 목표물 제시까지의 과정
이 과정을 통해 책상 위의 책에도 수직항력이 작용한다는 것을 학습한다.

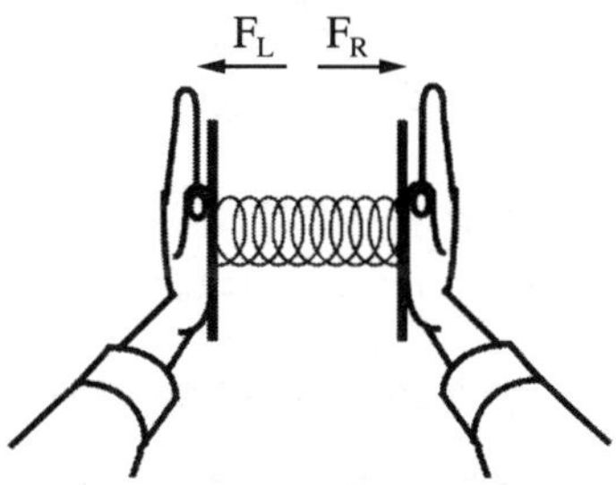

[그림 8-9] 작용-반작용 학습에서의 정착 예시
스프링을 양 손으로 누를 때, 양쪽 손이 똑 같은 힘을 느낀다.

다. 이 수업에서는 [그림 8-11]에서 보인 것처럼 같은 질량의 정지된 차에 충돌하는 움직이는 차를 목표물로 삼는다. 그리고 정착 예는 '두 손 사이에 스프링을 넣어 누를 때, 같은 힘이 작용함을 느낀다는 생각'이다[그림 8-9].

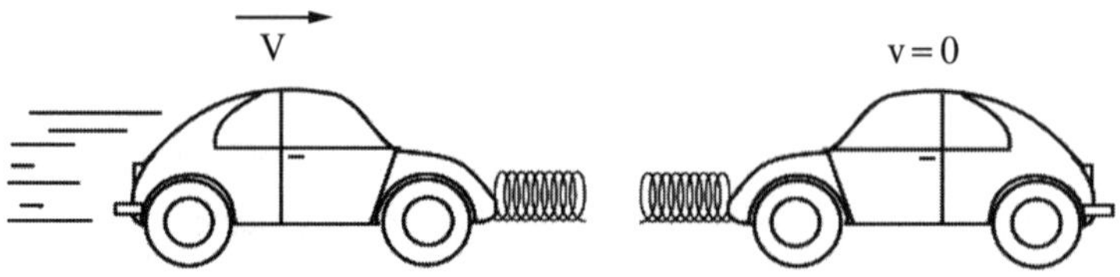

[그림 8-10] 앞에 스프링을 달고 다른 차와 충돌하는 경우

이 수업에서 첫 번째 연결 유추는 [그림 8-10]과 같이 한 차(A)가 스프링을 걸고 달리면서 정지해 있는 다른 차(B)에 충돌하는 경우를 나타낸다. 여기서 차(A)가 받는 힘은 차(B)가 받는 힘과 같다. 그리고는 학생들은 자동차(A)가 정지해 있고 자동차(B)가 자동차(A)에 충돌하는 경우 양쪽에 작용하는 힘이 충돌 시에 같은지에 대해 논의한다.

그런 다음, 차(B)의 표면이 원자 간에 스프링 같은 원자 결합들로 구성된 것을 고려하면 이것이 목표상황과 같은지를 질문한다. 이 수업의 마지막 실험은 한 학생이 정지된 차에 타고 있고, 역시 한 학생이 타고 있는 다른 차를 굴려 충돌시켜 보는 실험이다. 각 학생들이 차의 앞에 체중계를 들고 앉아 충돌의 충격을 받는다. 학생들은 한쪽의 체중계의 눈금이 더 클 것이라고 예측한다. 이것은 대충 측정을 하지만, 학생들은 두 힘이 같다는 개념을 지지하기 위해 몇 번의 시행을 통하여서야 충분히 확신하게 되었다. 그리하여 이 수업은 목표문제에 정착 예를 연결하기 위해 일련의 연결 유추를 사용하고 목표물에서 힘에 관한 역학 관계의 시각화 모형을 발달시켜 가는 과정으로 진행한다[그림 8-11].

클레멘트는 이러한 교수-학습 활동을 비디오테이프에 담아 정성적으로 관찰한 결과, 다음과 같은 사실들을 발견하였다.

(1) 학생들이 정착 예들은 쉽게 이해하는 것으로 보인다.

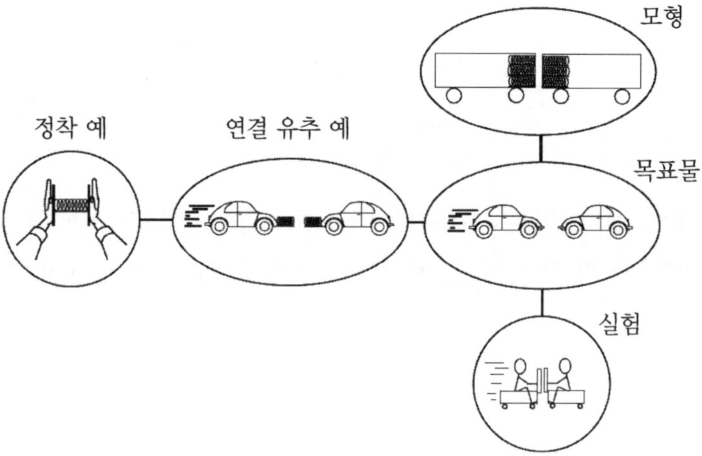

[그림 8-11] 작용-반작용 개념 학습에서 연결 유추 전략의 과정

(2) 그러나 많은 학생들이 처음에는 정착 예와 목표 문제가 유비될 수 있는 것으로 확신하지 않는다.

(3) 연결 유추는 학급에서 많은 논의와 건설적 사고를 촉진시킨다.

(4) '책상이 그 위에 놓인 책을 위로 밀지 않는다.'라는 학생 개념에 대해 연결 유추 수업은 상당한 정도로 그들의 신념을 변화시킨다.

(5) 학생들이 논의하면서 여러 형태의 재미있는 주장을 만들어내는 경우가 관찰되었다. 예들 들어 학생들은 대비를 통하여 수업과 관련된 새로운 과학적 질문을 생성하거나 학생들 스스로 연결 유추를 생성해 내는 것이 그 예이다.

그 밖의 비유 수업 전략들

리브스(Reeves, 2005)는 과학학습에 쓰이는 비유들을 찾아보게 함으로써 비유의 역할을 학습하도록 비유의 실습, 그리고 도움말을 제시하고 있다. 그 한 가지 예는 다음과 같다.

⊠ 실습 ⊠

보기에서 HIV(에이즈를 일으키는 것으로 밝혀진 인간 면역결핍 바이러스)가 우리 세포에 어떻게 침투하는지를 보여주는 설명을 읽고, 여기에 쓰인 비유들을 찾아보라.

⊠ 보기 ⊠

HIV는 gp120과 gp41로 불리는 한 쌍의 단백질 분자를 이용해 목표물을 세포에 침투시킬 통로를 확보한다. 이 분자들은 바이러스의 외막 즉, '껍질'에 마치 머리카락처럼 달라붙는다. '머리카락'같은 이 분자의 가닥 일부가 HIV의 목표물 세포 표면에 부착된 다른 세 가지 분자들에 달라붙는다. 이때 이들은 서로 자물쇠와 열쇠처럼 들어맞는다. 목표물 세포의 분자들 중에는 CD4라고 불리는 단백질이 있는데, 그것은 조력자 T세포와 대식세포라는 면역계의 두 가지 세포에서 나타난다. (조력자 T세포들은 외래 물질을 인식하며 그에 대한 면역 반응을 조절한다. 대식세포는 외래 입자를 잡아먹어 몸 밖으로 제거한다.) HIV가 사용하는 두 번째 목표물 세포 분자는 CCR5로 알려진 수용체다. 정상 상태에서 이것은 외래 물질을 만났을 때에 백혈구 세포가 숨겨둔 어떤 작은 단백질과 결합한다. 융합 영역으로 알려진 세 번째 수용체가 gp41의 목표물이 된다. 바이러스 단백질인 gp120이 CD4 분자와 케모키네 수용체 모두와 결합할 때, 그리고 gp41이 융합 영역과 결합할 때, 목표물 세포로 통하는 '문'이 활짝 열린다. 바이러스 막은 세포막과 융합하며 바이러스는 세포 안으로 침투한다.(Rajan, 2004, p40)

◈ 도움말 ◈

이 글에서 라잔(Rajan)은 HIV가 숙주 세포에 침투하는 과정을 설명하는 면역학 언어의 흔한 은유뿐 아니라 우리에게 익숙한 은유도 사용하고 있다. 머리카락, 열쇠와 자물쇠, 문 같은 은유 덕분에 그는 결코 눈으로 관찰할 없을 것 같은 일련의 과정까지 설명할 수 있다. 또한 그는 오랫동안 면역학의 일부로서 이어져온 뿌리 깊은 은유들을 사용했다. 유전학의 언어와 마찬가지로 면역학 언어에는 은유들이 많다. T림프구는 오래전부터 면역계라는 '오케스트라'의 '지휘자'로 묘사되었다. 한편으로 전투 은유는 외래 침입자 또는 적군과 우리의 '조력자'와 '살해자' 림프구 사이에 나타나는 관계의 특징을 보여준다.

'조력자 T세포는 외래 물질을 인식한다.'

'대식세포는 외래 입자를 잡아먹는다.'

'두 번째 목표물 세포는 …… 정상 상태에서 어떤 작은 단백질과 결합한다.'

'세 번째 수용체는 융합 영역으로 알려져 있다.'

우리는 여기에서 이런 언어에 익숙한 사람들이라면 알아차리기 힘든 몇 가지 은유를 보게 된다. 분명하게도 '조력', '인식', '잡아먹기' 또는 '먹기'를 포함하는 일상 경험의 영역은 실험적 관측 사실에 포개져 이런 설명의 언어를 창조한다. 그러나 T세포들은 '조력'을 행하는 게 아니며 단지 '반응'하고 있을 뿐이다. 그것들은 어떤 물질을 '외래 물질'로 '인식'하는 게 아니라 단지 특정 신호에 반응하도록 유전적으로 프로그램 되었을 뿐이다. HIV는 실제로 특정 세포를 '목표'로 설정하는 게 아니라 그것들에 이끌린다. 이런 은유들은 실험에서 관측된 바를 표현하기 위해 다른 관념 영역에서 차용된 것일 뿐이다. 그 과정의 진실을 모두 다 포착하는, 절대적으로 있는 그대로를 보여주는 묘사란 존재하지 않는다.(Reeves, 2005)

송상호(1993)는 학습자 통제형 컴퓨터 보조수업에서 비유적 선행조직자가 학습결과에 미치는 효과를 조사하였다. 중학교 1학년 82명이 중학교 2학년 내용인 '전류, 전압, 저항의 관계'를 학습내용으로한 CAI프로그램에 참여하였다. 비유물은 폐쇄된 수도회로를 사용하였고, 비유적 선행조직자의 제공여부에 따라 세 집단으로 구분하였다. 연구 결과 비유적 선행조직자의 제공여부에 따라 학습효과성에 유의미한 차이는 없었다. 그러나 비유적 선행조직자와 그것에 대한 복습문제가 함께 제공될 때, 본 학습시간에 대한 사후검사 점수의 효율성이 높아졌다. 그래서 비유적 선행조직자만 제공하는 것보다 비유적 선행조직자를 부호화 기회와 함께 제공할 때 더욱 효율적으로 학습이 촉진된다고 하였다.

이명자 등(1994)은 고등학생들에게 진화 개념의 형성을 돕기 위해 자동차의 변천 과정을 사용한 비유 수업을 적용한 결과 비유를 사용한 집단의 진화 개념에 대한 학업 성취도가 높았다고 보고하였다.

김영민과 류경란(Kim and Ryu, 2001)은 애니메이션 비유를 사용하여 그림 · 언어 비유 수업과 비교해보았다 중학교 2학년 세 학급을 선정하여 애니메이션 비유를 포함한 수업, 그림 · 언어 비유를 포함한 수업, 비유를 포함하지 않은 실험 수업으로 나눠서 비교 조사하였다. 학습 내용은 저항의 길이와 굵기에 따른 전류의 세기에 대해서 프로그램을 개발하였다. 연구 결과 애니메이션 비유가 그림 · 언어 비유보다 정답율이 높았으므로 추상적인 개념인 전류를 중학생들이 이해하는 데 애니메이션 비유가 효과적임을 보였다. 그리고 실험 수업과 비교했을 때에는 정답율이 조금 높았지만 차이는 크지 않았다.

타바레스 등(Tavares, et al, 1991)은 옴의 법칙을 설명하기 위해 역학적 비유를 사용하였다. 전류와 전압, 저항에 대한 설명을 위해서 판에 못을 박은 삼각형 격자를 준비하였다. 각각의 특성과 연관을 지음으로써 옴의 법칙에 대한 시각적 모형은 목표개념의 이해에 도움을 주었다. 또한 운동과 관련된 인자값의 다양성을 위해 시뮬레이션을 이용하였다.

몰드(Mould, 1998)는 두 개의 축전기를 연결할 때, 에너지가 나눠진다는 개념을 설명하기 위해서 두 물탱크 사이에 흐르는 물을 고려함으로써 해결하였다. 이와 같은 비유 상황을 고려하여 축전 용량에 대한 이해와 함께 에너지 분배에 대해서 잘 학습할 수 있었다.

비유의 유형에 따른 학습 효과

비유 수업의 일반적인 효과

김도욱(1991)은 끓는점 오름 학습에서 연역식, 귀납식, 비유를 사용한 수업모형을 이용하여 효과를 비교하였다. 또한 학업 성취도와 이에 영향을 줄 수 있는 여러 가지 변인과의 관계를 함께 조사하였다. 고등학교 2학년 103명이 참여하여 법칙을 제시하고 법칙을 이용한 보기를 제시하고 문제를 푸는 연역식 학습자료와 문제를 제시하고 학습자 스스로 끓는점 오름을 도출하는 귀납식 학습자료, 끓는점 오름 현상을 피라밋 오르기 경기에 걸리는 시간 비유를 사용한 학습자료를 개발하여 투입하였다. 연구 결과 비유수업모형이 다른 수업 전략보다 효과적이었고, 연역식 수업과 귀납식 수업 전략 사이에는 큰 차이가 없었다. 비유 수업 전략을 이용한 교수법으로 끓는점 오름을 설명하면 인지 발달 수준이 낮고, 선행지식이 부족한 학생들이 보다 쉽게 과학적 개념을 이해할 수 있도록 도울 수 있고, 학생들은 비유가 과학적 개념 이해를 도와주며, 재미있게 생각하는 경우가 많음을 보고 하였다.

김희백 등(2001)은 고등학생들을 대상으로 한 '호르몬 작용 이해를 위한 동적 비유 모형 수업의 효과'라는 연구에서 혈당량 조절 모형은 호르몬 이름을 암기하거나 간 세포에서의 포도당과 글리코겐 전환을 이해하는데는 별 도움이 되지 않았다고 하였다. 반면 호르몬 작용에 대한 이해도가 높게 나타난 것은 모형을 적용한 학생들의 수업에 대한 흥미도를 높여 주고 그 결과로 수업 내용에 대한 흥미와 개념에 대한 이해도를 높인다고 하였다

베커와 로슨(Baker & Lawson, 2001)은 대학 유전학 과정의 개론에서 획득되는 개념 수업에서 복합 비유의 역할을 조사했다. 실험집단은 비유를 사용하고, 통제집단은 설명식 수업만 받은 후 두 집단의 과학적 추론과 유전 지식, 성취도, 태도 조사 등을 하였다. 그 결과 비유 수업을 받은 집단의 경우 성취도에서 유의미한 결과를 얻었으며, 비유 수업에 대해 긍정적인 태도를 보였다.

노태희 등(1999a)은 대응 명료화 전략 및 비유물의 제시 시기가 중학생들의 과학 개념 이해에 미치는 효과를 조사하였다. 중학교 1학년 111명을 대상으로 대응 명료화 전략의 유무와 비유물의 제시 시기에 따라 네 집단으로 배치하였다. 대응 명료화 전략은 비유물의 제시시기에 관계없이 학습 직후 개념 응용과 개념 파지에 효과적이었다. 또한 장독립적인 학습자의 학습 직후 개념 응용에 효과적이었다. 사전 성취 수준이 높은 학생은 비유물을 먼저 제시하고, 사전 성취 수준이 낮은 학생은 목표개념을 먼저 제시하는 것이 효과적이었다. 그러므로 비유의 교수에 영향을 줄 수 있는 요인을 분석하여 적절한 교수 전략을 개발해야 할 것이라고

제안하였다.

노태희, 임희연 등(1999)은 학습자의 인지 및 동기 변인들과 비유를 통한 개념 이해도의 관계를 알아보았다. 인지변인에는 비유추론 능력, 장의존/장독립성, 기억용량, 논리적 사고력 등이 있고, 동기변인에는 자아효능감, 과학 성적에 대한 기대감, 능력에 대한 자아개념, 과학에 대한 가치가 있다. 중학교 1학년 학생 80명을 대상으로 학습 전에 변인들에 대한 검사를 실시하고, 20분 동안 교재에 제시된 내용을 읽고, 직후 개념 검사를 실시하였다. 사용된 비유물은 주어진 사람수와 털장갑 수에 근거하여 눈싸움을 할 수 있는 사람 수를 계산하는 것이다. 연구 결과 개념 이해도와 동기 변인 사이에는 .01수준에서 유의미한 상관이 존재했다. 인지변인 중에는 논리적 사고력, 장의존/장독립성, 비유 추론 능력과 유의미한 관계가 있었다. 그러므로 과학 수업에서 비유를 선택하거나 사용할 때, 학생들의 인지 능력에 대한 고려가 필요하다. 또한 목표물과 비유물 사이의 공유속성 뿐만 아니라 비공유 속성에 대해서도 고려하고, 인지적 측면을 우선적으로 고려해야 할 것이라고 주장하였다.

변춘수와 김희백(2010)의 학생 중심 비유 활용 수업의 효과 연구 결과에 의하면, 학생중심 비유 활용 수업이 학생들의 광합성 개념 이해도와 과학 수업에 대한 태도를 긍정적으로 향상시키는 것으로 분석되었다. 그리고 학습에서의 비유의 역할이 분석되었는데, 학생들의 사전 지식을 활성화하고, 목표 개념의 구조적 속성에 집중하게 하고, 소집단 활동을 촉진하는 매개체로 작용하며, 자신의 이해 정도를 점검하게 도움으로써 학생의 메타 인지 능력을 발달시켜 주며, 학생들의 오개념을 드러내게 하고, 과학 학습에 흥미를 느끼게 하고, 자신감이 향상되도록 도움을 주었다고 한다.

다중 비유의 효과성

노태희, 김창민, 권혁순(1999b)은 비유물의 개수, 출처 및 순서가 중학생들의 개념 회상 및 응용에 미치는 효과에 대해서 조사하였다. 중학교 1학년 88명을 네 집단으로 나누어 분석하였다. 장독립적인 학생들은 비유물을 한 개 사용했을 때보다 두 개 사용했을 때 평균이 더 높고 유의미했지만, 장의존적인 학생들은 비유물을 한 개 사용했을 경우 평균이 더 높았고 유의미한 효과는 없었다. 비유물의 출처에 따라 일상 비유, 과학 비유가 있었는데, 개념 회상 및 응용과의 관계에서는 유의미한 차이가 없었다. 장독립적인 학생들은 '과학 + 일상 비유물의 순서'로 제시했을 경우 평균이 높지만 유의미한 차이가 없고, 장의존적인 학생들은 '일상 + 과학 비유물의 순서'로 제시했을 경우 평균이 높고 통계적으로 유의미하였다. 학생들의 변인에 따라서 비유의 사용 방법이 달라져야 함을 알 수 있다.

권혁순 등(2001)은 다중 비유의 사용 방식이 중학생들의 과학 개념 이해에 미치는 효과를 조사하였다. 중학교 1학년 101명을 선정하여 네 집단으로 무선 배치하였다. 비유물에는 햄 샌드위치 만들기와 손전등과 건전지를 이용한 것이 있었다. 10분간 비유 학습 교재를 읽고, 회수 후 과학 개념 검사를 실시하였다. 단순히 비유물을 하나 더 제시한 것 만으로는 과학 개념 이해에 유의미한 영향을 미치지 못했다. 최소의 대응 과정을 통해 다중 비유를 사용할 경우 비유물간의 유사성 비교가 응용 수준의 과학 개념 이해에 효과적이었다. 따라서 학습자에게 친숙한 비유물 사이의 유사성 비교를 먼저 시행하여 관련 도식을 유도한 후, 이것을 목표물과 대응시키는 방식으로 다중 비유를 사용하는 것이 과학 개념 이해에 보다 효과적이라고 결론지었다.

부연 비유의 효과성

글린과 다카하시(Glynn & Takahashi, 1998)는 부연 비유를 사용한 과학 교과서를 통한 학습에 대해서 연구를 하였다. 사용된 비유는 목표개념(동물세포)을 위한 비유(공장)로부터 중요 특징을 대응시키고, 통합된 그림과 내용 요소를 모두 가졌다. 부연 비유를 사용하였을 때, 목표개념에 대한 이해도와 기억력에서 보다 나은 결과를 얻었다. 목표 개념 이해를 위한 구체적 도식이 친숙하게 대응되는 비유는 목표개념을 좀더 잘 이해할 수 있고, 기억할 수 있도록 돕기 때문에 비유를 쓴 교과서 사용에 긍정적인 의미를 부여하였다.

역할놀이 비유의 효과

김경순 등(2009)이 화학개념 학습에서 역할놀이 비유의 효과를 연구한 결과에 의하면 역할놀이 비유는 학생들의 비유 추론 능력에 관계없이 대응 관계 이해 및 대응 관계 이해 파지를 향상시키는 것으로 나타났다. 대응 오류에서도 역할놀이 비유를 사용한 처치 집단 학생들이 비교 집단 학생들보다 대응 오류의 빈도가 낮았다고 한다.

비유 사용에 대한 교사의 인식

매스트릴리(Mastrilli, 1997)는 현직 생물 교사에 의해서 실질적으로 교실에서 사용되는 비유에 대해 조사했다. 이 연구에서 "비유"는 교사가 사용할 가시적 비교의 어떤 형태와 예시(examples), 은유(metaphors), 직유(similes) 및 몇몇 비교 형태를 포함하여 포괄적으로 사용되었다. 그만큼 과학 교사들은 비유를 많이 사용하였다. 이러한 경향은 권혁순과 노태희(1999)가 과학 교사들의 비유 사용 실태 및 인식에 대해서 조사한 결과에서도 나타났다. 과학교사들은 수업에서 비유를 자주 사용하고, 효과에 대해서 매우 긍정적이라 생각한다. 하나의 개념을 여러 개의 비유로 설명하거나 하나의 비유를 여러 가지 속성으로 설명하지만, 학생 스스로 비유를 만들도록 하는 방식은 잘 이뤄지지 않았다. 과학 수업에서 비유가 효과적으로 사용되기 위해서는 적절한 비유 자료와 체계적 비유 사용 수업 모형이 필요하다고 주장했다.

제 9 장 과학 학습과정과 비유 추론의 유사성

루멜하트와 노만(Rumelhart & Norman, 1981)은 학습을 정보의 단순한 수용(accretion), 개념 구조의 진화(schema evolution), 재구조화 또는 개념 구조의 창조(restructuring or schema creation) 등 세 유형으로 보고 비유에 의하여 새로운 개념 구조가 어떻게 형성되는가를 보여 주었다. 즉, 그들은 한 개념구조를 다른 개념 구조로 모형화하는 과정을 비유 추론에 의한 학습이라고 하였으며, 비유 추론은 많은 것을 바르게 학습하게 할 수도 있지만 잘못된 개념으로 이끌 수도 있다고 하였다. 이들은 또, 교수에 있어서 비유를 사용할 때, 학생들이 바로 알 수 있고 쉽게 추정할 수 있는 영역에 바탕을 두어야 하고, 목표물 영역과 비유물 영역은 독특한 차원의 수가 최소로 달라야 하며, 목표 영역에서 당연한 작용들은 비유 영역에서도 당연해야 하고, 목표 영역에서 부적절한 작용들은 비유 영역에서도 부적절해야 한다고 주장하였다.

개념 변화 이론과 학습

학습이 일어나는 세 가지 형태를 좀 더 구체적으로 살펴보면 다음과 같다.

단순한 수용

단순한 수용은 존재하는 개념 구조에 새로운 정보를 거부감 없이 받아들이는 것을 말한다. 이것은 새로운 정보가 이미 존재하는 개념 구조를 적절하게 사용하여 해석되는 경우이다. 이런 종류의 학습에서는 새 개념 구조가 형성되지 않는다. 즉, 이런 방법으로 학습된 구조는 어떠한 새 개념 구조를 얻지는 못한다.

조절 또는 개념 구조 진화

조절 또는 개념 구조의 진화는 개념 구조의 적용 기능으로서 개념 구조의 느린 수정과 세련화 과정을 말한다. 개념 구조 진화는 전문 지식을 발달시키는 데 있어 주요한 기작이 된다. 이 경우에는 존재하는 개념 구조가 적용되는 상황에 따라 점점 적합하도록 수정될 수 있다.

재구성 또는 개념 구조 창조

개념 재구성 또는 개념 구조 창조는 기존의 개념 구조가 새로운 개념 구조로 재구성 되든지 또는 새로운 개념 구조가 창조되는 과정을 말한다. '재구조화' 또는 최근에 '구조화'로 간단히 부르는 이런 종류의 학습은 조절을 통하여 새로운 개념 구조를 창조하고 더 세련되고 명확한 개념으로 되는 경우이다.

여기서는 지식 표현에 대한 토의로 시작하여 왜 학습이 중요하며, 왜 비유가 학습에서 중요한 기작이 되는가를 보여준다. 또 비유에 의하여 새로운 개념 구조가 어떻게 형성되는가를 간단한 모형으로 보여준다.

클레멘트(Clement, 2000)는 학습과정이란 선 개념들로부터 목표 모형으로 옮겨가는 과정이며 교수적 노력은 학생들에게서 모형 M_n에서 모형

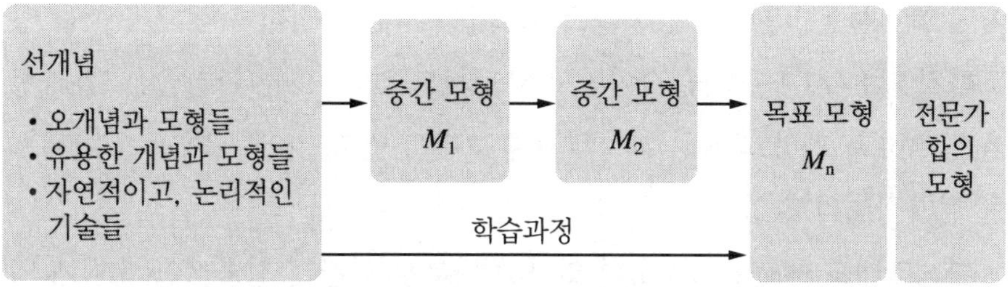

[그림 9-1] 학습통로로서의 모형 단계(Clement, 2000)

M_{n+1}으로 움직이게 하고 선개념에서 목표 모형으로 향한 중간 단계의 연속은 학습 통로를 형성하며 어떤 특별한 주제에 대해서도 그 통로는 교사에게와 교육과정 개발자들에게 교수 이론과 지침을 제공한다고 하였다. 그리고 [그림 9-1]과 같이 학습 통로로서 모형 단계를 제시하였다.

화이트(White, 1993), 스타인벅과 클레멘트(Steinberg & Clement, 1997)는 학생들이 부분적으로 옳은 단순하고 빈약한 중간 모형들을 만들어 봄으로서 모형 발전 과정에 의해서 최상의 이해력을 갖게 된다고 하였다. 또, 클레멘트(Clement, 1989)와 화이트(White, 1993)에 의하면 학생들은 과학적 지식의 내용이 모형의 형태로 제시될 때에 의미 있게 배울 수 있고, 과학적 탐구 기능 특별히 비판적 사고력의 발전을 촉진하고, 학생들은 그 자신의 모형에 대한 타당성을 방어하려고 할 때에 개념학습에 진전이 있다고 하였다.

학습 방법으로서의 비유

어떤 인식 과정을 모형화 하는데 있어서 '과정'이라는 지식 체계 부분을 '결과'라는 부분과 어떻게 분리하는가를 결정하는 문제는 항상 남아있다.

어떤 학자들은 '과정'에 강조를 두고, 가능한 한 특정한 목적의 진행을 강조하지 않는 체계를 기술적이라고 부르기도 한다. 다른 학자들은 그 과정을 강조하고 과정 속에서 지식체계를 보려고 한다. 이런 체계는 일반적으로 절차적이라고 불린다.

위노그래드(Winograd, 1975)에 의하면 대부분 인간은 진술적인 체계에 의한 특징보다는 과정적인 체계에 의한 특성들을 더 많이 갖고 있는 것 같다. 우리의 지식을 추리하고 사용하는 능력은 지식이 필요로 하는 상황에 따라 크게 달라진다.

대부분의 추론 능력은 특수한 형태의 지식과 연관되어 있다.

어린이에게 새로운 영역을 가르치려고 할 때 일반적으로 추상적인 지식으로 보여주지는 않는다. 어린이가 이미 알고 있는 지식을 사용하여 넌지시 문제의 개념을 알게 하도록 조심스럽게 가르친다.

예를 들어 어린이들에게 분수의 개념을 어떻게 가르치는지 생각해 보자. 대부분의 교과 과정은 파이 비유를 사용한다. 1/2은 가운데를 잘라서 파이의 한 조각으로 관련시킨다. 1/4은 4조각으로 똑같이 나누어 그 한 조각으로 관련시킨다. 여기서 교사는 분수의 추상적 개념을 가르치기 위하여 어린이의 공간적인 직관을 이용하고 있다. 이러한 비유는 매우 유용하다. 그것을 배움으로써 파이에 대한 지식에 함축된 추리와 문제 해결 전략, 그것들이 형성될 수 있는 작용 등등이 추상적인 영역으로 옮겨진다. 어린이들은 1/4조각이 2개 모이면 1/2이 되고, 파이의 1/4을 떼어내면 3/4 이 남는다는 것 등을 알게 된다.

그러나 모든 비유들이 그렇듯이 이 비유 또한 완전한 것은 아니다. 즉, 분수의 덧셈과 뺄셈이 파이 비유에서는 자연스러운 반면에 분수의 곱셈과 나눗셈은 개념화하기가 어렵고 부자연스럽다. 어떻게 파이 한 조각과 다른 조각을 곱하겠는가? 심지어는 어떻게 파이 한 조각을 다른 조각으로 나누겠는가?.

그래서 분수는 다른 비유를 사용하여 종종 가르쳐진다. 어린이가 일단 곱셈과 나눗셈을 배우면 그 연산으로 분수가 이해될 수 있다. 분수는 "복연산"이다. '분수는 단순히 곱셈과 나눗셈이다. 그래서 한 수의 1/2은 1을 곱하고 2로 나눈 수이다. 비슷하게 한 수의 3/4은 3을 곱하고 4로 나눈 수이다' 등등이 그것이다. 연산 방법으로 배운 어린이들은 분수의 곱셈과 나눗셈이 그들이 개념화된 것들의 자연스러운 확장이라는 것을 알게 된다. 그러나 이들은 분수의 덧셈과 뺄셈이 매우 어렵다는 것을 발견하게 된다. 어떻게 하나에 다른 것을 곱하고 나눈 것을 더하는가?

그러면 문제의 교과과정에서 개발된 비유의 두 체계 중에 어느 것에 의존하더라도 어린이가 갖게될 어려움을 예측할 수 있다. 파이 비유를 통하여 학습한 어린이는 분수의 덧셈과 뺄셈이 상대적으로 자연스러움을 알게 된다. 이것은 본래 파이 영역으로부터 직접적으로 이루어진 연산이다. 그러나, 이 어린이에게는 분수를 곱하고 나누는 것은 여전히 매우 어렵다.

이것은 분수의 지식이 일련의 지식들이 모아진 아이디어가 아니고 오히려 우리가 배우는 일련의 과정들로 된 것임을 나타낸다. 그리고 이러한 과정들은 처음부터 창조되는 것이 아니고 전에 어느 정도 함축적으로 알고 있는 지식의 체계적인 표출을 통하여 유도된다. 교과 과정 개발자들은 항상 완벽한 비유를 찾으려고 한다. 완벽한 비유는 학습자가 쉽게 자료 영역 안에서 논리적으로 생각할 수 있고 목표 영역의 작용으로 나타낼 수 있는 것이다. 말할 필요도 없이 그 같은 영역은 드물며, 대개 두 종류의 특징적인 문제들이 발생한다. 첫째는 학습자가 본래의 자료 영역에 함축되지 않은 연산들을 배우기가 매우 어려울 것이라는 것이다. 이것은 앞의 예에서 보여주었다. 둘째로는 학습자가 자료 영역의 특징들을 부정확하게 목표 영역으로 연결한다는 것이다.

"어떻게 지식 그 자체를 유도하는 데 지식을 사용하는가"에 대한 또 다른 예로서 집에 있는 창의 수를 기억하는 일을 생각해 보자. 대부분의 사람들은 그들의 집에 있는 방들을 '지나가면서' '창을 세는 것'으로 체계적으로 보고한다. 이 경우에는 명백히 참이라는 지식은 또 다른 지식에 함축되어 있다. 그러나 우리는 집에 있는 방들을 체계적으로 생각하는 능력을 이용하여 여기에 함축된 지식을 유도할 수 있다. 어떻게 우리 집에 있는 방들을 생각해야 하는가를 알고 우리 집에 그렇게 많은 창들이 있음을 알게되는 능력을 사용했는가에 유의하자.

이러한 관점을 더 어렵게 하는 것은, 알파벳을 암송하는 법을 앎으로써 알파벳을 '안다'는 것이 당연하다는 것이다. 처음에는 이것이 어리석어 보인다 할지라도 알파벳을 암송하는 능력으로 k 앞에 있는 철자, 그리고 그 앞의 철자를 식별하여 '안다'는 것은 확실히 그럴듯하다.

인간 사고체계는 그러나 존재하는 과정 체계와는 매우 다르다. 인간 사고체계는 적응적인 것으로 널리 알려져 있다. 우리는 한 영역에서 배운 지식을 다른 영역에 적용할 수 있다. 쉽게 새 개념을 배우고 낡은 것을 수정할 수 있다. 이런 적응성을 흉내내는 것은 과정적 표상주의 체계에서 중요한 문제가 되어왔다. 일반적인 자기 수정 과정을 형성하는 것이 꽤 어렵다는 것이 증명되었다.

지식 표현의 내부 구조는 이미 알고 있는 지식들이 원래 표현하고자 하는 것에서 벗어나는 영역에 적용되어야 할 때 문제가 된다. 사람들은 한 영역에서 배운 지식을 다른 영역에 적용하는 가장 보편적인 방법은 비유적인 추론을 통하는 것이라고 믿는다. 이미 익숙한 과정에 기초를 두고 새 과정들을 열거하는 기작을 발달시키는 것이 과정적인 관점과 기술적인 관점의 경계를 메울 수 있다고 생각된다.(Rumelhart & Norman, 1981)

익숙한 것과의 비유 추론에 의한 새 개념 구조

루멜하트와 노만(Rumelhart & Norman, 1981)은 지식이 확장되는 방법으로서의 비유 추론 과정의 기본적인 구조를 다음과 같이 매우 간단한 예를 통하여 보여주고 있다:

컴퓨터 프로그램에서 도형을 그리는 데 쉽게 사용할 수 있는 로고 터틀 프로그램을 가지고 설명해 보자. 정사각형을 어떻게 그리는가에 대한 지식이 정사각형을 그리는 다음의 간단한 터틀 기하 프로그램과 관련이 있다고 생각해 보자.

변의 길이가 x (: x로 표현)인 정사각형을 정의하자:

고리(4, & (앞으로(: x), 오른쪽 (90))).

이러한 과정들은 [그림 9-2]와 같이 어의적 망으로 나타낼 수 있다. 이 표현에서 중간 마디는 중간 과정적 이름을 나타내고 끝 마디는 상수나 변수를 나타낸다. 계통도의 각 가지는 한 과정의 설명을 나타낸다. 이 정의에서는 4개의 변이 있고 각이 90°라는 중요한 개념과 더불어 해석자에 의해 적절하게 해석되고 실제로 실행하는데 필요한 많은 "기술적인" 형태의 과정이 있다는 것을 관찰하는 것이 중요하다. 특히 변의 수가 표시된 고리가 있다는 것과 "앞으로"와 "오른쪽"을 고리의 줄거리로 연결하여 "고리"의 모양이 되게 하는 &가 있다는 것이다.

이 프로그램은 성공적으로 정사각형을 그릴 수 있게 하고, 일종의 "지식을 아는 방법"을 나타낸다.

그러면 이제 정오각형을 그리는 프로그램이 다음과 같다는 것을 생각해 보자.

변의 길이가 x (: x)인 정오각형을 정의하자.

고리(5, & (앞으로(: x), 오른쪽 (72)))

[그림 9-3]은 이 과정을 계통도로 나타낸 것이다. [그림 9-2]와 [그림 9-3]를 비교하면 두 과정의 구조가 비슷하다는 것을 보여준다. 두 과정의 모든 기본적인 설명과 기술적인 형태는 동일하다. 단지 정사각형과 정오각형은 기본적으로 변의 수(4대신에 5)와 그림을 그리기 위하여 꺾어야 할 각도(90° 대신에 72°)가 다르다는 것 뿐이다. 정오각형의 새로운 과정은 정사형의 과정 구조에다 상수 4 대신에 5를, 상수 90대신에 72를 대치하

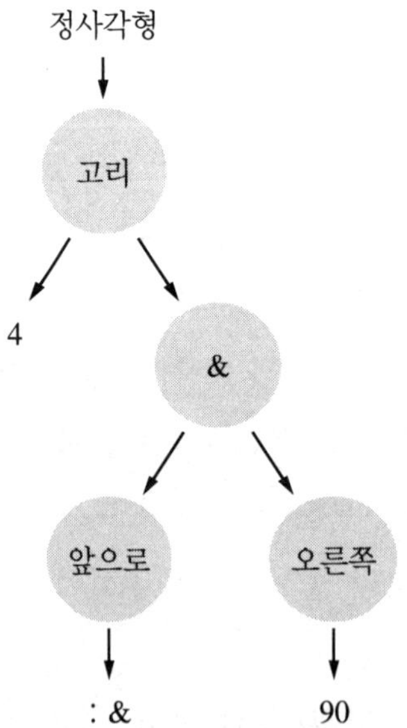

[그림 9-2] 사각형을 나타내는 어의적 망

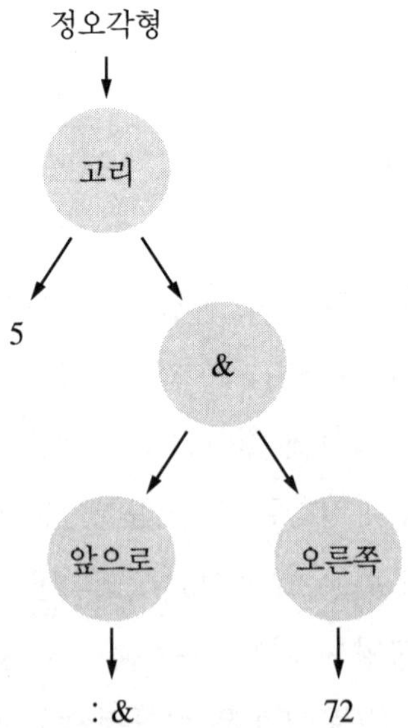

[그림 9-3] 오각형을 나타내는 어의적 망

여 쉽게 그릴 수 있는 것이다. 이렇게 한 구조를 택하여 특수한 방법을 제외하고는 그것과 동일한 또 다른 구조를 창조해 내는 것이 비유에 의한 학습의 기초 과정이다.

컴퓨터 실험 프로그램 안에서 이런 과정들은 "~과 같다"라고 부르는 프로그램을 도구로 사용한다.

즉, "정오각형은 정사각형을 4개의 변 대신에 5개의 변을, 90° 대신에 72°의 각으로 대치한 것과 같다."라는 진술은 5각형이 만들어지는 프로그램을 자연스럽게 설명한다. 여기서 보면 그 구조에 대한 특별한 지식의 필요없이 사각형이 오각형의 구조로 자연스럽게 나타난다는 것이 중요하다. 물론 같은 과정을 정육각형이나 우리가 원하는 어떠한 정다각형에도 쉽게 적용할 수 있다. 이것은 다음과 같이 진술하면 된다.

"정n각형은 정사각형을 4변 대신에 n변, 90° 대신에 360°/n 으로 대치한 것과 같다."

이것은 [그림 9-4]에 보여준 것과 같은 어의적 망으로 표현될 수 있다. 일반적으로 "~와 같다."라는 프로그램은 모든 특수한 상수나 변수가 발생하면 또 다른 상수와 변수로 대치되거나 모든 특수한 하위 과정이 또다른 하위 과정으로 대치되는 것

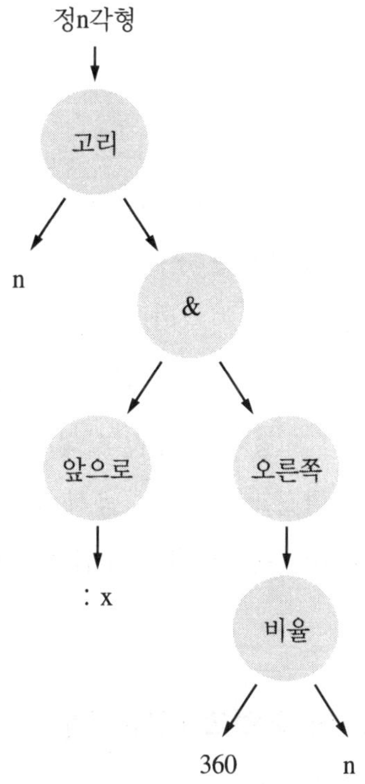

[그림 9-4] 정n각형을 나타내는 망 표현
(정n각형을 그리는 과정)

으로 발전시킬 수 있다.

비유 추론에 대한 새로운 모형에 대한 연구로 핼포드와 스튜어트(Halford & Stewart, 1992)의 연구를 들 수 있다. 학습, 비유, 그리고 능력(capacity)에 대한 새로운 개념은 인지 발달에 관한 과학자들의 관점을 근본적으로 변화시켰다. 학습에 대한 새로운 개념은 세계관에 대한 표상(representation)이 어떻게 얻어지는가를 설명하는 것을 도와준다. 비유 추론에 대한 새로운 모형은 논리적 추리(logical inference)가 종종 문제를 정신 모형(mental model), 또는 인지 구조(schema)로 매핑시킴에 의해 만들어진다는 것을 제안하여 왔다. 비유 추론의 한 모형은 인지적 능력에 있어서의 아이들의 한계를 설명하기 위한 기초를 제공해 주고, 아이들의 인지적 표상의 본성에 있어서의 변화를 특성화해 준다. 아이들이 이해하는 개념들, 그리고 그들이 그들의 이해에 기초하여 발달시키는 전략들은 그들이 구성하는 표상의 복잡성에 따라 달라진다. PDP(Parallel Distributed Processing)은 인지 처리의 한 모형으로, 어떻게 차원의 수 또는 한 개념을 나타내기 위해 요구되는 정보의 독립적인 아이템의 수가 제한되는지를 설명해 준다. PDP 모형은 아이들의 행동에 대한 한 개념의 복잡성의 효과에 대한 설명을 제공한다. 이 모형에서는, 인지적 성장이 4가지 주요 요소들에 의존하는데, 그것은 학습과 귀납, 개념적 묶음(conceptual chunking), 직렬적 처리 전략, 그리고 더 높은 차원의 개념을 나타내는 능력의 발달 등이다.

과학 수업과 비유 추론

일반적으로 과학 수업에 있어 갈등 상황의 제시는 학생들로 하여금 과학 개념을 변화시키는 데 효과적인 것으로 받아들여지고 있다. 그러나 갈등 상황을 단순히 제시하는 것만으로는 과학 개념을 변화시키기가 어렵다. 그것은 교사들이 제시하는 갈등 상황을 학생들은 갈등 상황으로 인식하지 않는 경우가 있기 때문이다. 다시 말하면 교사들은 학생들이 갈등을 일으킬 것으로 기대하고 상황을 제시하지만 실제로 학생들은 교사가 의도하는대로 상황을 인식하지 않는 경우가 많다. 그러므로 어떻게 학생들로 하여금 갈등을 일으키도록 할 것인가가 과학 수업에서 중요한 과제 중의 하나이다.

갈등 상황을 일으키는 한 방법으로 과학 수업에서는 실험의 방법을 사용한다. 그리고 대부분의 교사가 실험을 하면 그 실험의 결과가 직접적으로 학생들의 개념 변화로 이끌 것으로 생각한다. 그러나, 실제로는 실험의 결과가 학생들의 개념 변화로 이끄는 경우도 있지만 어떤 경우에는 개념 변화로 이끌지 못하는 경우도 있다. 물리에서의 전류 개념 변화를 위해 전류의 세기를 측정하는 실험을 하지만 그 실험을 통해 개념 변화가 제대로 이루어지지 않았다는 연구 결과(김영민, 1993)는 이를 뒷받침하고 있다. 그러므로 실험만으로는 학생들의 과학 개념을 변화시키는 데 불충분하다.

김익균(1991)은 실험에 의해 학생들로 하여금 갈등을 유발한 다음, 증거적 비판 논의와 반성적 사고를 통해 개념을 변화시키는 방안의 하나로 수업 과정 모형을 고안한 바 있다. 또, 박종원과 박승재(1992)는 초인지를 활용하여 개념변화를 시키는 방안을 연구한 바도 있다. 김익균(1991)은 힘과 운동에 대한 대학생의 오개념을 변화시키기 위해, 인지구조간 갈등에 기초하여 여러 사람들의 의견을 비판적으로 비교 논의하는 방식을 사용하였다. 개념변화를 위한 학습에서 중요한 문제는 학습자의 개념 변화를 위한 조건으로서 새로운 개념들을 대립 개념으로 인식하고 자신의 개념과 대립 개념들의 특징과 한계를 비교하게 하는 것으로 생각된다. 또, 박종원은 물리 개념의 변화 과정에서 초인지가 중요하다고 가정하고 구체적으로 필요한 초인지 요소를 3가지로 가정하였다. 첫째는 자신의 인지 상태에 대한 인식이며, 둘째는 갈등의 인식, 셋째는 물리 개념을 이해하는 방법의 선택과 사용 및 점검이라는 것이다. 여기서 첫째 단계는 개념 변화 단계에서 가장 중요한 것으로 학습자가 자신의 생각을 이끌어 내는 단계이다. 개념변화의 두 번째 단계는 새로운 정보가 학습자에게 제공되는 단계이다. 이때 정보의 형태는 실험이나 시범, 또는 책의 내용이나 강의에 의한 설명 내용일 수 있다. 만일 정보의 내용이 학습자 자신이 원래 가지고 있던 생각과 다를 때 갈등을 인식할 수 있는 갈등 상황이 된다. 그러나 갈등 상황이 되어도 학습자는 실제로 갈등을 인식하지 않을 수도 있다. 따라서, 갈등 상황을 학습자가 실제로 갈등으로 인식하기 위해서 학습자가 자신의 생각과 제시된 정보 사이의 관계를 인식하는 것이 중요하다고 볼 수 있으며, 이러한 인식을 위해서는 다음과 같은 질문을 스스로 하고, 그에 대한 응답도 스스로 하는 것이 갈등을 인식하는 데 중요하다고 가정하였다. 그 질문이란 '원래 내 생각하고 다른 것이 뭐지?', '원래 내 생각하고 어디가 어떻게 다르지?', '원래 내 생각하고 이것(정보)하고 무엇이 옳은지 어떻게 알 수 있지?' 등이다. 셋째 단계는 물리 개념을 이해하는 방법의 선택과 사용 및 점검의 단계인데, 여기서의 관점은 개념 변화를 위해 학습자가 갈등을 인식하면, 그 갈등을 해소해야 하겠지만 그것이 자동으로 되는 것은 아니라는 것이다. 많은 학생들이 자신의 학습 방법에 문제가 있다는 것을 인식하고는 있으나 어떻게 개선해야 하는지 모르고 있다는 것이다. 즉, 학습자가 주어진 과제에 따라 필요한 학습 방법이 있다는 것을 알지 못하기 때문에 그러한 학습 방법을 사용하지 못하거나 사용하더라도 모든 과제에 맹목적으로 사용하기도 한다는 것이다.

따라서 새로운 개념을 이해하기 위해 어떠한 방법이 있는가를 알고, 그러한 방법을 선택하고 사용하며, 그러한 방법을 제대로 사용하였는지 점검하는 활동이 중요하다고 볼 수 있으며, 그러기 때문에 '새로운 개념을 이해하려면 어떤 방법이 좋지?', '그 방법을 사용하려면 어떻게 해야 하지?', '내가 그 방법을 제대로 사용한 것인가?' 등의 질문을 스스로에게 함으로써 갈등 해소 방안을 찾는데 도움을 줄 수 있다고 하였다.

개념 변화를 일으키는 수업 방법은 개념의 성격에 따라 다를 것으로 생각된다. 전류 개념은 힘과 가속도 관계 개념과 다른 특성이 있다. 즉, 역학의 경우는 힘을 느끼거나 운동 상황을 보거나 하는 경험적 지식을 가질 수 있으나 전류 개념에 있어서는 그럴 수가 없다. 전류에 관한 실험의 경우는 인위적 조작에 의해 그 행동을 직접 관찰하는 것이 거의 불가능하다. 그것은 전류가 시각적으로 보여질 수 있는 현상이 아니기 때문이다.

전류가 시각적으로 보여질 수 있는 현상이 아니기 때문에 전류를 가르치는 과학 수업에서는 전구에 불을 켜본다든지, 불켜진 전구의 빛의 밝기를 비교한다든지, 전류계로 전류의 세기를 측정한다든지 하는 간접적인 실험 방법과 현상에 의해 전류를 이해시키는 방법을 택하고 있다. 그러나, 이러한 실험 과정을 거쳤다고 해서 학생들의 개념이 변화했을 것으로 기대하기는 어렵다. 그것은 전기 단원의 수업을 끝낸 중학교 학생들을 대상으로 전류에 관한 정성적 개념을 조사했을 때 문항에 따라서는 10%에도 미치지 못하는 정답율을 보였다는 한 연구 결과(김영민, 1993)를 볼 때 개념 변화의 어려움을 찾아볼 수 있다. 그리고 이 수업은 전류에 관한 몇 번의 측정 실험 과정을 거치도록 되어 있었다.

이렇게 실험 과정을 거치는데도 개념에 따라서는 개념 변화가 쉽게 일어나지 못하는 까닭은 무엇일까? 이것을 전류 개념의 경우에 대해 생각해 보자. 전지와 전구 한 개가 연결된 간단한 회로를 생각해 보자. 그리고 이 학습에서는 전류의 세기가 회로의 어느 부분에서나 같다는 것을 가르치고자 한다고 하자. 전류 측정 실험에 의하면 전구 양쪽의 전류의 세기가 같은 것을 보일 수 있을 것이다. 그러나 계기판에 나타나는 측정의 결과만을 가지고 전류의 세기가 같다는 것이 이해가 될 것인가? 전류에 관련된 실험에서 나타난 결과와 실제 목표로 하고 있는 개념 사이에 비유적 추론(analogical reasoning)을 거쳐야 하는데도 그것을 묵과해 버리기 때문에 개념 변화가 어렵다고 생각된다.

비유 추론은 인간의 지식을 확장시키는 중요한 도구이다. 그러기 때문에 비유 추론은 과학사에 있어서 부정할 수 없는 발견적 역할을 해 왔다. 그 예는 여러 가지를 들 수 있다. 전자기학의 이론을 세운 바 있는 맥스웰은 정전기학을 유체역학에 비유하여 생각하였다. 즉, 전류를 분자와동론(the theory of molecular vortices)에 비유하여 추론한 것이다.(Sambursky, 1974) 네겔(Nagel, 1979)은 호이겐스의 파동이론의 발달과 열에 관련된 블랙의 실험적 발견, 그리고 푸리에의 열전도 이론 등은 모두 그 이전에 발달한 다른 이론들의 유비를 통해 이룩되었다는 것을 지적하였다. 이렇게 과학사적으로 중요한 개념들이 발달한 이면에는 유비적 추론이 중요한 역할을 했음을 알 수 있다. 이렇게 자발적으로 생성되는 유비적 추론이 과학 문제를 해결하는 데 중요한 역할을 할 수 있다는 것을 클레멘트(Clement, 1987)는 대학원 학생들과 교수들을 대상으로 한 실험 연구를 통해 입증하였다. 그는 이공학 박사과정 학생들과 교수들을 대상으로 소리내면서 생각하는 방식(thinking aloud)으로 물리학 문제를 풀게 하여, 그 풀이 과정을 분석하였는데, 그 분석에서 이들이 물리 문제를 해결하는데 자발적으로 생성한 비유들을 중요하게 사용했다는 것이다.

제10장 과학교육에서 비유와 모형

비유와 모형은 어떻게 다른가? 비유를 위해서는 비유물과 목표물이 있어야 한다. 그리고 비유물과 목표물은 대응관계가 분명해야 하기 때문에 모형으로 나타낼 수 있어야 한다. 그리고 비유는 비유물 모형과 목표물 모형 사이의 관계적 구조를 가진다. 그러므로 비유는 전체적으로도 모형이라고 볼 수 있다. 이것은 글린(Glynn, 1994)이 [그림 10-1]과 같이 비유의 관계적 구조를 모형으로 나타낸 것으로부터도 알 수 있다. 이것은 상위 개념 또는 원리에 속해 있는 어떤 목표 개념을 비유물을 이용하여 설

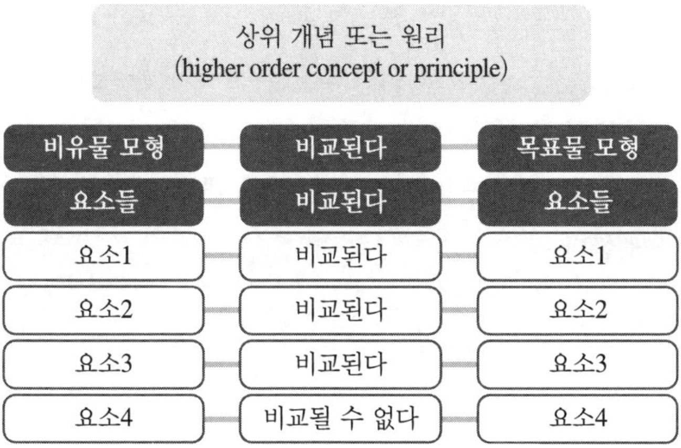

[그림 10-1] 비유의 관계적 구조

명하고자 할 때의 관계적 구조를 모형으로 나타낸 것이다.

자연과학이나 사회과학의 문헌을 보면 모형의 개념이 매우 광범위하게 사용되고 있는 것을 볼 수 있다. 이렇게 서로 다른 모형 개념들 사이에 유사성이 있다면 그것은 매우 일반적인 수준일 것이다. 이러한 현상으로 인해 모형들의 유형을 분류해 보고, 그들이 어떻게 다르게 사용될 수 있는지를 구분해보는 시도가 많이 있었다. 이렇게 모형을 정의하고 분류하는 것은 모형에 관한 문헌의 상당 부분을 차지하지만 이들을 명확하게 정의하고 표현하는 데에는 여전히 부족함을 볼 수 있다. 어떤 관점에서 보면 이들의 노력이 오히려 모형에 대한 개념적 혼란을 증가시키기도 했다.

이러한 개념적 혼동에도 불구하고 모형의 개념에 대한 어떤 분야의 연구는 증가하는 경향을 보이고 있다. 자연과학에서도 모형 개념의 사용은 계속 증가하고 있다. 예를 들어 강한 추론적 특성을 지닌 이론적 설명이 때때로 모형이라고 불리기도 하고, 순수한 어의적 실체 또한 모형이라고 불린다. 현대 이론물리학에서 중요성을 가지는 또 다른 모형의 개념은 수학적 모형의 개념이다.

과학에서의 모형은 과학의 진보와 관련하여 다양한 기능을 가진다. 첫째는, 모형들은 어떤 현상에 대한 단순화된 해석을 만들 수 있게 하고, 그 현상의 특별한 측면에 대해 집중적으로 이해할 수 있게 한다. 둘째는, 모형들은 연구를 자극하기도 하고, 현상에 대한 가시화 및 상상적 투영을 가능하게 한다.

모형의 분류

블랙(Black)은 모형을 다섯 가지의 형태로 분류하고 있는데, 스케일 또는 아이콘 모형(scale or iconic model), 비유물 모형(analogue model), 수학적 모형(mathematical model), 이론적 모형(theoretical model), 원형적 모형(archetypal model) 등이 그것이다.[25] 스케일 또는 아이콘 모형은 '실물이든 가상물이든, 원래 대상물과의 상대적 비율이 유지되도록 닮은꼴로 만들어진 물체 또는 시스템 또는 과정'이다. 예를 들면 도시 공학에서 사용되는 댐, 의학에서 사용되는 해부 모형 등이 그것이다.

비유물 모형은 '목표물의 관계 망이나 관계 구조를 새로운 매체로 가급적 충실하게 생성하기 위해 고안된 물체, 시스템 또는 과정'이다.

수학적 모형은 수학적 수식에 의해 요약될 수 있거나 나타내질 수 있는 것을 말한다. 이론적 모형은 언어적이거나 다이어그램적인 모형으로 이야기되는 경향이 있다.

$$\vec{F} = m\vec{a}$$

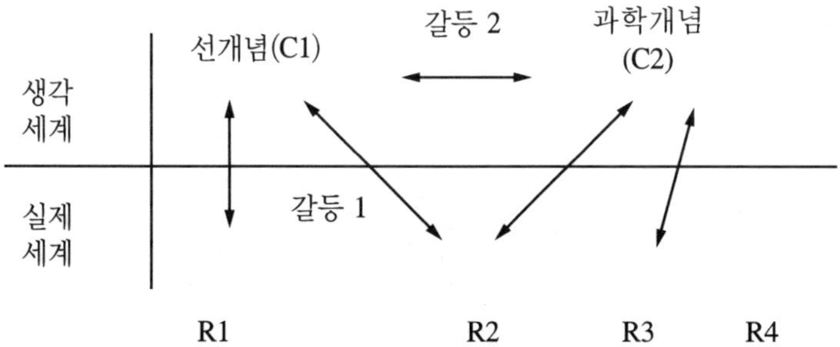

[그림 10-3] 이론 모형의 한 예
Hashweh의 개념변화 이론 모형

---

25) Gilbert, J. K. and Osborne, R. J. (1980), The Use of Models in Science and science Teaching, Eur. J. Sci. Educ., 2(1), 3–13에서 재인용

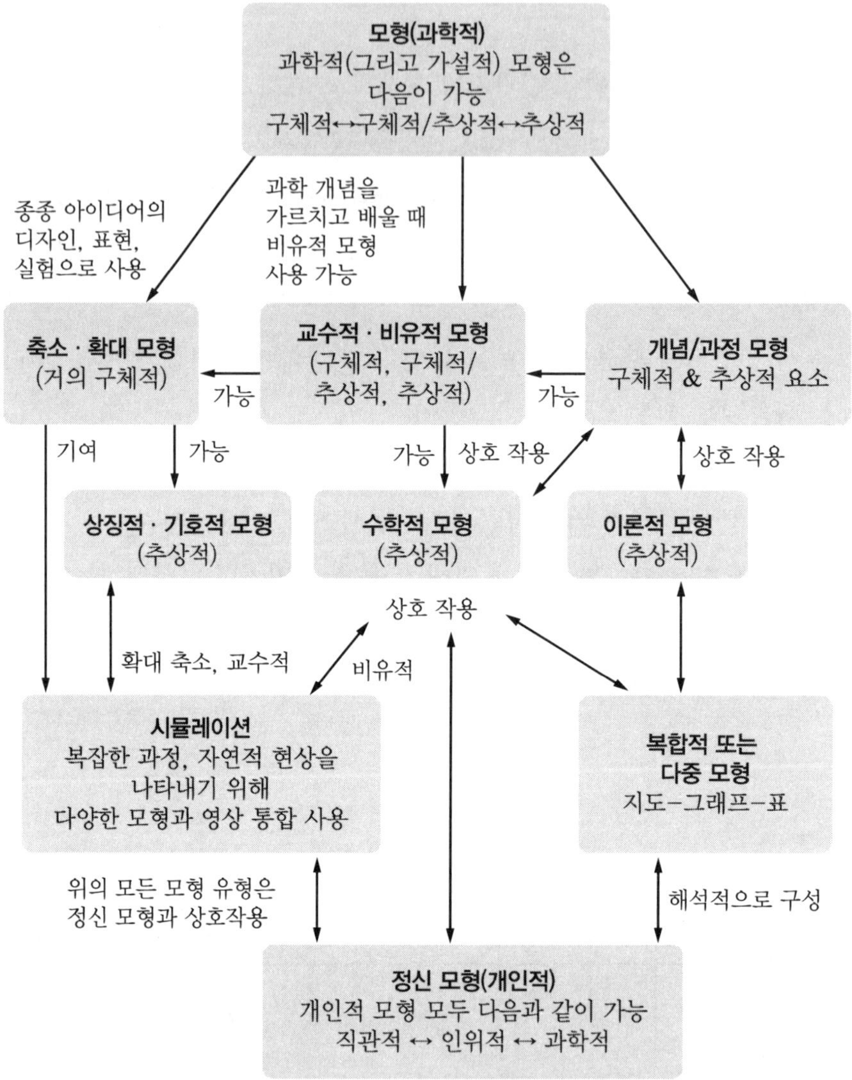

[그림 10-4] Harrison & Treagust(2000)의 모형 분류의 개념도

$$\vec{L} = \vec{r} \times \vec{p}$$

[그림 10-2] 수학적 모형의 예

원형적 모형은, 블랙에 의하면, '주어진 생각자(a given thinker)가 묘사하는 방식에 의해 아이디어들이 체계적으로 목록화된 것'이다. 특수한 원형에 대한 상세한 설명은 주요 단어들과 설명들을 요구하게 된다. 예를 들면 사회과학에서의 레윈(Lewin)의 '장 모형(field model)'은 사회 현상을 설명하는 데 '벡터', '힘', '경계', '유체성' 등과 같은 용어를 사용한다.

해리슨과 트레거스트(Harrison & Treagust, 2000)는 과학 수업에서 교사들이 사용하고 있는 과학적 교수 모형들을 친숙함, 유사함 그리고 차이점에 근거하여 [그림 10-4]와 같이 제시하였다. 이들 각각에 대해 설명하면 다음과 같다.

축소 · 확대 모형(Scale model)

축소 · 확대 모형은 기본적으로 실물을 쉽게 이해하기 위해 수학적 비율로 확대하거나 축소한 모형이다. 이때, 축소 · 확대 모형은 외부 크기를 충실히 반영하지만, 내부 구조, 기능은 거의 나타내지 않으며, 대상과 같은 물질로 만들어지지도 않는다. 축소 · 확대 모형은 대체로 장난감처럼 크기가 줄어들거나 커진 형태로 만든다. 예를 들면, 작은 벌레들을 강아지 크기로 확대하거나, 큰 빌딩을 작은 탁자 위에 올려놓을 정도로 작게 만든 모형, 지구본 등이 그것이다.

교수적 · 비유적 모형(Pedagogical analogical model)

이 분류는 축소 · 확대 모형을 포함하고, 교수와 학습으로 사용하는 모든 비유적 모형을 포함한다. '비유적(analogical)'라고 부르는 까닭은 모형이 목표물과 유사한 면을 갖고 있기 때문이다.(Glynn, 1991) '교수적(pedalogical)'이라고 하는 까닭은 모형이 교사가 학생들이 사용할 수 있는 원자와 분자같이 관찰할 수 없는 실체에 대한 설명을 해 주기 때문이다.(Shulman, 1986) 비유물 모형(Aanalogue models)은 어떤 특징에 관한 비유물과 목표물 사이에서의 대응 정도를 반영한다. 예를 들면, 화합물의 구조를 나타낸 플라스틱 구슬과 막대, 전기회로를 설명하기 위한 물 회로 모형, 빨강색 및 파란색 플라스틱으로 동맥과 정맥을 나타내는 심장 모형, 수정의 결정 구조를 공-막대기 구조로 나타내는 경우이다.(Keenan, et al, 1980)

개념/과정 모형(Concept/process model)

많은 과학 개념이 목적보다는 과정이다. 어떻게 교사들이 구체적인 용어로 학생들에게 실체가 없는 과정을 설명할 것인가? 교사와 교과서는 개념/과정 모형을 마치 산과 염기, 산화환원 반응과 화학적 평형의 다중 모형처럼 사용한다. 다음 중 어떠한 것들이 산화인가? 산소를 얻는 것, 수소를 잃는 것, 전자를 잃는 것, 산화 수 증가 또는 이들 전부를 말하는 것인가? 학생들은 종종 왜 교사들이 같은 과정을 설명하는 데 서로 반대되는 작용(잃는 것 대신에 얻는 것)의 또 다른 모형을 소개하는지 이해하지 못한다. 학생들은 규칙을 암기하는 경향이 있으며, 얻거나 잃는 것처럼 산화로 특징지어지는 원인을 탐구하기를 꺼려한다.

상징적 · 기호적 모형(Iconic and symbolic models)

화학식과 화학 방정식은 화합물 구조와 화학 반응을 나타내는 상징적 · 기호적 모형이다. 화학식과 화학 방정식이 화학 수업 시간에, 하나의 의사소통의 도구로 작용하지만, 학생들은 그것을 마치 실제로 존재하는 실물로 간주하기도 한다.(Sutton, 1992) 따라서 교사는 화학식이나 화학 방정식을 학생들에게 정확하게 해석해 줄 필요가 있다. 예를 들어, CO_2는 이산화탄소를 나타내는 하나의 표현물로만 생각해야 한다는 것이다.

수학적 모형(Mathematical models)

수학적 모형은 계의 행동을 묘사하기 위해 기호, 식, 그리고 숫자와 같은 수학적 언어를 사용한 것이다. 예로서, 이상기체의 온도(T), 부피(V), 압력(P)을 기호로 나타낸 후, $PV=nRT$와 같이 그들 사이의 관계를 수학식으로 나타낸 것을 들 수 있다.

이론적 모형(Theoretical model)

전자기력선과 광양자와 같은 은유적 표현(Gee, 1978; Smit & Finegold, 1995)은 '이론적(theoretical)'이다. 왜냐하면, 이 모형은 이론적 실체를 바탕으로, 자연을 잘 묘사하기 위해 인간이 만든 구성물이기 때문이다. 기체 부피, 온도, 압력에 관한 정역학 이론을 설명하는 모형은 이러한 범주에 속한다.(Keenan, et al., 1980)

복합적 그리고/또는 다중 모형(Complex and/or multiple model)

이들 모형은 학생들에게 쉽게 시각화된 패턴, 경로, 관계를 보여준다. 예로서 주기율표, 계통수, 일기도, 회로도, 대사경로, 혈액순환, 가계, 먹이 사슬, 먹이 그물 등이 있다. 이들 도표의 전체 또는 일부를 간소화하거나 과장한 특성은 이차원적 모형을 만들어준다는 점에서 매우 중요하다. 학생들은 도표를 항목과 특색에 따라 다르게 해석하기도 한다.

시뮬레이션 모형(Simulation model)

시뮬레이션 모형은 다양한 역동적(dynamic) 모형들을 나타낸다. 시뮬레이션 모형은 항공기 비행, 지구온난화, 핵반응, 개체군 발생과 변동처럼 복잡하며 정교한 과정을 보여준다. 시뮬레이션 모형은 학습 초보자와 연구자에게 생명(life)과 재산(property)의 위험 없이 기술을 연마하고 발달시킬 수 있도록 하며, 또한 '가상현실(virtual reality)' 경험을 포함시킬 수가 있다.(예를 들면, 컴퓨터게임과 컴퓨터를 토대로 한 애니메이션 그리고 실제 생활 상황을 도입한 상호적인 멀티미디어 등이 있다)

정신 모형(Mental model)

정신 모형은 인지 작용 중에 개별적으로 발생하는 정신적 표상의 특수한 유형을 말한다.(Vosniadou, 1994) 정신 모형은 어떤 대상을 아는 자가 가지는 특유한 대상과 아이디어의 고유한 묘사이며 목표물(target system)과 상호작용을 통해 발생하며 발달된다.(Norman, 1983) 학생들이 창조하고 사용하는 정신 모형은 불완전, 불안정, 확정되지 않은 경계, 비과학적이며 간단한 형태가 될 수 있다. 대부분 학생들이 교과서나 교사가 제시한 모형을 스스로 해석한다.

통합적인 모형(Synthetic model)

교사들의 과학적 모형과 학생들이 이해하기 쉬운 모형이 섞이는 것처럼 학생들이 가지는 종합적 대안 개념으로 발전되는 것을 묘사하기 위해, 보스니도(Vosniadou, 1994)가 이 용어를 사용했다. 예를 들어, 화학을 학습하는 많은 학생들은 원자에 대해서 탄성 물체, 태양계 원자, 껍질, 구름, 준위와 궤도의 모형 순서를 통해서 학습한다. 해리슨과 트레거스트(Harrison & Treagust, 1996)에 의하면 몇몇 중학생들은 전자껍질이 계란과 조개껍질과 같은 보호적인 구조와 전자가 좌표 상에 박혀있는 것이 가능하다고 믿고 있다. 정신모형은 이러한 범주를 포함하고 있다.

비유와 모형

블랙의 모형 분류에서는 비유를 다섯 가지 모형 중의 하나로 보고 있다. 일반적으로 모형과 비유는 같은 것은 아니며, 그럼에도 불구하고 모형은 대개 목표 영역의 구조들의 일부를 표현하기 때문에 모형과 비유는 밀접하게 서로 관련되어 있다. 모형은 비유들을 제공하거나 그것들을 표현한다.

모형의 목적은 학생들에게 구조적인 틀, 부르너의 용어에 의하면 범주의 체계를 환기시키거나 제공하여, 상대적으로 적은 노력을 들여 그에 친숙하게 하는 것이다. 한 학생이 이론과 대면하였을 때, 그는 이 새로운 '범주의 체계'를 발달시키는 데 도움을 주는 안내자로 모형을 가지게 될 것이다. 만약 몇 가지 용어들이 이론과 모형에 동시에 존재한다면, 이러한 범주들은 바로 옛 것으로부터 새로운 체계로 전이하게 될 것이다.

모형들은 대개 목표 영역들의 구조들의 일부를 표현한다. 그런 점에서 비유와 어느 정도 일치한다.

레더데일이나 네겔이 말하는 "기계적 모형(mechanical model)"의 특징은 첫째, 거의 항상 마음속에 친숙한 경험에서 적어도 근사적으로 실현될 수 있는 것들과 주로 크기에 있어 차이가 나는 것들의 체계를 생각한다. 둘째, 모형은 그림이나 영상으로 표현될 수 있다. 이 기계적 모형은 비유물로 보여질 수도 있다. 따라서 그러한 모형들은 비유들을 제공할 것이다. 모형을 모형이 되게 하는 것은 비유 관계이다. 그러므로 모형과 비유가

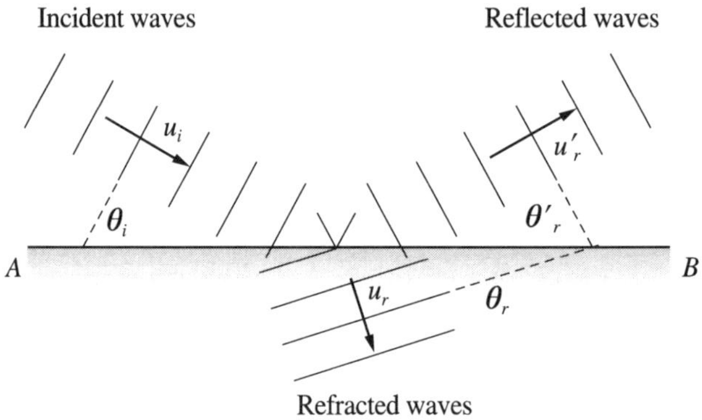

[그림 10-5] 빛의 진행 모형(파동)(Alonso & Finn, 1992, p.859)

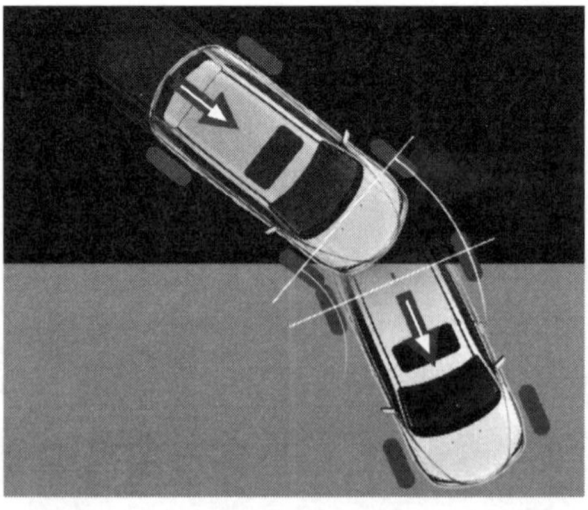

장난감 자동차 진행(경계면에서 방향을 바꾸어 진행)

[그림 10-6] 자동차 바퀴의 굴절

자주 바뀌어 사용되는 것은 흔히 있는 일이다. 예를 들면, 전기회로의 물 회로 모형은 거의 종종 물 비유로 불리어진다. 많은 다른 모형들이나 비유들에 대해서도 그와 같은 일들이 일어난다. 즉, 모형과 비유들은 매우 밀접하게 서로 관련되어 있다는 것이다. 모형은 비유들을 제공하거나 그것들을 표현한다.(Duit, 1991)

모형은 볼 수 없거나 복잡한 실체를 친숙한 개념이나 시스템을 이용하여 간단하게 설명하기 위한 시도로 많이 사용된다. 이러한 모형을 사용하면 실물의 본성에 대한 어떤 통찰력을 가질 수 있도록 도움을 준다. 그리고 어떤 특성에 대해 정확하게 설명할 수 있게 해 주기도 한다. 그러나 실제 계에 대해 알아야 하는 모든 것을 설명해 주지는 못한다. 그러므로 비유에 있어서는 항상 그 한계에 대해, 그리고 잘못된 개념을 갖게 될 가능성에 대해 늘 생각해야 한다. [그림 10−5]와 [그림 10−6]은 빛의 진행에서 빛의 굴절에 대한 개념을 자동차 바퀴의 굴절 현상을 이용하여 설명하는 예이다.

[그림 10−5]와 [그림 10−6] 두 모형에서 보면 비유물 모형 [그림 10−6]은 빛의 굴절에 대해서만 대응되고 빛의 반사는 설명하지 못한다. 이것이 비유의 한계에 대한 예이다.

수학적 모형의 비유

수학적 모형도 비유로 사용될 수 있다. 예를 들면 정전기력을 이해시키기 위해 이미 학습한 중력의 수학적 표현을 비유하여 설명하는 것이 그 한 예이다. 즉,

$$F = \frac{\mathrm{G}mm'}{r^2}$$

$$F = \frac{Kqq'}{r^2}$$

이 경우에도 대응관계가 분명해야 하며, 관계적 구조로 나타낼 수 있어야 한다. 그리고 수학적 모형을 이용한 비유에서는 비유물 모형 또한 학습되어야 하는 과학적 모형에 속한다는 점이 물 회로 모형과 같은 작위적 비유의 경우와 다르다.

기계적 모형의 한계와 비유 한계

실증주의자와 도구주의자들의 견해에 따르면, 실제적인 용어들로 모형을 해석하고 모형을 이용하여 설명하는 것은 불가능하다. 그러나 물리학에서 특히 이론의 발전에서 모형의 적용을 위한 새로운 가능성들이 나타나기 시작했다. 특히, 모형으로 자연적 과정들을 표현할 수 있다는 가능성에 대해 의심하지 않았으며, 하나의 진리 모형은 다양한 가능한 모형들로 대체되었다.

이 점에서 현대 물리학은 중요한 변화를 가져왔다. 예를 들어 양자 이론과 일반 상대성 이론은 인간이 그림으로 상상하는 것을 벗어난다. 고전 물리학의 관점에서, 예를 들면 그림으로 표현하는 방법으로, 양자 현상을 이해하기 위한 많은 시도가 있었다. 그러나 이러한 모든 시도들은 숨겨진 (즉, 관찰할 수 없는 원리들 속에 있는) 매개변수의 도움으로 그래픽화해 보려는 것들이다. 그 한 가지 예는 전자의 구조를 찾는 것이다. 이러한 관계에서 제안하는 모형들은 사람들이 순전히 추상적인 사고보다는 그림으로 나타낸 모형을 더 좋아한다는 것을 보여준다. 그러나 이러한 모형들이 지금까지는 물리학 이론에 유리한 영향을 끼치지 못했다.

현대 물리학의 이론에 대응하는 그림 모형을 구성하는 것에 대한 실패는 당연할지 모른다. 이러한 실패는 일시적 사건으로 보여져서는 안 되고, 불충분한 이론의 반영으로 보여져서도 안 된다. 오히려 이것은 우리의 상상이 감각 지각에 바탕을 두고 있고 물리학이 우리의 자연적 지각 영역을 벗어났을 때 그것은 실패할 수 있다는 사실의 결과로 보아야 한다.

감각적 생각으로 구체성을 얻는 정신적 상상의 영역이 유클리드 기하학이고 유클리드 기하학은 공간적인 지각에 대한 개념적 파지이다. 공간에 대해 상상하는 우리의 능력은 우주적 차원에 들어서면 상실된다. 예를 들어 우리는 휜 공간을 생생하게 상상할 수 없다[그림 10-7].

우리는 시간이 경과하는 것에 영향을 미칠 수 없다. 말하자면 시간의 흐름은 절대적이다. 공간과 시간이 4차원적 시 · 공간 연속체의 부분적 측면이라는 것은 다시 우리의 상상을 넘어선다. 여기서도 역시 그림 모형을 구성하는 데 대한 실패는 시간과 공간 사이의 연결이 우리의 자연적 지각 영역 밖에서만 분명하다는 사실의 결과이다.

[그림 10-7] '힘'과 '휜 공간'의 기하학적 모형
출처: 후미다카 & 다쿠야 저, 김명수 역, 상대론적 우주론, 1994, 전파과학사

양자역학에서도 유사한 어려움들이 나타난다. 우리의 경험은 사물은 상대적으로 일정하다는 것을 가르쳐준다. 따라서, 물체의 모양은 그것의 운동에 독립적이다. 고전 물리학의 모든 모형은 물체의 일차적 성질들은 일정하다는 것을 가정하며 시공간에서의 운동으로 변화를 설명한다. 이 불변성이 미시 영역에서 실패한다면 그림으로 나타낸 생각이 한계에 도달하게 된다.

현대 물리학은 수학적 개념의 용어로 공식화될 수 있다. 프레이(Frey)는 수학적으로 공식화된 이론을 완전하게 표현해 주는 아이콘적(iconic)인 모형은 없다고 주장했다.[26] 그러나 이것이 그래픽적 표현이 쓸모없는 모형을 제공한다는 것을 의미하지는 않는다. 물론 이론적이고 추상적인 것들을 도식(schemata), 다이아그램 및 비유로 표현하려고 노력할 수 있다. 그러나 이러한 표현은 단지 설교적으로 흐를 가능성이 있다.

과학에서의 모형의 기능에 대해 길버트와 오스본은 다음과 같이 말하고 있다. 첫째, 모형은 어떤 현상에 대해 단순화된 형태로 설명될 수 있게 하고, 그렇게 함으로써 그 현상의 특징에 주의를 집중할 수 있게 한다는 것이고, 둘째로, 모형은 어떤 현상에 대한 시각화와 상상적 투영을 지원함으로써 연구를 자극하게 한다는 것이다. 그리고 과학적 모형은 관찰된 현상을 설명하기 위해 또는 한 이론의 복잡하고 어려운 점들을 제거하기 위해 개발될 필요가 있다는 것이다.

이러한 모형의 기능에 비추어 볼 때 양자역학이나 상대성 이론에 속해 있는 개념들은 그 자체를 모형화 하는 것이 어렵기 때문에 비유적으로도 설명하기가 어렵다.

---

26) Lind, G. 1980, Models in Physics : Some Pedagogical Reflections based on the History of Science. European Journal of Science Education, 2(1), 15–23에서 재인용

과학 학습에서의 모형과 비유

우리나라 중학교의 한 교과서에서는 모형을 "원자는 너무 작으므로 원자로 이루어진 물질을 설명하기란 매우 어려운 일이다. 이러한 경우에 그 특징을 가지고 있으며 눈으로 볼 수 있고 다루기 쉬운 구체적인 것을 만들어 이용하면 편리하다. 이와 같은 것을 모형이라고 한다."라고 설명하고 있다.(지학사, 1990, p.36)

과학을 하다보면 필연적으로 모형을 사용하게 된다. 따라서 모형의 사용은 수업의 독립된 주제로 소개할 필요가 없다. 아이들은 항상 모형을 사용하고 그들이 자연에 관해서 의문을 가지게 되면 그들 자신의 세계관을 구성한다. 그들에게 어떤 사건에 관한 설명을 요구할 때 그들은 그것에 관한 그래픽적 표현을 얻으려고 애쓴다.

그러나 세계에 대한 아이들의 개념은 현대 과학의 것과 차이가 난다. 모형은 친숙한 개념일 때에만 그래픽적이고 명쾌하고 따라서 받아들일만한 것으로 보인다. 과학사적으로 볼 때 많은 다른 모형들이 시대에 따라 다르게 생각되어졌다. 한 예를 들면, 아리스토텔레스적 물리학은 일상적인 경험에 준하여 매일 움직이는 물체는 어떤 것(누군가)에 의해 움직여진다고 가정했다, 결과적으로 움직이는 자가 없는 것이 분명한 곳에서 자유낙하를 설명하는 것은 어려웠다. 오늘날의 물리학자들은 장 개념과 친숙하고 자유낙하보다 더 복잡하고 더 설명하기 어려운 현상들도 이해하고 있다. 그러나 아이들은 종종 아리스토텔레스적인 물리학 개념을 갖는다. 아마도 그들의 일상적인 경험이 그 생각과 더 일치하기 때문일 것이다.

초등학교 과학교육에서는, 특히 일상 경험과 관련된 주제가 소개되었을 때 학생들은 종종 그들이 질문했을 때 들었던 부모님의 대답이나 대중 매체로부터 들은 개념이나 그들 스스로가 평소에 생각했던 개념을 나타낸다. 이렇게 표현된 모형들은 대체로 부정확하고 상세하지 않다. 아이들의 설명은 아이들마다 다를 수 있고 그래서 아이들은 '과학적 토론'에 대한 좋은 근거를 제공할 수 있는 '모형 다원론'을 학급 안에서 터득할 수 있다.

수업은 학생들이 표현한 모형에 기초를 두어야 하고 그것을 빨리 교과서에 있는 '정확한' 모형으로 대체하려고 해서는 안 된다. 모형은 자연의 실제 그림이 아니라 자연을 해독하기 위한 지침이라는 것을 인정한다면, 즉, 그것의 기능적인 특성을 강조한다면, '부정확한' 개념들이 간단하게 제거되지는 않을 것이지만 자연을 조사하고 설명할 때 학생들에게 그것의 도구적 가치를 강조해야 한다.

수업 과제는 두 부분으로 나눌 수 있다. 먼저 학생들을 좀 더 정교하고 발전적으로 정확한 그의 모형을 만들도록 이끌어야 한다. 둘째, 그의 개념을 확고히 하도록 도와주어야 한다. 물론 교사는 자료를 반복적으로 언급하고, 가정을 지지하는 증거를 찾기 위해 학생들을 격려해야 한다. 때로, 교사는 모형을 지지하는 현상뿐만 아니라 반증하는 현상들도 보여주어야 할 것이다.

학습 과정에서 주의해야 할 것은 모형 중에는 비유물 모형이 있다는 것이다. 과학적 모형들은 반드시 학습해야 하고, 그 의미를 정확히 이해해야 하며, 더 수준 높은 학습으로 가기 위한 발판이 되어야 한다. 그러나 비유물 모형의 경우는 다르다. 과학모형을 비유물모형으로 쓰지 않는 한, 비유물 모형은 학습해야 할 과학 개념이 아니며 단지 과학 개념을 잘 학습하기 위해 보조적으로 채택된 모형이므로 목표 개념을 이해한 뒤에는 버려지게 된다. 때때로 학생들은 비유물 모형을 자신들이 반드시 학습해야 하는 과학 개념으로 오인하는 경우가 있으므로 이에 대한 주의가 필요하며 비유물 모형의 역할에 대해 잘 이해시킬 필요가 있다.

또한, 과학 수업의 초기 단계에서는 '모형'이라는 단어는 정상적으로 사용되지 않을 것이다. 학생들이 모형의 의미를 명확하게 갖도록 하는 것이 수업의 목표이지만 학생들은 자기 것이 아닌 다른 모형들과 친숙함을 얻지 못하면 그것은 성취될 수 없다. 특히, 학생들은 모형이 변경되거나 수정되어질 수 있다는 것을 발견해야 한다. 예를 들면 그것을 알맞은 새로운 자료로 변형하는 것이다. 그리고 똑같은 현상이 다른 모형들로 설명되어질 수 있다는 것도 발견하도록 해야 한다.

이러한 경험을 해야만, 우리는 그림으로 나타낸 개념에 관한 모형 특성을 수업에서의 토론 주제로 만들 수 있다. 이렇게 될 때, '모형'의 개념은 학습자에게 의미 있는 것이 될 것이다.

모형은 수학적으로 공식화된 이론의 발전으로 연결될 때 과학 연구에서 더욱 유용해진다. 모형을 근간으로 하여 수학적 이론이 정립되었을 때 모형은 그 이론을 안내할 수 있는 명쾌한 구조를 제공한다. 중등학교 수준의 과학 수업에서 이것을 이해하는 것은 매우 높은 목표에 속한다. 그것도 중학교 과학 수업에서는 모형의 가정을 기반으로 하여 개별적인 법칙들을 이끌어내는 것 이상은 거의 할 수 없을 것이다.

모형의 개발이 과학교육에서 중심적인 역할을 하는 것이라면 수학화를 너무 일찍 도입해서는 안 된다. 어디에서 수학화가 시도되든, 그것은 모형을 개발하기 위한 목적에서이기 때문이다. 그러므로 수학적 표현이 가지고 있는 과학적 의미를 보는 능력을 잃어버릴 위험을 줄이도록 노력해야 한다. 수학적 용어로 쓰여진 것을 과학적으로 해석할 필요가 있다. 또한, 문제가 주어지면 먼저 모형에 비추어 토의되어야 한다. 그렇게 되면 학생들이 수학적 공식들을 기계적으로 적용하려고 하는 경향을 막을 수 있을 것이다.

수학화 하는 것이 학교 과목으로서의 물리학을 보편화하는 데 장애 요인이라는 것은 계속 논의되어온 주제이다. 물리학을 수학화하는 것이 학생들의 입장에서는 어려운 과제로 여겨진다고 생각되며 선택을 기피하게 하는 요인이 된다. 그렇다고 해서 물리학의 측면에서 모형을 더 많이 강조하는 것이 꼭 바람직한 것은 아니다.

과학 수업에서 모형 사용의 의의

과학 지식에 관해 과학자들은 실제적인 측면에 대한 정신 모형을 만들어 낸다. 예를 들면 원자 같은 것들이다.

과학교육에서의 문제는 어떤 과학 현상에 대한 학생들의 정신 모형을 만들어야 한다는 것이다. 넓은 의미에서는 이것은 의사소통의 문제이다. 이것은 상징적(iconic), 언어적, 도형적, 기호적(symbolic) 표현에 의해서, 그리고 학생들로 하여금 계획된 실험과 같은 상황에 직면하게 함으로써 성취될 수 있다. 고등학교 수준에서조차도 상당수의 학생들이 구체적 조작 수준에 있다는 연구 결과들에 기초해 볼 때 아이콘 모형과 간단한 비유물 모형의 사용은 정당화될 수 있을 것이다. 반면에 추상적인 수학적 모형 같은 것들은 조심해서 사용되어야 할 것이다.

학생의 과학적 탐구 기능에 관해서는, 부분적으로는 모형 설정과 모형 평가를 위한 사고 기능의 발달과 관련하여 수업이 진행되어야 한다. 과학 수업에서 잠정적 모형을 개발하고 이들 모형으로부터 예측한 사항들을 비판적으로 평가하는 과정을 수업 과정에 둠으로써 이러한 능력들을 향상시킬 수 있을 것이다.

학생들이 모형과 관련하여 부딪히는 일반적인 어려움은 무엇인가? 길버트와 오스본(Gilbert & Osborne, 1980)은 다음과 같은 네 가지 점을 지적하고 있다. 첫째, 모형과 그 출처 사이의 지적 경계에 대한 학생들의 인식이 부족하다. 이것은 모형과 그 출처의 성질에 대한 인식의 일반적인 결여로 나타난다. 예를 들면, 물에서의 파동의 성질에 대해 충분히 인식하지 못한 상태에서 소리를 기술하기 위해 '파동'을 사용하는 경우를 들 수 있다. 이것은 귀납적 또는 연역적으로, 음파와 수면파에 대한 실험을 동시에 수행하면서 모형을 사용함으로써 극복할 수 있다.

둘째, 학생들에게는 주어진 주제 영역에서 같은 부류의 여러 모형들이 소개되지만, 그들은 고집스럽게 가장 미발달된 것을 사용한다. 이것은 그로츠(Grotz)가 말한 '개념적 성숙은 불충분하게 정제된 모형의 선점에 의해 방해받을 수 있다'고 한 주장을 뒷받침한다. 아마도 더욱 진보된, 그래서 더 추상적인 모형들을 사용하는 데 주저하는 것은 피아제 이론에 따르면 불충분한 지적 발달의 표현일지도 모른다. 셋째, 학생들은 주어진 모형을 다른 상황에 적용하는 것이 어렵다는 것을 발견하게 된다. 넷째, 학생들은 같은 토픽 영역 안에서 서로 다른 부류의 모형들을 관련시키는 데 어려움이 있음을 발견하게 된다. 이런 어려움들은 모형에 대한 수업을 통해 해소하는 데 도움을 줄 수 있다.

수학적 모형 분야에서는 실제적인 수업 적용이 상당히 진전을 보고 있다. 프로그램될 수 있는 계산기의 등장으로 수학적 모형을 평가하고 발달시키는데 학생들은 더 폭넓은 개별 학습 기회를 가지게 되었다. 컴퓨터는 수학적 모형화 분야에서 벌써 광범위하게 사용되고 있고, 특히 CAL(Computer Assisted Learning)은 다음과 같은 것들을 가능하게 한다. 즉, 매우 복잡한 모형들이 학생들에게 쉽게 소개될 수 있으며, 학생들은 모형의 성질들을 탐구하고 조절하고 취급할 수 있게 되었고, 학생들이 쉽게 그들 자신의 가설적 모형을 조사할 수 있도록 상황이 설정된 '실험'을 수행할 수 있게 되었다는 것이다.

비유와 예

예시란 어떤 법칙이나 개념에 대한 설명을 하고 그에 해당하는 실제 예들을 제시하는 것을 말한다.

"곤충이란 두 쌍의 날개와 세 쌍의 다리를 가지고 있고, 몸은 머리, 가슴, 배의 세 부분으로 나누어지며, 다리는 가슴 부분에 붙어 있는 동물을 말한다. 곤충에 속하는 것으로는 파리, 모기, 잠자리 등이 있다."라고 설명했을 때 이것은 곤충의 개념을 설명하고, 이 개념에 속하는 실 예들을 제시한 것이라고 볼 수 있다.

비유와 실 예는 그 둘이 모두 익숙하지 않은 것을 익숙하게 하는 데 사용되는 한 비슷하다. 글린(Glynn)이 말한 것처럼 "실 예는 개념들의 유사한 특징들 사이의 어떤 비교가 아니고 한 개념의 사례"를 말한다. 실 예는 비유로 보여질 수도 있다. 클레멘트의 연구 중의 하나에서 보면 한 학생에게 똑같은 고무줄에 의해 가속되는 무게가 서로 다른 두 수레의 운동을, 다른 것을 가지고 설명하도록 요구하였다. 그랬더니 그 학생은 " ――와 같다." 라는 형태의 진술을 많이 하였다. 예를 들면, '수퍼마켓에서 짐을 실은 또는 싣지 않은 수레를 미는 것과 비슷해요'와 같은 것들이다. 이것은 무게에 따른 가속도의 크기를 설명하는 경험적인 실 예를 비유처럼 보여준 것이다. 그러므로 어떤 특징들을 묘사하기 위해 대개 주어진 많은 실 예들은 대개 비유 관계 속에 있는 것으로 보일지 모른다.

제11장 비유 및 은유와 창의성 교육

비유와 은유는 과학 창의성에 깊이 관련되어 있다는 것을 앞에서 사례를 제시하면서 설명하였다. 여기에서는 과학 창의성을 비유 및 은유와 관련지어 좀 더 체계적으로 설명하겠다.

과학에서 창의적 과정과 유비

맨스필드와 부스(Mansfield & Busse, 1981)는 창의적 과학자들의 사고 과정을 분석하여, 과학에서의 창의적 과정에 대한 이론을 개발한 바 있다. 이들은 과학에서의 창의적 과정으로 다섯 가지 과정들을 확인하였으며, 그것은 (1) 문제의 선택, (2) 문제 해결을 위한 끊임없는 노력, (3) 문제 해결에 대한 구속 조건(constraints) 형성하기, (4) 구속 조건 변화시키기, (5) 입증과 정교화 등이 이에 속한다. 그리고 이 과정들은 상호작용적이며 서로 부분적으로 겹치는 것으로 생각하였다. 이들 과정 중에서 유비 및 은유와 관련이 있는 과정은 문제의 선택, 구속조건 변화시키기, 그리고 입증과 정교화로 생각된다.

만일 한 과학자가 창의적인 돌파구를 만들려고 한다면, 그는 해결되기를 기다리고 있는 한 가지 문제를 선택해야 한다. 즉, 연구는 워

버그(Warburg)가 말한 것처럼, "해결될 수 있는 문제를 발견하는 기술"이 그 핵심에 있다.(Austin, 1978, p. 168) 많은 연구자들(예를 들면, Getzels and Csikszentmihalyi, 1975; Hadamard, 1945; Rokeach, 1965)이 문제 발견 또는 문제 선택의 중요성을 강조해 왔다.

뛰어난 새로운 작품의 개발에서는, 문제에 대한 민감성의 중요성이 아무리 강조되어도 지나치지 않다. 중요한 문제의 선택으로 인도하는, 뜻밖의 발견을 하게 되는 사건들은 흔히 있는 일이다.(예를 들면, Austin, 1978; Barber and Fox, 1962; Cannon, 1945; Rosner and Abt, 1972)

연구 문제들을 선택하는 데 있어서 민감성은 뛰어난 창의적 과학자들과 덜 창의적인 과학자를 구분하게 하는 한 가지 주요 요인이라고 볼 수 있다. 민감성이 높으면 유추적 사고를 통해 문제를 발견할 가능성도 높다. 폭포가 물레방아에 일을 하는 것과 열이 터빈에 일을 하는 것의 유사성을 발견했다는 것은 카르노의 유추적 사고이며, 이로부터 열 엔진이라는 과학적 문제를 발견했다는 것은 카르노의 높은 민감성으로부터 나온 것이다.

맨스필드와 부스(Mansfield & Busse, 1981)는 또한 세 가지 유형의 구속조건들을 확인하였는바, 경험적, 이론적, 방법론적인 구속조건이 그것이다. 주된 경험적 발견사실들, 중심이 되는 이론적 가정들, 그리고 유용한 기구들 등과 같은 일부 구속조건들은 연구자에 의해 무시될 수가 없다. 그러나 관련 분야에서의 경험적 발견사실들, 작동 가설들, 그리고 연구 전략들 등의 다른 구속조건들은 발견되어야 하거나 채택되어야 한다. 초기 구속조건의 선택은 매우 중요하다. 초기에 채택된 일부 구속조건들이 오류인 것으로 증명되는 것은 거의 피할 수 없다. 그러나 채택에 있어서의 오차는 최소화되어야 한다. 작동 가설들은 모든 적절한 경험적 발견사실들에 적합해야 하고, 사용된 방법론은 해답을 제공할 수 있어야 한다.

과학적 성취를 발달시키는 과정에서는, 초기에 채택된 일부 구속조건들은 오류로 증명되고 바꿔야 할 필요가 생긴다. 구속조건들을 바꾸는 과정은 잭슨과 메식(Jackson & Messick, 1967)이 변형이라고 부르는 것에 유사하고, 게슈탈트 심리학자들(예를 들면, Wertheimer, 1959)이 재구성(restructuring)이라고 부르는 것과 비슷하다.

작동 가설의 형태에서의 구속조건들은 비교적 쉽게 깨어지는데, 왜냐하면 그것들은 심증적으로(deliberately) 채택되고, 믿음의 더 큰 시스템의 일부분은 아니기 때문이다. 많은 경우에 작동가설들은 유비로부터 시작된다. 유비는 논리성 측면에서는 약하기 때문에 쉽게 깨어질 수도 있다. 흑점이 발견된 후 소행성으로부터 유비추론하여 흑점을 소행성일 것으로 가설을 세웠던 샤이너의 가설은 갈릴레오 가설에 의해 쉽게 깨어졌다. 그런가 하면 어떤 가설은 유비추론에 의해 세워진 가설이더라도 오랫동안 지속되기도 한다. 에테르 가설은 빛의 파동성 설명을 위해 유비추론적으로 세워진 가설이었지만 오랫동안 과학자들을 괴롭혔다. 그리고 작동 가설들은 새롭게 발견된 데이터가 그것들을 지킬 수 없을 때 버려지게 된다. 예를 들면, 왓슨은 나선형의 외부가 아니라 중심부에서 설탕–인산염 중축(sugar–phosphate backbone)을 대치했던, 그의 처음 DNA 모델이 구조화학의 법칙과 DNA 사진에서 나타난 X–선 회절무늬에 의해 부과된 이중적 구속조건과 부합하지 않는다는 것을 발견하였다. 왓슨이 이러한 문제점들을 인식했을 때, 그는 새로운 작동 가설로 변경하였고, 외부 중축(exterior backbone)을 가진 모델들을 세우기 시작했다. 이러한 과정은 귀추의 과정과 잘 부합된다.(김영민 외, 2011)

무엇이 한 과학자로 하여금 한 패러다임의 구속 조건들을 버리도록 판단하게 하는가? 한 가지 생각할 수 있는 것은, 이론적 예측들을 흔들고, 기존 이론의 맥락 속에서는 쉽게 설명되지 않는 일반적으로 중요시되는 경험적 증거가 있을 때이다. 아인슈타인의 경우에, 이 증거는 마이컬슨-몰리 실험이었고, 케플러의 경우에는 화성의 관찰된 운동이었다.

그러나 그러한 증거의 존재는 한 패러다임을 변화시키는 힘으로는 충분하지 않다. 새로운 가정들이 그 이론에 추가되는 것을 제공한다면, 거의 어떤 데이터도 한 이론과 부합하는 것으로 나타나도록 만들어질 수 있다. 마이컬슨-몰리 실험 결과는, 지구의 운동에 대하여 빛의 속도는 지구 운동 방향의 함수로서 변할 것이라는 현존 이론에 의한 예측과 불일치하지만, 마이컬슨-몰리 실험 결과에 대한 많은 물리학자들의 반응을 생각해 보라. 아인슈타인과 같은 시대에 있던 두 사람, 즉 로렌츠(Lorentz)와 피제랄드(Fitzerald)는 측정 기구가 지구의 운동 방향과 어긋났다고 하는 가정을 세웠다. 비록 아인슈타인이 후에 이 수식을 수정하긴 했지만 그는 그것이 질적으로 애드 혹이라고 느꼈다. 가설화된 모순에 대해 어떤 만족할만한 설명도 제공되지 않았다. 그럼에도 불구하고, 그 예는 새로운 것을 창조하려고 시도하기보다는 기존 패러다임에 집착하는 과학자들의 경향성을 보여준다.

새로운 데이터에 추가하여, 만일 한 패러다임의 구속조건들이 변해야 한다면, 받아들일만한 대안적 이론이 필요할 것이다. 쿤(Kuhn, 1970)은 그럴듯한 대안이 유용하지 않으면 과학자 공동체가 결코 한 패러다임을 포기하지 않는다고 주장한다.

그러나 대안적 패러다임이나 이론을 만드는 일은 쉽지 않다. 그렇게 하기 위해서는 그 문제를 그 분야에서 일반적으로 사용되는 것과는 전혀 다른 시각에서 바라보는 것이 요구된다. 이러한 변형 또는 재구성의 성취는 설명하기가 쉽지 않다. 이미 논의한 두 개의 과정이 요구되는 것으로 보인다. 그것은 바로 긴 시간 동안의 참을성 있는 노력과 문제의 선택에 있어 민감성 정도이다. 그 문제의 복잡성이 전체적으로 이해되어야 하며, 기존 이론의 가장 문제가 되는 영역이 정확히 지적되어야 한다. 문제가 되는 영역을 감지하는 것은 항상 쉬운 것은 아니다. 아인슈타인이 마이컬슨–몰리 실험(결과를 제외하고는 모든 면에서 명확했던)이 한 가지 결정적인 면(시간의 측정)에서 불분명한 것을 깨닫는 데에는 긴 시간이 걸렸다. 동시성의 의미에 대한 체계적 분석은 시간이 관찰자의 기준계에 대해 독립적으로 측정될 수 있다는 가정이 틀렸다는 것을 아인슈타인에게 보여주었다. 이것은 공간과 운동에 대한 전통적인 관점을 재구성하게 했던, 그리고 아인슈타인으로 하여금 상대성 이론을 만들도록 했던 결정적 통찰이었다.(Mansfield & Busse, et al, 1981)

긴 시간 동안의 참을성 있는 노력과 문제에 대한 민감성은 때때로 그 스스로 재구조화를 유발하기에 충분할 수도 있다. 그러나 다른 기법들이 또한 도와주는 역할을 한다. 그 문제로부터 멀리 떨어지는 것이 그 하나이다.

많은 창의적인 과학자들이 당분간 그 문제에서 떠나 있어 본 뒤에야 그 문제의 답을 찾았다는 것을 보고하고 있다. 때때로 그 답은 갑작스럽게 어떤 의식적인 연관 없이 등장하기도 한다. 수학자 포앙카레는 그 한 경험을 다음과 같이 기술하고 있다.(Ghiselin, 1952)

그때 나는 내 주의를 내가 많이 성공을 거두지 못하고 있는 어떤 산술적인 질문에 대한 연구로 돌렸다. 그리고 그 연구는 내 앞선 연구들과 어떤 연관이 되어 있지 않았다. 나의 실패로 인해 싫증이 나서, 나는 바닷가에서 다른 것들에 대해 생각하면서 며칠을 보냈다. 어느 날 아침, 절벽 위를 걷고 있는데, 한 가지 아이디어가 떠올랐다. 짧은 순간, 갑작스러움, 즉각적인 확실성과 함께, 불확실한(indeterminate) 삼원 이차 형식의 산술적 변형이 비유클리드 기하학의 것들과 동일하다는 생각이 떠올랐다. (p.26)

이 경우도 문제에서 잠시 떠나 있으면서 발견해 낸 유비이다. 불확실한 삼원 이차 형식의 변형을 비유클리드 기하학의 것들과 유비한 것이다.

다른 경우로는, 해답이나 재구성은 일부는 확실히 관련되지 않은 사고와 함께 연합하여 생겨난다. 어떤 경우든, 해답이나 재구성은 과학자가 의식적으로 그 문제를 풀려고 노력하지 않을 때, 어떤 기간 동안 찾아오기도 한다. 그러나 왜 문제를 제껴 놓는 것이 재구성을 도와주는가? 시몬톤(Simonton, 2004)이 말하는 기회(chance)는 이때 찾아올지 모른다.

무의식적인 과정이 재구성을 도와준다는 것은 의심의 여지가 없다. 예를 들면, 케쿨레가 벤젠 구조를 발견할 때처럼, 한 가지 꿈에서 본 이미지가 어떤 문제를 보는 새로운 방식을 제공할 수도 있다. 이 과정도 뱀들이 서로 꼬리를 물고 있는 모양의 이미지를 벤젠 고리에 유비한 것으로 설명된다. 그러나 이것은 꿈이라든가 다른 무의식적인 과정들이 창의적 사고의 만능열쇠라는 의미는 아니다.

한 문제로부터 떠나 있는 것은 과학자로 하여금 첫 번째에 재구성을 방해했던 비생산적인 구속조건들에 의해 덜 지배받는 생각을 가지고 문제에 재접근하도록 해 준다. 그것은 또한 그로 하여금 무작위적 사고로부터 연관을 돕는 데 열려 있을 수 있도록, 방향지어지지 않은 방식으로 생각하도록 하게 해 준다.

'기회(Chance)'는 종종 구속 조건들을 변화시키는 데 핵심적 역할을 한다. 과학자가 문제에 대한 재구성으로 이끄는 아이디어 또는 증거에 노출되는 것은 기회를 통해서이다. 그러나 오스틴(Austin, 1978)이 지적했듯이, 기회는 과학자의 행동과 항상 독립적으로 작동하는 것은 아니다. 끊임없이 그 문제를 다양한 방향에서 공격하는 과학자는 문제의 해결로 이끄는 기회를 가질 가능성이 크다. 그리고 그 문제를 가지고 오랜 기간 동안의 훈련과 경험을 가진 과학자는 문제에 분명하게 관련되지는 않았지만, 문제 해결에 실질적인 단서가 되는 기회 연관과 사실에 고도로 민감하게 된다. 어려운 문제에서는 비판적인 연상(critical associations)이 취미와 같은 비과학 영역으로부터 올 수도 있다. 그런 경우에는, 기회는 구별되는 생활 방식과 고도로 개별화된 비과학 활동들을 하고 있는 과학자를 선호할 것이다.

새로운 구속 조건들을 형성하고 그들을 검증하는 과정은 계속적인 어림(approximations)에 의해 그 과학자가 수용 가능한 해답으로 인도하는 일련의 구속 조건들을 구성할 때까지 반복된다. 만일 그 해답이 그 분야의 중요한 재구조화 또는 새로운 패러다임의 소개를 포함한다면, 그는 그것이 이전 패러다임을 괴롭히는 문제에 대해 한 가지 해결을 제공한다는 것을 보여야 한다. 그리고 그것이 다른 문제들에 대해서도 이해로 이끈다는 것을 보여야 한다. 그리고 그것이 바람직한 새로운 탐구 과정을 제시한다는 것을 보여야 한다.

이러한 과정들에 소비된 시간은 아인슈타인의 경우에서와 같이 짧을 수도 있고(그는 시간과 동시성의 의미에 대한 초기 통찰 후에 특수 상대성 이론을 개발하는 데 단지 5주가 걸렸을 뿐이다.), 퀴리 부인의 경우와 같이 길 수도 있다.(그녀가 처음 라듐이 새로운 원소라는 것을 확인한 후에, 그것을 분리하는데 4년이 걸렸다.) 입증과 정교화의 과정은 새로운 아이디어가 과학자 공동체에 의해 받아들여지기 위해 필요하다. 입증과 정교화의 과정에서도 유비추론이 많이 사용된다는 것은 이론의 여지가 없다. 특히 정교화의 과정에서는 모형적으로 나타내지는 경우가 많기 때문에 유비 추론이 많이 활용된다.

한편 시몬톤(Simonton, 2004)은 창의성과 관련된 관점을 기회(chance), 논리(logic), 천재성(genius), 시대사조(zeitgeist) 등의 네 가지로 보고, 이들을 중심으로 과학적 창의성을 논의하였다. 물론 이 네 가지 관점은 과학적 창의성의 일관성 있는 해석의 형태는 아니라고 보았다.

그는 이 네 가지의 모든 관점들을 통합하는 과학적 분석을 제공하였다. 이 통합(integration)은 네 번째의 관점이 세 가지의 관점을 포함하여 획득되며, 마지막 관점에 대한 설명이 가장 먼저 주어진다. 특히, 논리, 천재성, 시대사조적 입장들은 기회(우연)적 입장 아래에 포함된다.

이러한 통합은 창의적 산출물(Creative Products)에서 시작되며, 그는 여기서 과학 분야에서 창의적 산물의 특징을 논의하였다. 그 다음의 통합으로는 조합적 과정(Combinatorial Processes)으로 보았고, 여기에서는 이러한 특징들이 개연론[27]에 근거한 과학적 창의성의 본질을 강조하는 이론적 설명을 제공한다. 이 이론적 설명은 그 다음에 제시한 과학적 활동(Scientific Activity)에서 실질적인 설명으로 연결된다. 그는 여기서 과학적 활동에서 특히 두드러진 측면의 개연론적인 결과를 논의하였다. 조합적 과정에는 유사성과 비유사성을 평가하는 유비 추론의 과정이 포함될 수 있다.

진정한 창의성은 불명확한 문제의 해법에 있는 것으로 여겨질 가능성

---

27) 개연론(蓋然論)은 인간은 절대로 확실한 지식(진리)에 도달할 수 없으므로 개연적인 – 확실한 듯한 – 지식으로 만족해야 한다는 이론이다. 즉, 이것은 참이고 저것은 거짓이라는 식의 절대적으로 확실한 지식이란 있을 수 없고, 확실한 것처럼 보이는 것, 즉 개연성만이 신념이나 행동의 유일한 지침이 될 수 있다는 학설. 회의론의 일종으로서 고대 그리스의 신(新)아카데미파의 입장이다. 개연적 지식을 바탕으로 행동하고, 그 결과에 따라 지식을 보다 확실한 것으로 수정해야 한다고 주장하는 프래그머티즘의 인식론도 이에 속한다. – 위키백과

이 크다. 이 해법을 얻기 위해 과학자는 다양한 발견법에 의지해야 한다. 그리고 바로 이 시점에서 우연의 역할이 크게 부각된다. 본질적으로 많은 발견법이 확률적으로 작용하는 것은 물론이고 가장 효과적인 발견법의 선택 그 자체도 확률적으로 결정된다. 사실상 발견법을 적용하려면 더 높은 수준의 시행 착오과정이 도입되어야 한다.

뉴웰–사이먼이 전통적인 틀 밖에서 실시한 연구들은 논리 관점보다 우연 또는 기회 관점을 뒷받침하는 증거를 많이 제공한다.(Simonton, 2004) 이를 정리하면, 첫째, 통찰 문제를 다룬 연구들은 부화 기간 중에 발생하는 내적 자극과 외적 자극의 기회주의적 융합에 의해 예측 불가능성이 개입된다는 사실을 밝혔다. 둘째, 창의적 생산에 대한 실험은 창의성이 비논리적이거나 새롭거나 무작위적인 자극에 의해 촉발될 수 있음을 보여 주었다. 셋째, 컴퓨터를 통한 문제해결에 대한 연구는 컴퓨터가 인간의 창의성을 최적으로 시뮬레이션하기 위해서는 먼저 무작위 메커니즘을 도입해야 한다는 결과를 얻었다. 끝으로 집단 문제해결에 대한 연구는 이질적인 배경과 경험을 가진 공동 연구자들의 자유로운 아이디어 교환이 불러온 예상하지 못한 결과가 창의성을 크게 좌우한다는 것을 보여 주었다. 이 결과에서 보면 첫째 결과에서 나오는 기회주의적 융합에 유비가 포함되며, 둘째 결과에서 나오는 비논리적인 자극에 또한 유비와 은유가 포함되고, 셋째 결과에서 나오는 시뮬레이션에서는 유비추론이 어느 것보다 중요한 역할을 한다.

이 연구 결과를 그보다 앞서 제시한 분석과 합쳤을 때 나오는 결론은 명백하다. 과학적 발견은 선형적이고 결정론적인 논리로 설명될 수 없다는 것이며 너무나 많은 불확실성과 무질서한 영향 요인이 창의적 과정에 투입되기 때문이다.

과학에서 개념적 은유와 창의성

라코프와 존슨(Lakoff & Johnson, 1980)이 말하는 개념적 은유는 과학 창의성에서 중요한 역할을 한다. 과학이론에서는 여러 가지 상상을 가능하게 하는 시적인 은유가 아니라 항상 개념적 은유를 사용한다. 인지 과학적으로 보면, "개념(concept)"은 정신(mind)이 생각하고, 이해하고, 인지할 수 있는 도구인 정신 자원을 가리킨다. 지도와 내적 표상, 정신적 이미지, 정신 모델, 이미지 도식(image schema) 등은 인지과학에서 어떤 현상이나 사물을 표현하기 위한 강력한 설명적 구성 요소(constructs)들이다. 우리들의 언어사용 이면에는 여러 가지 추상적 사고영역을 개념화하는 방식이 있으며, 여기서 은유가 일어난다. 그리고 이것은 우리가 친숙하게 알고 있는 시적 은유와는 다르다. 다음과 같은 라코프(Lakoff, 1993)의 표현에서 그 의미를 알 수 있다.

"은유의 위치는 언어에 있는 것이 아니라 우리가 한 정신영역을 다른 정신영역의 관점에서 개념화하는 방식에 있다. 은유의 일반이론은 그러한 교차 영역 매핑(cross-domain mapping)의 특성을 묘사함으로써 제시된다. 그 과정에서 시간, 상태, 변화, 인과관계, 목적과 같은 일상의 추상적 개념은 은유적임이 드러난다."(Lakoff 1993, p.203)

개념적 은유란 어떤 현상이나 사물에 대해 개념화하는 것이다. 그리고 그 개념화한 결과에 대해 용어를 붙이는 것이다. 과학에서는 아이디어에 관해 이야기하는 은유적인 방식을 연구함으로써, 추상적 아이디어에 대한 구체적 개념화를 모색할 수 있다. 다음은 그 한 예이다.

우주 안의 비눗방울 구조[28]: 두 개의 거대한 비눗방울 모양 구조(soap bubbles structure)가 미항공우주국(NASA) 페르미 감마선 우주망원경을 통해 발견됐다고 한다.

이 거대구조는 은하계를 중심으로 쌍둥이처럼 위아래로 나뉘어져 있

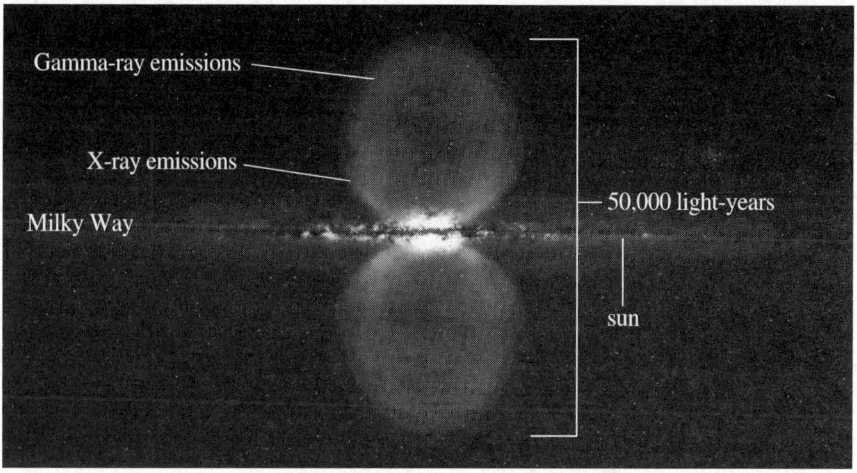

[그림 11-1] 은하 중심부의 거대 비눗방울 구조
[NASA 고다드 우주비행센터 자료(http://www.nasa.gov/images/content/)]

---

28) 우리가 현재까지 볼 수 있는 우주는 그 거리가 약 140억 광년에 이르고 있다. 하지만, 그것도 우주의 전체는 아닐 것이라고 추측하고 있다. 140억 광년에 이르는 거리 안에서도 우리 우주는 다양한 구조를 갖고 있다. 규모가 작은 순서로 은하군, 은하단, 초은하단, 대규모 구조 등이 있다. 은하군과 은하단들도 무리를 지어 초은하단을 이루고 있으며, 초은하단 이상 큰 규모의 천체를 우주의 거대 구조 (large scale structure of the universe) 라고 부른다. 이러한 우주의 거대 구조는 은하들의 3차원 공간 분포를 연구하기 시작한 1980년대에 그 존재가 알려졌는데, 은하들의 3차원 공간분포는 은하들의 적색편이를 관측하여 알아낼 수 있다. 이런 프로젝트는 하버드 대학 CfA(Center for Astrophysics)의 적색편이 관측을 그 시작으로 들 수 있다. 그들은 북반구 하늘을 관측 하였는데 거대 장벽(Great Wall), 보이드(Void), 거대 인력체(Great Attractor) 등 거대 구조의 존재를 알아내었다. 현재는 약 250만개의 은하의 적색편이 관측을 목표로 하고 있는 SDSS(Sloan Digital Sky Survey) 가 진행되고 있다. UK 슈미트 망원경이 관측한 185개의 사진건판에서 약 200 만개의 은하, 1000 만개의 별 등을 찾는 일도 진행 중이다. 이 연구는 케임브리지의 APM(Automated Plate Measuring) 레이저 스캐너로 자료를 구축하고 있다.(출처: http://astro.kasi.re.kr.)

다. 육안으로는 볼 수 없지만, 지구에서 볼 수 있는 하늘의 절반 이상을 차지한다. 20만개의 초신성 폭발과 맞먹는 에너지를 방출하고 있는 것으로 추정된다고 한다.

이를 처음 발견한 NASA에서는 이 구조를 '비눗방울 구조(Soap bubbles Structure)'라고 은유적으로 명명하였다. 이것이 개념적 은유의 좋은 예이다. 물론 이 은유적 명칭이 얼마나 오래동안 유지될는지는 아무도 모른다. 패러데이가 자신의 연구 과정에서 사용한 '자기적 텐션(magnetic tension)'이라는 개념적 은유가 지금은 쓰이지 않는 것처럼, 이 구조도 '비눗방울'이라는 이미지 효과보다 내부적인 특별한 성질이 규명되면 개념적 은유도 변경될는지 모른다. 이렇듯 창의적 과학 활동에 의해 새로운 사물이나 현상이 발견되면 그에 따라 개념적 은유가 뒤따르게 되며, 개념적 은유 또한 창의적 활동이라고 볼 수 있다. 그리고 과학의 창의적 과정에서는 개념적 은유가 어려울 수도 있고, 자칫 잘못된 은유를 부여함으로써 오히려 혼란을 줄 수도 있다.

비유를 이용한 창의성 프로그램

데이비스(Davis, 1989)는 '어떻게 창의성을 가르칠 수 있을까?' 라는 질문에 가장 적절한 대답은 '창의적 사고와 문제해결력을 필요로 하는 활동에 학생을 참여시키라'라고 주장하고, 창의성 훈련의 주된 목표를 창의성에 대한 인식을 고양하고 창의적 태도를 가르치는 것, 창의성에 대한 상위 인지적 이해를 향상시키는 것, 창의적인 사고 기술들을 가르치는 것이라고 했다. 그리고 그는 학생들이 '창의성이란 아이디어를 수정하고 조합하며 유비추론(analogical reasoning)을 해 나가는 것임을 이해해야 한다.'

'창의적인 인물은 자신에게 직관적으로 떠오른 상상력을 확장하기 위해 의도적인 기법을 사용하는데, 학생은 이들이 이런 기법을 어떻게 사용하는지 알아야 한다.'고 주장한다. 이렇게 보면, Betts(1985)의 자율적 학습자 모형인, '학생 스스로가 창의적인 사람의 인생을 조사하고, 그 다음에 창의적 성격, 사고양식, 업적을 설명해 주는 학습 센터를 설계하고 만들어 놓고, 학예회를 열어 학부모를 초대하고 마치 창의적인 유명 인사처럼 학부모 앞에서 설명하는 것'은 그 방법의 하나가 될 수 있다. 또 고든(Gordon, 1974), 고든과 포즈(Gordon and Poze, 1972)가 개발한 활동 프로그램들도 유비적 사고, 시각화와 상상력(예, Bagley & Hess, 1984; DeMille, 1955; Eberle & Stanish, 1985)을 증진시킬 수 있도록 구성되어 있다. 이러한 참여 활동을 통해, 학생들은 가장 보편적인 네 가지의 창의적 인지 능력인 유창성, 융통성, 독창성, 정교성을 익힐 수 있다는 것이다. 그뿐 아니라 창의력과 관련된, 분석과 종합, 논리적 추론, 계획, 우선순위 매기기, 적합성 인식, 추론하기, 비판적 사고 등등을 익힐 수 있다는 것이다. 유비적 사고, 시각화와 상상력은 모두 서로 서로 연관이 있으며, 주어진 관계를 통해 유추하기, 유추를 통해 사고 확장하기, 여러 가지 도형으로부터 다른 도형 유추해내기 등등은 창의성 향상 프로그램에서 많이 사용되는 방법들이다. 다음은 과학 창의성 향상 프로그램의 하나로 박종원, 김영민 등(2010)이 개발한 '과학적 창의성 보편화를 위한 온라인 활동자료' 중에서 '창의적으로 과학적 비유 제안하기' 부분을 발췌한 것이다. 이 프로그램의 구조는 [그림 11-2]와 같다.

이 단계에 따라 비유를 활용하여 창의성을 향상시키기 위한 구체적인 과정은 다음과 같다. 첫 번째 단계는 도입의 단계로, [그림 11-3]과 같이 비유에 대해 설명해 준다.

단계	주요내용
도입	창의성 활동 유형의 취지와 내용에 대해 기본적인 소개를 한다.
↓	
자발적 창의성 활동	과학적 창의성 과제가 주어지고, 학생이 나름대로 자유롭게 스스로 창의적인 아이디어를 제안한다.
↓	
안내된 창의성 활동	위에서 제시된 과학적 창의성 과제에 대해서 창의적인 아이디어를 제안하는 사고방법을 단계별로 제시하고, 학생들은 단계별로 안내를 바아 창의적인 아이디어를 제안한다.
↓	
아이디어의 세련화와 정교화	보다 좋은 창의적인 아이디어가 되기 위한 조건을 제시하면 학생들은 그러한 조건을 참고하여 이제까지 자신이 제안했던 아이디어들을 수정보완한다.
↓	
아이디어의 평가	다른 사람들이 제안했던 아이디어 10개가 무작위로 제시되고 각 아이디어에 대해서 1-3점의 평가를 하게 된다. 원하면 더 평가할 수도 있다.
↓	
아이디어 공유	이제까지 평가된 아이디어들 중에서 가장 높은 점수를 받은 아이디어들이 상위 10개씩 제시된다.

[그림 11-2] 박종원, 김영민 등(2010)의 온라인 창의성 향상 프로그램 구조

두 번째 단계는 자발적 창의성 활동 단계로, [그림 11-4]와 같이 학생들 스스로 비유를 만들어 보게 한다. 관련되는 비유는 한 가지만이 아니라 여러 가지가 있을 수 있으므로 가능한 한 많은 비유를 만들어보게 한다. 이 활동은 학생들의 발산적 사고 능력 향상에 도움이 될 것으로 생각된다.

셋째 단계는 안내된 창의성 활동 단계인데, 이것은 혹시 학생들 스스로

[그림 11-3] 도입 단계

[그림 11-4] 자발적 창의성 활동 단계

비유를 만들지 못해 어려워하거나 포기하지 않도록 하기 위한 단계이며, 이미 비유를 만든 학생들이라고 하더라도 비유 만들기 안내 과정을 통해

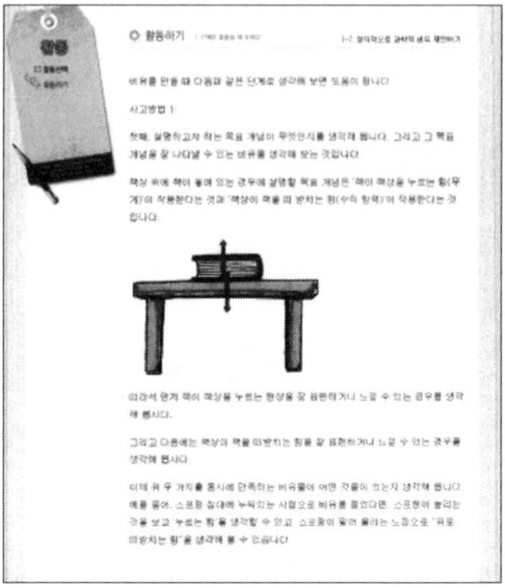

[그림 11-5] 안내된 창의성 활동 단계

[그림 11-6] 아이디어의 세련화된 정교화 단계

비유를 만드는 방법에 대해 좀 더 확실하게 인식할 수 있도록 하는 단계이다. 그 내용은 [그림 11-5]와 같다.

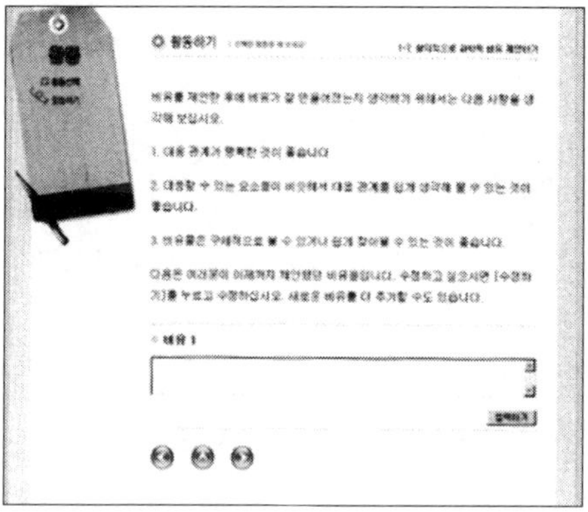

[그림 11-7] 아이디어의 확장 단계(영역 내)

[그림 11-8] 아이디어의 확장 단계(일반화)

넷째 단계는 '아이디어의 세련화와 정교화' 단계로, 자신들이 만든 비유들에 대해 유사성 확인, 대응 관계 확인 등의 활동을 통해 비유를 세련되게 하고, 정교하게 하는 과정이다. 이 단계에서는 이미 만든 비유들을 정교화하거나 세련화하는 것뿐만 아니라, 다른 비유를 만들고 정교화하는 응용의 과정도 포함되어 있다. 그 내용은 [그림 11-6] 및 [그림 11-7]

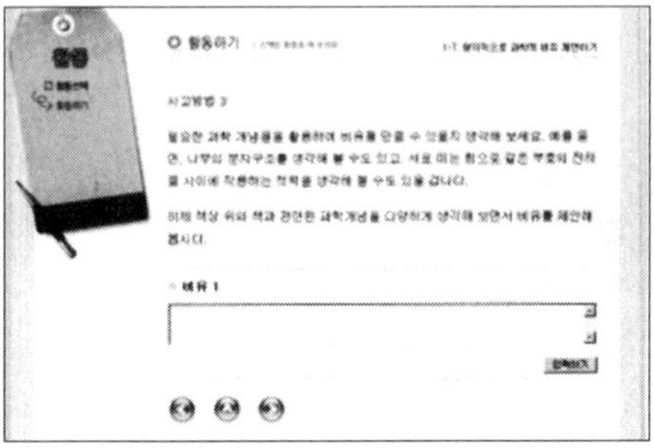

[그림 11-9] 아이디어의 평가 단계

및 [그림 11-8]과 같다.

다섯째 단계는 아이디어를 평가해 보는 단계로, 이 단계에서는 자신이 창안한 아이디어에 대해 자신의 평가뿐만 온라인을 통한 다른 사람의 평가도 받아볼 수 있다. 이렇게 함으로써 구성주의적 과학 개념의 발달에 대해 인식해 볼 수 있다. 그 내용은 [그림 11-9]와 같다.

여섯째 단계는 아이디어의 공유 단계로 좋은 아이디어들을 선정하여 공개하고 공유하는 단계이다. 좋은 아이디어로 평가되어 공개되는 것은 학생들이 창의적인 아이디어를 제시하는 것에 대한 자신감을 줄 수 있으며, 다른 학생들에게도 동기 유발이 되는 기회가 주어질 수 있다.

은유에 있어서는, 언어가 다르면 개념적 은유도 다르게 사용할 수밖에 없다. 영어권에서 사용되는 'electric power'를 우리는 '전력'이라고 사용하고, 'potential energy'를 '위치에너지'라고 사용하는 것이 그 예이다. 마땅히 개념적 은유를 만들기 어려운 경우에는 원어를 그대로 사용하기도 한다. 때로는 외국어를 번역하여 사용하는 개념적 은유를 사용함으로써 이중적 어려움을 겪기도 한다. 공학에서 사용하는 '전계'와 '자계'가 그렇고, '핸드폰', '휴대폰', '휴대전화'와 같이 한 가지 사물에 여러 가지 은유적 명칭을 부여함으로써 혼란을 주기도 한다.

과학교육에서 은유에 관련한 창의성 교육의 한 방법으로는 한 가지 사물에 여러 가지 명칭이 붙여져 있는 것을 찾아보고, 은유적 명칭을 적절하게 붙여보는 활동하기, 과학 교과서에 제시된 개념적 은유들 중에서 매우 적절하게 붙여진 것과 적절하지 않게 붙여진 것들을 찾아보게 하고[29], 다시 명칭을 부여하게 해 보는 활동하기 등을 통해 은유적 개념 속에 내재되어 있는 과학적 성질들을 좀 더 명확하게 이해해 보는 과정이 필요할 것이다.

연관적 사고 증진: 비유(유비)적 연관 활용

위의 비유만들기 활동들은 과학 창의성에서 연관적 사고 능력을 제고하는 것과 깊이 관련되어 있다. 박종원(2004)의 과학적 창의성 모형에서도 연관적 사고는 중요한 한 개 축을 형성하고 있다. 고든(Gordon, 1974)은 창의적 과학자들이 어떻게 비유 또는 유비를 사용하여 연관적 사고를 통해 창의적인 과학 업적을 이루었는지를 분석한 바 있다. 이것은 앞에서 설명한 비유추론 또는 유비추론과 같으며, 여기에서는 이들이 연관적 사고에 속함을 보여준다. 고든(Gordon)이 든 예 중에서 앞에서 설명한 것들을 제외하고 그 내용을 일부 소개하면 다음과 같다.

---

29) 과학에서의 은유 중에는 과학자들이 보기에 은유라고 생각하기 어려운 것들이 많이 있다. 예를 들면, 전력 같은 것은 이에 대해 충분히 학습한 학생들은 단위 시간당 전기에너지로 바르게 이해하고 사용하지만, 학습하기 전 또는 전혀 학습한 경험이 없는 사람의 경우에는 힘의 한 종류로 보기도 하기 때문에, 학습자 입장에서 보면 은유에 속한다. 물론 '이온'과 같이 원래의 의미를 잃어버리고 완전히 과학 개념으로 굳어진 은유들도 있다. 인지언어학에서는 이것을 '죽은 은유'라고 표현한다. '전력'의 경우 과학자들에게는 '죽은 은유'이지만 학습자에게는 '살아있는 은유'에 속한다고 볼 수 있다.

전신 신호의 증폭

모르스(S. Morse, 1791–1872)가 전신 신호를 발명한 후, 전신을 보낼 때 몇 마일만 지나면 신호가 너무 약해지는 문제가 생겼다. 이 문제를 모르스는 비유적 연관을 통해 해결했다. 당시 여러 우체국 사이에서 말들이 화물을 옮길 때 말이 지치면 다른 말로 교체해서 옮기는 것으로부터 유추하여 중간 중간에 기지국을 두어 전신 신호를 증폭시키는 방법을 개발하였다.

포도의 발효 발견

파스퇴르(L. Pasteur, 1822–1895)는 그의 발견이 "다양한 과학의 분야에서 빌려온 다양한 생각들"에 기초한다고 말했다. 그의 발견의 과정에서는 한 분야 과학의 구성 요소들이 비유적 연관의 근원으로 사용되었으며, 이를 이용하여 그는 다른 분야에서 직면한 문제의 해결책을 이끌어내었다. 그는 동물의 살이 부패되는 것을 유비하여 포도의 발효에 응용하였다. 포도는, 그가 관찰하기로는, 껍질이 손상되기 전에는 발효되지 않았는데, 이는 발효인자가 들어갈 수 없기 때문이었다. 유비에 의하여 그는 인간의 살도 부패인자가 들어가지 못하거나 상처를 입지 않으면 부패되지 않는다고 생각했다. 그의 가설은 그 당시 사람들의 일반적인 믿음과는 정반대의 것이었다. 그러나 그는 실험을 통하여 이점에 대해 논란의 여지가 없도록 만들었다.

비행기의 방향 전환 방법 발견

라이트 형제(O. Wright, 1871–1048; W. Wright, 1867–1912)는 이미 비행기가 어떻게 이륙하고, 어떻게 똑바로 날고, 다시 지상으로 돌아오는 지에 대해서는 알고 있었으나, 어떻게 방향을 전환하고, 그 다음에 다시 안정적으로 날게 할 수 있는지에 대해서는 알지 못했다.

이들은 대머리 독수리가 나는 동안 어떻게 방향을 전환하고 또 균형을 잡는지를 우연히 보게 되면서 문제 해결에 돌입할 수 있었다. 대머리 독수리는 방향을 전환할 때, 한쪽 날개를 아래쪽으로 기울이면서 그쪽 방향의 압력을 증가시키기 위해 날개를 비꼬았다. 두 사람은 이로부터 유비추론에 의한 연관적 사고 능력을 발휘한다. 두 사람은 이 아이디어를 글라이더에 적용하여 뒤틀 수 있고 구부릴 수 있는 장치를 날개 끝에 부착함으로써, 부드럽게 비행기의 방향을 전환할 수 있게 하였고 또한 부드럽게 수평 균형을 잡을 수 있게 하였다.

이들은 이 아이디어를 더 응용하여 후미에서 약간 구부릴 수 있는 보조날개를 만들었다. 비행사는 레버를 움직여 보조날개의 기울기를 바꿈으로써 공기의 저항을 조절하여 상승하거나 하강하는 정도를 조절할 수 있게 하였다.

여기에서는 비유적 연관을 통해 연관적 사고의 발달을 돕는 프로그램에 중점을 두고 소개하였지만, 앞의 예시 프로그램에서 보는 바와 같이 비유 만들기 활동에서는 연관적 사고 능력의 증진뿐만 아니라 발산적 사고 능력의 증진도 함께 일어날 수 있다. 창의적 과학자들이 활용했던 유비 추론 또는 비유 추론의 과정을 학생들의 이해 수준으로 적절히 조절하고, 좀 더 심화적인 내용을 추가한다면 더 많은 효과적인 창의성 증진 프로그램들을 개발할 수 있을 것이다.

참고문헌

교학사(2004). 교학 한국어 사전. 서울: 교학사.

권혁순(2000). 화학 교육에서 비유의 사용 현황과 비유를 사용할 때 개념 이해에 영향을 미치는 요인, 박사학위 논문, 서울대학교 대학원.

권혁순, 노태희(1999). 과학 교사들의 비유 사용 실태 및 인식 조사, 한국과학교육학회지, 19(4), 665-673.

권혁순, 김창민, 노태희(2001). 다중 비유의 사용 방식이 중학생들의 과학 개념 이해에 미치는 효과, 한국과학교육학회지, 21(1), 114~121.

권혁순, 최은규, 노태희(2003). 물질의 세 가지 상태에 대하여 중학생들이 만든 비유의 분석. 대한화학회지, 47(3), 265-272.

김경순, 양찬호, 노태희(2009). 화학 개념 학습에서 역할놀이 비유가 대응관계 이해도 및 대응 오류에 미치는 영향. 한국과학교육학회지, 29(8), 898-909.

김도욱(1991). 몰개념의 학습에서 오개념을 감소시키기 위한 수업 모형의 효과, 박사학위 논문, 서울대학교 대학원.

김봉군(2002). 문장기술론, 서울: 삼영사.

김영민(1991a). 전류 개념 설명을 위해 사용되는 물 회로 비유에 대한 중학생들의 이해 조사, 한국과학교육학회지 11(2), 1-12.

김영민(1991b). 중학생의 전류 개념 변화에 미치는 체계적 비유 수업의 영향, 박사학위 논문, 서울대학교 대학원.

김영민(1993). 전류 측정 실험을 통한 전류 개념 변화. 물리교육, 11(2), 113-120.

김영민(2010) 물리학 및 물리교육에서의 귀추적 사고 연구와 창의성 교육. 새물리, 60(7), 689-701.

김영민, 박승재(2001). 비유론과 과학교육, 서울: 원미사, p.303.

김영민, 박희숙(2000). 중학교 과학 교과서의 물리 개념 설명을 위해 사용된 비유에 대한 학생들의 이해도 조사, 한국과학교육학회지 20(3), 411-420.

김영민. 서혜애. 박종석(2011). 창의적 과학자들의 과학적 문제발견과 가설 형성 과정의 패턴 분석 및 이의 적용을 통한 중고등학생의 과학 창의성 증진 프로그램 개발 연구 결과보고서. 한국연구재단.

김영민, 유준희, 박승재(1995), 체계적 비유 수업을 받은 중학생의 전류 개념의 시간적 변화, 한국과학교육학회지, 15(1), 17~26.

김유정, 박원, 노태희(2010). 비유 생성 과정에서 속성과 관계에 대한 고려 여부에 따라 과학영재들이 생성한 비유의 특징. 대한화학회지, 54(5), 621−632.

김익균(1991). 대립 개념의 증거적 비판 논의와 반성적 사고를 통한 대학생의 힘과 가속도 개념 변화, 박사학위 논문, 서울대학교 대학원.

김익성(2005). 플라톤 · 아리스토텔레스에 있어서의 음절의 비유와 존재, retrieved from http://www.chirosung.net

김재완(2004). 아인슈타인과 양자역학, 물리학과 첨단기술 January/Feb 2004, p. 7−10.

김종도(2004). 인지언어학적 원근법에서 본 은유의 세계, 서울: 한국문화사.

김종천(1997). 중학교 과학 교과서에서 비유의 제한점 조사, 석사학위 논문, 한국교원대학교 대학원.

김학수 (1998). 말로 물을 끓인 사람, 부산: 부산대학교 출판부.

김희백, 김성하, 이선경, 김형련(2001). 호르몬 작용 이해를 위한 동적 비유 모형 수업의 효과. 한국생물교육학회지, 29(1), 57−64.

김희정, 조연순(2001). 초등 학생의 광합성 개념학습에서 TWA 비유 수업 모형의 효과, 한국과학교육학회지, 21(2), 444~458.

노태희, 권혁순, 김동연, 채우기(1997a). 제6차 교육과정에 따른 중등 과학 교과서 화학 영역의 비유 분석. 화학교육, 1997, 24(1), 1−8.

노태희, 권혁순, 이선욱(1997b). 중학교 과학 수업에서 비유물을 체계적으로 사용한 수업의 효과, 한국과학교육학회지, 17(3), 323~332.

노태희, 최용남, 권혁순(1998). 비유물의 체계성과 표현방식이 개념 회상 및 응용에 미치는 효과, 한국과학교육학회지, 18(1), 83~92.

노태희, 임희연, 김창민, 강석진(1999). 학습자의 인지 및 동기 변인들과 비유를 통한 개념 이해도의 관계, 한국과학교육학회지, 19(3), 471~478.

노태희, 김창민, 권혁순(1999a). 대응 명료화 전략 및 비유물의 제시 시기가 중학생들의 과학 개념 이해에 미치는 효과, 한국과학교육학회지, 19(1), 107−116.

노태희, 김창민, 권혁순(1999b), 비유물의 개수, 출처 및 순서가 중학생들의 개념 회상 및 응용에 미치는 효과, 한국과학교육학회지, 19(3).

노태희, 양찬호, 강훈식(2009). 포화 용액 개념에 대해 초등 과학 영재와 일반 학생들이 만든 비유의 특성과 대응 관계 이해도 및 대응 오류, 초등과학교육, 28(3), 292−303.

박종원(2004). 과학적 창의성 모델의 제안 − 인지적 측면을 중심으로−, 한국과학교육학회지, 24(2), 375−386.

박종원, 김영민, 최재혁, 김희경, 서혜애, 박현주, 서정희, 박철호(2010). '과학적 창의성의 보편화를 위한 온라인 활동자료의 개발과 보급' 연구보고서. 한국과학창의재단.

박종원, 박승재(1992). 초인지적 물리학습 모형. 물리교육, 10(1), 1−11.

변춘수, 김희백(2010). 학생 중심 비유 활용 수업이 중학생의 광합성 개념 이해에 미치는 영향. 한국과학교육학회지, 30(2), 304−322.

송상호(1993). 학습자 통제형 컴퓨터 보조 수업에서 비유적 선행조직자가 학습 결과에 미치는 효과, 석사학위 논문, 서울대학교 대학원.

송진웅, 김익균, 김영민, 권성기, 오원근, 박종원(2002). 학생의 물리 오개념 지도. 서울: 북스힐.

오진곤(1993). 화학의 역사. 서울: 전파과학사.

오필석, 김찬종(2005). 지구과학의 한 탐구 방법으로서 귀추법에 대한 이론적 고찰. 한국과학교육학회지, 25(5), 610−623.

이명자, 정화숙, 김종욱(1994). 진화 개념의 형성에 있어서 유추의 영향, 한국생물교육학회지, 22(2), 147−155.

이봉희(2003). 한국의 제6차와 제7차 교육과정에 따라 개발된 중 · 고등학교 과학 교과서에 사용된 비유의 비교 분석, 석사학위 논문, 부산대학교 교육대학원.

이선경, 김희백(1999). 중학교 과학 교과서의 생물 영역에 포함된 비유 분석, 한국생물교육학회지, 27(4), 357−367.

임경순(2001). 물리학의 선구자. 서울: 다산출판사.

정동욱(2010). 공간에 펼쳐진 힘의 무대: 패러데이 & 맥스웰. 서울: 김영사.

정용재, 송진웅(2006). Peirce의 귀추법이 지닌 특성과 과학교육적 함의에 관한 이론적 고찰, 한국과학교육학회지, 26(6), 703−722.

주소현, 김희백(2000). 제6차 교육과정에 의한 고등학교 생물 교과서의 비유 분석, 한국생물교육학회지, 28(4), 363−372.

지학사(1990). 중학교 과학2.

차동우(2007). 대학물리 − 전자기 현대물리편, 서울: 북스힐.

홍성욱(1986). Michael Faraday에 있어서 자기력선 개념의 형성과정에 대한 고찰. 한국과학사학회지, 8(1). 48−70.

홍성희, 김영민(2012). 2009 개정 교육과정 물리I 교과서의 은유적 개념 분석 및 은유적 개념에 대한 학생들의 이해도 조사. 2012 한국과학교육학회 하계 학술대회 발표. 2012. 7. 26−27, 강원대학교

사토 후미다카 & 마쓰다 다쿠야 저, 김명수 역, 상대론적 우주론, 1994, 서울: 전파과학사.

후지가와 겐지 저, 송인명 · 박승재 역(1978), 재미있는 물리학 I, 서울: 전파과학사.

Alonso, M & Finn, E. J. (1992) 일반물리학. 서울: 반도출판사.

Anderson, D. R. (1987). Creativity and the Philosophy of C. S. Peirce. Boston: Martinus Nijhoff Publishers.

Aubusson, P. J. and Fogwill, S. (2006). Role−play as analogical modelling in science. In P. J. Aubusson, A. C. Harrison, & S. M. Ritchie, *Metaphor and analogy in science education*, pp. 93−104, Dortrecht, the Netherlands: Springer.

Austin, J. H. (1978). Chase, Chance, and Creativity. New York: Columbia University Press.

Bagley, M. T., & Hess, K.K. (1984). 200 ways of using imagery in tbe classroom. New York: Trillinum Press

Baker, W. P. and Lawson, A. E. (2001). Complex instructional analogies and theoretical concept acquisition in college genetics, *Science Education*, 85(6), 665−683.

Barber, B. and Fox, R. C. (1962). The case of the floppy−eared rabbits: An instance of serendipity gained and serendipity lost. In B. Barber and W. Hirsh (Eds.), The sociology of science, New York: Free Press, pp. 525−538.

Barnett 저, 정병걸 역(1985), 우주와 아인쉬타인 박사, 서울: 박영사.

Beiser, A. (1991). *Physics*, Reading: Addison−Wesley Publishing Company.

Betts, G. (1985). *Autonomous learner model: For the gifted and talented*, Greeley, CO: Autonomous Learning Publications and Specialists.

Bitter, F. 저, 지창열 역(1985), 자석이야기, 현대과학신서 34, 서울: 전파과학사.

Black, M. (1993). "More About Metaphor." In Ortony, A. (ed.), *Metaphor and Thought*, 2nd ed., Cambridge Univ. Press.

Bohr, N. (1913). On the Constitution of Atoms and Molecules, *Philosophical Magazine*, Series 6, Volume 26, 1–25.

Boyle, R. (1685). An essay of the great effects of even languid and unheeded motion. Whereunto is annexed an experimental discourse of some little observed causes of the insalubrity and salubrity of the air and its effects, Early History of Medicine, Health & Disease.

Brown, T.(2003). *Making Truth: Metaphors in Science*. Urbana and Chicago: University of Illinois.

Bucanon, M. 저, 김희봉 역(2011). 사회적 원자, 서울: 사이언스북스.

Cantor, G., Gooding, D. and James, F. (1996), *Michael* Faraday, New Jersey: Humanities Press.

Cannon, W. B. (1945). *The way of an investigator*, New York: Norton.

Carnot, S. (1824). Reflections on the Motive Power of Fire, and on Machines Fitted to Develop that Power. In: Mendoza, E. (ed), (1988), *Sadi Carnot: Reflections on the Motive Power of Fire*, Dover Publications, INC.

Cavendish, R. (1988). *The black arts*, New York: Capricorn Books.

Clement, J. (1987). Generation of spontaneous analogies by students solving science problems. In Topping, D., Crowell, D. & Kobayashi, V. (eds.), Thinking across cultures. The third international conference. Hillsdale, NJ : Lawrence Erlbaum Associate.

Clement, J. (1989). Learning via model construction and criticism: Protocol evidence on source of creativity in science. In Glover, J., Ronning, R., and Reynolds, C. (eds), *Handbook of creativity: Assessment, theory and research*, NY: Plenum, 341–381.

Clement, J. (1993). Using Bridging Analogies and Anchoring Intuitions to Deal with Students' Preconceptions in Physics, *Journal of Research in Science Teaching*, 30(10), 1241–1257.

Clement, J. (2000). Model based learning a key research area for science education, *International Journal of Science Education*, 22(9), 1041–1053.

Clement, J. (2003). Using Bridging Analogies and Anchoring Institutions to Deal with Students' Preconceptions in Physics. *Journal of Research in Science Teaching*, 30(10), 1241–1257.

Clement, J. (2009). *Creative Model Construction in Scientists and Students*, Springer.

Cohen, I. B. (1985). *The Birth of a New Physics*, New York: Norton & Company.

Darwin, C. (1859). *On the Origin of Species*. London: John Murray.

Darian, S. (2003). *Understanding the Language of Science*, Austin: University of Texas Press.

Davis, G. A. (1989). Objectives and activities for teaching creative thinking. *Gifted Quarterly*, 33(2), 81–84.

Davy, H. (1809). "Works", Williams, L. P. (1965), *Michael Faraday: a biography*, London: Chapman and Hall에서 재인용.

DeMille, R.(1955). *Put your mother on the ceiling*, New York: Viking/Compass.

Duit, R. (1991). On the role of analogies and metaphors in science. *Science Education*, 75(6), 649–672.

Eberle, B., & Stanish, B.(1985). *CPS for kids*, Carthage, II: Good Apple.

Einstein, A. (1905). Concerning an heuristic point of view toward the Emission and Transformation of Light. *Ann. Phys*. 17, 132–147.

Einstein, A., & Infeld, L. (1938). *The Evolution of Physics*, New York: Simon & Schuster.

Faraday, M. "On Static Induction" (1837) in his Experimental Researches in Electricity, 3 vols. (London, 1839–1855), vol. 1, Series II.

Feynman, R. (1965), The Character of Physical Law, The MIT Press. 나성호 역(1989). 물리 법칙의 특성. 서울: 미래사

Fischer, H. R.(2001). Abductive reasoning as a way of worldmaking. *Foundations of Science*, 6, 361–383.

Franklin, J. (2001). *The Science of Conjecture*, The Johns Hopkins Univ. Press.

Gabel, D., & Sherwood, R. (1980). The effect of using analogies on chemistry achievement according to Piagetian level. *Science Education*, *64*, 709–716.

Gee, B. (1978). Models as a pedagogical tool: Can we learn from Maxwell? *Physics Education*, 13, 287–291.

Genter, D. (1983). Structure–Mapping: A theoretical framework for analogy, *Cognitive Science* 7, 155–170.

Gentner, D & Gentner, D. R.(1983). Flowing waters or teeming crowds: Mental models of electricity. In Gentner, D & Stevens, A. L. (eds.), *Mental Models*, Lawrence Erlbaum Associates.

Gentner, D. & Jeziorski, M. (1987). Historical Shifts in the Use of Analogy in Science, Report for Office of Naval Research, Illinois University.

Gentner, D. & Markman, A. B. (1998). Structure mapping in analogy and similarity, in *Mind Readings*, ed. by P. Thagard, Cambridge: The MIT Press.

Getzels, J. W. and Csikszentmihalyi, M. (1975). From problem solving to problem finding. In I. A. Taylor and J. W. Getzels (eds.), *Perspectives in creativity*. Chicago: Aldine, pp. 326–344.

Ghiselin, B. (1952). *The creative process*. Berkeley: University of California Press.

Gibson, E. J. (1969). *Principles of perceptual learning and development*, NY: Academic Press.

Gick, M. L. and Holyoak, K. J. (1980). Analogical Problem Solving, *Cognitive Psychology*, 12, 306–355.

Gilbert, J. K. and Osborne, R. J. (1980). The Use of Models in Science and science Teaching, *Eur. J. Sci. Educ.*, 2(1), 3–13.

Glynn, S. M. (1994). *Teaching science with analogies: A strategy for teachers and textbook authors*(Reading Research Report no. 15). Athens, GA: National Reading Research Center. (ERIC Document Reproduction Service No. ED 373 306)

Glynn, S. M., Britton, B. M., Semrud–Clickeman, M., & Muth, K. D. (1989). Analogical reasoning and problem solving in science textbooks. In J. A. Glover, R. R. Ronning, & C. R. Reynolds (Eds.), *Handbook of creativity: Assessment, research, and theory*(pp. 383–398). New York: Plaum.

Glynn, S. M. (1989). The teaching with analogies model: Explaining concepts in expository texts. In K. D. Muth (Ed.), *Children's comprehension of narrative and expository text: Research into practice* (pp. 185–204). Neward, DE: International Reading Association.

Glynn, S. M. (1991). Explaining science concepts: Teaching–With–Analogies model. In S. M. Glynn, R. H. Yeany and B. K. Britton (eds.), *The Psychology of Learning Science*. 219–239, Hillsdale, NJ, Erlbaum.

Glynn, S. M., & Takahashi, T. (1998). Learning from analogy–enhanced science text.

Journal of Research in Science Teaching, 35(10), 1129–1149.

Gordon, W. J. J. (1974). *Making it strange*. Books 1–4. New York: Harper & Row.

Gordon, W. J. J., & Poze, T. (1972). *Teaching is listening*, Cambridge, MA: SES Associates.

Griffith, W. T. (1999), The Physics of Everyday Phenomena, McGraw–Hill, 1998. 조영석 외 역, 물리학의 이해, 서울: 북스힐.

Hadamard, J. (1945). *The psychology of invention in the mathematical field*. Princeton: Princeton University Press.

Halford, G. & Stewart, J. E. M. (1992). Cognitive Science Questions for Cognitive Development: The Concepts of Learning, Analogy, and Capacity, paper presented at the International Congress of Psychology (25th, Brussels, Belgium, July 19–24.).

Halliday, M. A. K. and Martin, J. R. (1993) *Writing Science: Literacy and Discursive Power*. London and Washington, DC: The Falmer Press.

Halliday, D. & Resnick, R. (1974). *The Fundamentals of Physics*, New York: Wiley.

Halliday, D. & Resnick, R. (1988). *The Fundamentals of Physics*, New York: Wiley.

Hanson, N. R. (1958). Patterns of discovery, 송진웅, 조숙경 역(1995), 과학적 발견의 패턴, 서울: 민음사.

Harre, R. (1978). The Philosophies of Science. Oxford: Oxford University Press.

Harrison, A. G. and Coll, R. K. (2008). *Using Analogies in Middle and Secondary Science Classrooms*, London: Crown Press.

Harrison, A. G and de Jong, O. (2004). Using multiple analogies: A case study of a chemistry teacher's preparations, presentations and reflections. In the proceedings of European Science Education Research Association. Dordrecht: Kluwer.

Harrison, A. G., & Treagust, D. F. (1993). Teaching with analogies: A case study in grade–10 optics. *Journal of Research in Science Teaching*, 30(10), 1291–1307.

Harrison, A. G. & Treagust, D. F. (1996). Secondary students' mental models of atoms and molecules: Implications for teaching chemistry. *Science Education*, 80(5), 509–534.

Harrison, A. G. & Treagust, D. F. (2000). A typology of school science models. *International Journal of Science Education*, 22(9), 1011–1026.

Harrison, A. G. & Treagust, D. F. (2006). Teaching and learning with analogies: Friens or Foe? In Aubusson, P. J., Harrison, A. G. and Richie, S. M. (Eds.), *Metaphors and analogy in science education*, Springer.

Hentschel, K. (2009). Atomic Models, Nagaoka's Saturnian Model. In Greenberger, D., Hentschel, K. and Weinert, F. (Eds.), *Compendium of Quantum Physics: Concepts, Experiments, History and Philosophy*, New York: Springer, pp. 22–23.

Hewitt, P. G. (1997). Conceptual Physics (3th ed.). Addison–Wesley Publishing Company. 소광섭 외 5인 역(1997), 알기쉬운 물리학 강의. 서울: 청범출판사.

Holton, G. (1973). *Thematic Origins of Scientific Thought: Kepler to Einstein*. Massachusetts: Harvard University Press.

Holton, G. (1984). Metaphors in Science and Education. In: William Taylor(Ed.), *Metaphors of Education*, Heinemann Educational Books, University of London, pp. 91–113.

Holton, G. (1986). *The Advancement of Science and Its Burdens*, Cambridge: Cambridge University Press.

Jackson, P. W. & Messick, S, (1967). The person, the product, and the response: Conceptual problems in the assessment of creativity. In J. kagan (ed.), *Creativity and learning*. Boston: Houghton Mifflin, pp. 1–19.

Jamieson, A. (1919). A Practical Elementary Manual of Magnetism and Electricity. Charles, Griffin, London. S. M. Stocklemayer and D. F. Treagust (1994), A Historical Analysis of Electric Currents in Testbooks, Science & Education, 3, 131–154에서 재인용.

Keenan, C. W., Kleinfelter, D. C. and Wood, J. H. (1980). *General College Chemistry(6th ed)*, San Francisco, CA: Harper and Row Publishers.

Keller, E. F. (2002). Language in Action. In Dorries, M. (ed.), *Experimenting in Tongues*, Stanford, CA: Stanford University Press, 76–88.

Kim, Y. M. & Ryu, K. R. (2001). Effect of Instruction Using Animation Analogy on the Middle School Students' Learning about Electric Current. *Journal of the Korean Physical Society*, 38(6), 777–781.

Kuhn, T. S. (1970). *The structure of scientific revolutions* (2nd ed.). Chicago: University of Chicago Press.

Lakoff, G. (1993). The Contemporary Theory of Metaphor. In A. Ortony, *Metaphor and Thought*. New York: Cambridge University Press.

Lakoff, G. & Johnson, M. (1980). "Conceptual Metaphor in Everyday Language." *The Journal of Philosophy*, 77(8), 453-486.

Lawson, A. E. (1995). *Science teaching and the development of thinking*, Belmont, CA: Wadsworth Publishing Company.

Lawson, A. E., Abraham, M. R., and Renner, J. W. (1989). A theory of instruction: Using the learning cycle to teach science concepts and thinking skills. NATST Monograph, number one.

Letherdale, W. H. (1974). *The Role of Analogy, Model and Metaphor in Science*, New York: American Elsevier Publishing Co.

Lind, G. (1980). Models in Physics : Some Pedagogical Reflections based on the History of Science, *European Journal of Science Education*, 2(1), 15-23.

Mansfield, R. S. and Busse, T. V. (1981). *The Psychology of Creativity and Discovery: Scientists and Their Work*. Chicago: Nelson-Hall Inc.

Marion, J. B. (1999), Physics and the Physical Universe, Wiley. 김정구 외 역, 대학물리학, 서울: 탐구당.

Mason, S. F. 저, 박성래 역(1981). 과학의 역사, 서울: 부림출판사.

Mastrilli, T. M. (1997), Instructional analogies used by biology teachers : Implication for practice and teacher preparation, *Journal of Science Teacher Education*, 8(3), p. 187~204.

Maxwell, J. (1890), On Faraday's Liner of Force, In *Scientific letters and Papers of James Clerk Maxwell*, Cambridge: Cambridge University Press, Vol, I.

Maycock, W. P. (1919). Electric Lighting and Power Distribution. Sir Isaac Pitman, London. S. M. Stocklemayer and D. F. Treagust (1994), A Historical Analysis of Electric Currents in Textbooks, *Science & Education*, 3, 131-154에서 재인용.

McKenzie, A. E. E. (1955). Magnetism and Electricity, The University Press, Cambridge. S. M. Stocklemayer and D. F. Treagust (1994), A Historical Analysis of Electric Currents in Textbooks, *Science & Education*, 3, 131-154에서 재인용.

Mead, M. (1959). "Apprenticeship Under Boas," in *American Anthropologist*, Vol. 61, No. 5, 1959, pp. 29-45.

Meheus, J. (2000). Analogical reasoning in creative problem solving processes: Logico–philosophical perspectives. In F. Hallyn (ed.), *Metaphor and Analogy in the Sciences*, Boston: Kluwer Academic Publishers, pp.17–34.

Middleton, J. L. (1991). Student–generated analogies in biology. *American Biology Teacher*, 53(1), 42–46.

Miller, A. I. (1996). Metaphors in Creative Scientific Thought, *Creativity Research Journal*, 9(2 & 3), 113–130.

Miller, A. I. (1996b). *Insights of Genius*, Copernicus.

Millikan, R. A. and Gale, H. G. (1913). A First Course in Physics, Ginn, Boston.

S. M. Stocklemayer and D. F. Treagust (1994), A Historical Analysis of Electric Currents in Textbooks, *Science & Education*, 3, 131–154에서 재인용.

Mould, S. (1998), The energy lost between two capacitors : an analogy, *Physics education*, 33(5), p. 323~326

Nagel, E., (1979). *The Structure of Science*, London: Routledge & Kegan Paul.

Nersessian, N. J. (1984). *Faraday to Einstein : Construction of meaning in scientific theories*, Dordrecht, the Netherlands : Martinas Nijiff.

Nersessian, N. J. (2003), "Kuhn, Conceptual Change and Cognitive Science", in Thomas Nickles (ed), *Thomas Kuhn*, Cambridge University Press, 2003, pp. 178–211.

Nickles, T. S. (Ed) (1980). *Scientific discovery, logic, and rationality*, Dordrecht, The Netherlands: D. Reidel Publishing Company.

Norman, D. A. (1983). Some observations on mental models. In D. Gentner and A. L. Stevens (eds.), *Mental models*, Hillsdales, NJ: Erlbaum, 7–14.

Peirce, C. S. (1955). Abduction and Induction. In Buchler, J. (ed.), *Philosophical Writings of Perice*, New York: Dover Publications, INC, pp. 150–156.

Pepper, S. C. (1973). "Metaphor in Philosophy," *In Dictionary of History of Ideas*, Volume 3, Wiener, P. P. (ed.). Charles Scribners Sons.

Pollack, R. (1989). *Signs of Life: The Language and Meanings of DNA*, London: Viking.

Polya, G. (1954). *Mathematics and plausible reasoning : Vol. 1. Induction and analogy in mathematics*, Princeton, NJ : Princeton University Press.

Polanyi, M. (1964). *Science, Faith and Society*, The University of Chicago Press.

Posner, G., Strike, K., Hewson, P., & Gertzog, W.(1982). Accommodations of science conception: Toward a theory of conception change. *Science Education*, 66(2), 211–227.

Rajan, T. V. (2004). Fighting HIV with HIV, *Natural History*, Feb, 38–44.

Reed, S. K., Ernst, G. W., & Banerji, R. (1974). The role of analogy in transfer between similar problem states, *Cognitive Psychology*, 6, 436–450.

Reeves, C. (2005) The Language of Science. 오철우 역(2010), 과학의 언어, 서울: 궁리.

Ribe, N. M. (1985). Goethe's Critique of Newton: A Reconsideration, *Studies in the History and Philosophy of Science*, 16, 315–335.

Richards, I. A. (1936). The Philosophy of Rhetoric. 박우수 역(2001), 수사학의 철학, 서울: 고려대학교 출판부.

Ritchie, S. M., Bellocchi, A., & Wearmouth, M. (2006). Metaphors and analogies in transition. In P. J. Aubusson, A. C. Harrison, & S. M. Ritchie, *Metaphor and analogy in science education* (pp. 93–104). Dortrecht, the Netherlands: Springer.

Rokeach, M. (1965). In pursuit of the creative process. In G. A. Steiner (ed.), *The creative organization*. Chicago: University of Chicago Press, pp. 66–105.

Rosner, S. and Abt, I. E. (eds.) (1972). *The creative experience*, New York: Dell.

Royer, J. M. & Cable, G. W. (1976). Illustrations, analogies, and facilitative transfer in prose learning. *Journal of Educational Psychology*, 68(2), 205–209.

Rumelhart, D. E. & Norman, D. A. (1981). Analogical Processes in Learning. In: Anderson, J. R.(ed), *Cognitive skills and their acquisition*, Lawrence Erlbaum Associates, Publishers.

Sambursky, S. (1974). *Physical thought from the pre–socratics to the quantum physicists*, New York: PICA Press.

Segre, G., Giani, U. , Masillo, S. (1987). Analogical reasoning and formalization in transport processes. In J. Novak (Ed.), Proceedings of the 2. Int. Seminar "Misconceptions and Educational Strategies in Science and Mathematics", Vol. II (pp. 420–423). Ithaca: Cornell University.

Serway R. A. (1998). *Principles of Physics*, Fort Worth: Saunders College Publishing.

Shank, G. (1987). Abductive strategies in educational research, *American Journal of*

Semiotics, 5, 275–290.

Shank, G. and Cunningham, D. J. (2010). Modeling the Six Modes of Peircean Abduction for Educational Purposes. (http://www.cs.indiana.edu/event/maics96/proceedings/shank.html).

Shulman, L. (1986). Those who understand: knowledge growth in teaching. *Educational Researcher*, 15(2), 4–14.

Simon, G. (2000). Analogies and Metaphors in Kepler. In Hallyn, F. (ed.), *Metaphor and Analogy in the Sciences*, Kluwer Academic Publishers, 71–82.

Simonton, D. K. (2004). *Creativity in science – Chance, Logic, Genius, and Zeitgeist–*, Cambridge University Press.

Simpson, T. K. (1998). *Maxwell on the Electromagnetic Field*, Rutgers University Press.

Smit, J. J. A. & Finegold, M. (1995). Models in physics: perception held by final–year prospective physical science teachers studying at South African universities. *International Journal of Science Eudcation*, 17(5), 621–634.

Steinberg, M. & Clement, J. (1997). Constructive model evolution in the study of electric circuits. In proceedings of the international Conference, "From Misconceptions to Constructed Understanding", Cornell University.

Stewart, B. (1888). *Lessons in Elementary Physics*, London: Macmillan.

Stocklmayer, S. M. & Treagust, D. F. (1994). A Historical Analysis of Electric Currents in Textbooks: A Century of Influence on Physics Education, *Science & Education*, 3, 131–154.

Sutton, C. (1992). *Words, science and learning*. Buckingham: Open University Press.

Sutular, V. D. and Krajcik, J. S. (1988). The effective use of analogies for solving mole problems in high school chemistry. Paper presented at the annual meeting of the National Association of Research in Science Teaching, New Orleans, LA.

Taber, K. S. (2001). When the analogy breaks down: modelling the atom on the solar system, *Physics Education*, 36, 222–226.

Tavares, M. de Couto & Boa, M. C Fonte & Oliveira, P M. C (1991), A mechanical analogy for Ohm's law, *Physics education*, 26(3), p. 195~199

Tenny, Y. J. and Gentner, D. (1985). What makes water analogies accessible:

experiments on the water–circuits in teaching electric circuits. In Duit, R., Jung, W. and Rhoeneck, C. v. (eds), Aspects of Understanding Electricity. Proceedings of an International Workshop, Ludwigsburg, Sept. 10 to 14, pp. 311–318.

Thagard (1988). *Computational philosophy of science*, Cambridge, MA: MIT Press.

Thagard, P. (1992), Analogy, explanation, and education, *Journal of Reasearch in Science Teaching*, 29(6), p. 537~544

Thiele, R. B. & Treaguest, D. F. (1994). An Interpretive Examination of High School Chemistry Teachers' Analogical Explanations. *Journal of Research in Science Teaching*, 31(3), 227–242.

Thiele, R. B. & Treaguest, D. F. (1995). A Comparative Analysis of Analogies in Secondary Biology and Chemistry Textbooks Used in Australian Schools. *Research in Science Education*, 25(2), 221–230.

Thomson, J. J. (1904). "On the structure of the atom: An investigation of the stability and periods of oscillation of a number of corpuscles arranged at equal intervals around the circumference of a circle," *Philosophical Magazine* 7, 237–265.

Treagust, D. (1993) The evolution of an approach for using analogies in teaching and learning science. *Research in Science Education*, *23*, 293–301.

Treagust, D. F., Duit, R., Joslin, P., Moines, D. and Lindauer, I. (1992). Science teachers' use of analogies: observations from classroom practice, *International Journal of Science Education*, 14(4), 413–422.

Vosniadou, S. (1994). Capturing and modeling the process of conceptual change. *Learning & Instruction*, 4, 45–69.

Weller, C. M. (1970). The role of analogy in teaching science, *Jornal of Research in Science Teaching*, 7, 113–119.

Wertheimer, M. (1959). *Productive thinking*, enlarged ed. New York: Harper and Row.

White, B. Y. (1993). Intermediate causal models: A missing link for successful science education. In R. Glaser (ed.), *Advances in Instructional Psychology*, Hillsdale, NJ: Lawrence Erlbaum Associates Publishers, 177–252.

Williams, L. P. (1965). *Michael Faraday: a biography*, London: Chapman and Hall.

Winograd, T. (1975). Frame representations and the declarative procedural controversy.

In D. G. Bobrow & A. M. Collins (eds.), *Representation and understanding: Studies in cognitive science*, New York: Academic Press.

Young, T. (1804). Dr. Young's reply to the animadversions of the Edinburgh Reviewers, on some papers respecting sound and light, published in the Philosophical Transactions.

Zeitoun, E. H. (1984). Teaching scient & analogies: A proposed model. *Research in Science and Technological Education*, 2(2), 107–125.

찾아보기

ㅈ

과학교육에서
비유와 은유 그리고 창의성

지은이 | 김영민
펴낸이 | 조승식
펴낸곳 | (주)도서출판 북스힐

등록 | 제22-457호
주소 | 142-877 서울 강북구 수유2동 240-225
www.bookshill.com
E-mail | bookswin@unitel.co.kr
전화 | 02-994-0071
팩스 | 02-994-0073

2012년 09월 10일 1판 1쇄 인쇄
2012년 09월 14일 1판 1쇄 발행

값 15,000원

ISBN 978-89-5526-345-9